湖北省学术著作
Hubei Special Funds for 出版专项资金
Academic Publications

数字传播理论与实践丛书

Digital Communication and
Copyright Protection

数字传播与版权保护

唐伶俐 · 编著

WUHAN UNIVERSITY PRESS
武汉大学出版社

图书在版编目(CIP)数据

数字传播与版权保护/唐伶俐编著.—武汉：武汉大学出版社,2022.9
数字传播理论与实践丛书
湖北省学术著作出版专项资金资助项目
ISBN 978-7-307-22740-8

Ⅰ.数…　Ⅱ.唐…　Ⅲ.电子出版物—版权—保护—研究—中国
Ⅳ.D923.414

中国版本图书馆 CIP 数据核字(2021)第 238036 号

责任编辑:路亚妮　褚龙龙　　责任校对:周卫思　　装帧设计:吴　极

出版发行:**武汉大学出版社**　(430072　武昌　珞珈山)
　　　　(电子邮箱:whu_publish@163.com　网址:www.stmpress.cn)
印刷:武汉市金港彩印有限公司
开本:720×1000　1/16　印张:13.25　字数:276 千字　插页:2
版次:2022 年 9 月第 1 版　　2022 年 9 月第 1 次印刷
ISBN 978-7-307-22740-8　　定价:108.00 元

前　言

　　本书基于考察技术发展与版权保护的关系,透析了数字传播环境下版权制度遭遇的新挑战,归纳了国际社会、世界主要国家和地区的典型应对策略,并针对我国版权制度提出了完善建议。

　　第1章,数字传播与版权保护概述。首先,介绍数字传播的概念和特点,阐明数字传播的发展历程、现状及趋势,分析数字传播技术的分类、典型代表及特点;其次,全面阐述版权保护的基础知识,包括版权的基本概念辨析、版权法的立法目的、版权法遵循的基本原则;最后,分析不同视角下的数字传播与版权保护的关系。

　　第2章,数字传播技术给版权保护带来的挑战。围绕大数据、云计算、人工智能等新型数字传播技术引发的版权问题,本章分别从专有权范围界定、合理使用制度、网络服务提供者的版权侵权责任、技术保护措施、版权许可使用、版权执法等方面,详述数字传播技术引发的版权保护新问题。

　　第3章,数字传播时代国外版权保护创新方略考察。考察在应对数字传播技术时,国际社会、世界主要国家和地区针对第2章中的问题所做的积极回应,包括世界主要国家和地区推进版权制度完善的经验和最新立法,以及世界知识产权组织等国际组织指导各国版权制度改革的立法建议等。其中,着重阐述了国际社会对一些重要问题的探索,包括应对与搜索引擎、网络信息聚合、云计算相关的"临时复制",与"云服务"相关的"私人复制",文本数据挖掘版权例外,人工智能作品的版权保护、人工智能系统的版权侵权责任,"元数据"相关权利管理信息保护等重要问题的典型做法等。

　　第4章,数字传播时代我国版权保护的路径选择。审视数字传播时代推进我国完善版权制度的必要性,分析在应对目前版权领域出现的新情况和新问题时,我国版权保护的现状及存在的主要问题,提出我国版权制度改革应对数字传播技术的基本原则,进而探讨如何发挥数字传播技术优势,并提出推进我国完善版权制度的建议。

　　第5章,研究总结与展望。对本书的研究思路和内容进行全面梳理,总结并提炼本书的观点和研究结论,指出本书的不足之处,在此基础上展望今后的研究方向。

唐伶俐负责撰写本书的大纲和主要内容。此外,武汉理工大学吕睿参与第2章、第4章的撰写,研究生吴婷、汤家慧、周婉怡、王子欣、冯子君、张亚楠参与部分内容的撰写、资料收集、文字校对等。在此表示由衷的感谢!

本书借鉴了数字传播、数字出版及版权保护领域的最新成果,对所附参考文献的作者及在此领域辛勤耕耘的同人表示崇高敬意!

唐伶俐

2022 年 2 月 28 日

目　　录

1 数字传播与版权保护概述

在应对技术变革的过程中，版权制度逐步演化，不仅深受技术变革的影响，也制约着技术发展的方向与进程。只有正确把握技术变革与版权制度两者之间的关系，立法者才有可能制定出有效应对技术变革的版权制度，确保版权制度朝着预期的方向发展。随着数字传播技术的发展，传统印刷技术时代背景下产生的版权制度在应对新技术的过程中面临严峻挑战，世界各国、各地区与国际组织都在积极探寻完善版权制度的方案。因此，研究数字传播与版权保护之间的关系是一个十分重要的课题。

1.1 数字传播概述

随着科技的发展，信息传播的渠道也在不断发生变化，数字技术变革衍生出数字传播这一概念。一方面，数字技术在信息传播方面享有重要地位，不仅催生了智能电脑、手机等智能终端，给传统媒体造成了巨大的冲击，而且还使各种媒介呈现出一体化的发展趋势，形成媒介融合的现象。另一方面，数字技术降低了大众传播的门槛，使大众传播的主体向平民化发展，受其影响，传播格局也发生巨大改变。

1.1.1 数字传播的概念

数字传播的概念十分广泛。要理解数字传播，首先应该厘清"数字"和"传播"分别代表的含义。数字传播中的"数字"指的是数字媒体，即以二进制数的形式获取、处理和传播信息的载体；而"传播"是指"社会信息的传递或社会信息系统的运行，是人与人之间、人与社会之间，通过有意义的符号进行信息传递、信息接收或信息反馈活动的总称"①。数字传播即人通过数字媒体进行的信息活动。

数字传播缘于数字媒体,但信息的全方位交互传播的实现始于互联网的出现和发展。因此,要厘清数字传播的概念,我们还需要对互联网技术及其应用中诞生的传播机制进行分析,这一系列传播机制均属于数字传播范畴。不同学者在不同时期观点各异,笔者比较赞同方兴东等人在《大众传播的终结与数字传播的崛起——从大教堂到大集市的传播范式转变历程考察》中对数字传播的解释。方兴东等把"传统大众传播、网络传播、自传播和智能传播这四种主导性的传播机制通过数字化而叠加、联动与博弈的社会信息传播新模式和新格局,称为数字传播"②。之所以如此界定数字传播,主要原因在于:网络传播、自传播、智能传播都是互联网技术和应用发展到一定程度诞生的主流的新型传播机制,而在现实社会,包括传统大众传播在内的各种新旧传播机制,都依然在发挥作用,而且每一种传播机制都可能在新的形势下继续变革和演进。

1.1.2　数字传播的特点

由前述数字传播的基本概念可知,数字传播突破了传统传播学的框架,随着新技术的诞生,数字传播呈现出新的特点,主要体现在去中心化、技术依赖以及碎片化三个方面。

(1)去中心化

"去中心化"原本是一个心理学领域的词汇,指个体的自我中心状态随着主体对客体互动的不断深入以及认知机能和认知结构不断完善而逐渐解除的过程。后来这个词则多用于互联网和计算机领域,指"互联网发展过程中所形成的社会化关系与内容产生的形态"③,"去中心化"可以理解为权力的分散,原本作为权力中心的角色不复存在,组成整体的任意个体之间可以自由联结,每个个体都可以暂时成为中心,例如区块链技术就具有明显的去中心化特点。

从当前的数据来看,去中心化是互联网环境突出的特征之一。中国互联网络信息中心(China Internet Network Information Center,CNNIC)发布的《第49次中国互联网络发展状况统计报告》显示:截至2021年12月,中国的网民规模已经达到了10.32亿,互联网普及率为73.0%,较2020年12月提升2.6个百

---

① 郭庆光.传播学教程[M].北京:中国人民大学出版社,2011.

② 方兴东,严峰,钟祥铭.大众传播的终结与数字传播的崛起——从大教堂到大集市的传播范式转变历程考察[J].现代传播(中国传媒大学学报),2020,42(7):132-146.

③ 刘静,陈红艳.数字媒介传播概论[M].北京:清华大学出版社,2014.

分点。互联网媒介去中心化传播的趋势与传统媒介的中心化传播特点背道而驰,10.32亿网民中的每一个人都有可能成为传播的主体,每个人都有机会发出自己的声音。

（2）技术依赖

技术依赖的现象首先体现为传播技术的发展对传播进程的影响。纵观传统媒介领域,印刷术的发明导致了纸媒的兴盛。考察将数字媒体作为信息载体的数字传播和新兴媒介领域,技术依赖的现象尤为突出。

技术依赖的现象同时体现在媒介经营者和用户身上。媒介经营者对数字应用的开发已经使数字化占领了社交、支付、购物、医疗、教育等各个领域,从日常生活到军事外交,其影响力具有逐渐扩大的趋势,过去存在于科幻小说中的世界似乎已经变成了现实。数字技术的普及及其便捷性,使用户一旦适应了数字化的生活便很难从中抽离,最常见的例子是人们对手机这一移动终端的依赖。技术的发展是一柄双刃剑,对技术的依赖程度越高,被技术操控的危险也越大。当然,人们对这种现象的担忧,不仅仅局限于数字传播领域,实际上,长期以来,如何处理科技与人类的关系一直都是人们反思与试图解决的问题。

（3）碎片化

"碎片化"的原意是指一个完整的事物被分割成多个零散的部分,该词于20世纪80年代在后现代主义研究中首次出现,后来被广泛地应用于政治学、社会学以及传播学等领域①。在传播学中,"碎片化"的研究对象主要是媒介环境,伴随着社会环境的变化,受传者以及传播方式都发生了改变,从而使媒介环境形成了个性化、小众化、多元化等特点。随着网络技术的发展,碎片化已经成为当代网络传播环境的典型特征之一,对社会各方面产生的影响不容小觑。

碎片化表现为传播内容的零碎、参与传播的时间的零碎、用户群体的多样性,以及对信息整体认知的多渠道、多角度等。网络上的碎片化信息通常来源广泛且分布零散。一方面,碎片化知识具有成本低、易于使用和组合、便于理解等优势;另一方面,碎片化知识也常常具有非逻辑性、单一性、无序性以及冗余性等负面特质②。用户碎片化的媒介使用习惯产生了新的需求,从而进一步推进了信息生产和传播方法的碎片化,如微博、微信公众号等碎片式阅读平台的出现,以及新型数字艺术表现形式的出现,如微电影、小游戏、短视频等。在人类社会从传统媒体

---

① 吴海珍."碎片化"阅读的时代审视与理性应对[J].河南图书馆学刊,2014,34(3):95-97,103.

② 蒋晓丽,朱亚希."知识求人"的时代:网络语境下的知识变革及新知识素养构建[J].四川大学学报（哲学社会科学版）,2020(2):97-105.

时代迈入互联网媒体时代的过程中,"碎片化"的出现可以被视为一座里程碑[①]。

1.1.3　数字传播的发展历程、现状及发展趋势

作为一种新兴传播方式,数字传播的出现和发展主要依托于互联网技术的进步,从数字传播的发展趋势中也可隐约窥见人类信息社会的未来。

1.1.3.1　数字传播的发展历程

纵观历史,人类的信息传播经历了三次变革,第一次是从肢体语言到口头语言,第二次是从口头语言到书面语言,而数字传播正是人类经历的第三次变革,即从书面语言到数字语言的变革。和前两次变革一样,第三次变革也对人类社会及其文化造成了巨大的冲击。

数字传播的发展与互联网技术息息相关。根据互联网技术发展的不同阶段性特征及其对数字传播产生的不同影响,本书将数字传播发展历程分为三大阶段。在数字传播的第一个发展阶段,有三个技术的出现对其产生了重要影响。一是 TCP/IP 协议的提出,互联网自此有了一套统一的规则,信息可以在不同的网络间传输;二是万维网(World Wide Web,WWW)的发明,不仅使互联网能够传送超文本信息,而且降低了互联网的使用门槛;三是搜索引擎技术的出现,满足了大众信息检索的需求。随后,博客、微博等应用的出现,意味着数字传播进入了第二个发展阶段,即信息传播不再由少数人主导,个人的声音被放大。直至今日,数字传播的发展进程仍在不断推进,下一个阶段或许是人工智能时代。

此外,作为数字传播的重要载体,数字媒介在新技术的驱动下,带动整个大众传播方式不断变革。与传统媒介相比,数字媒介的优势体现在互动性、便携性和多媒体性等方面。由于网络通信技术发达,通过数字媒介传递的信息能够以很快的速度被接收,因此使用者互动的成本大大降低;数字媒介在信息容量上比传统媒介更有优势,随着科技的进步,数字媒介的便携性也在提升,这使得数字媒介可以渗入使用者生活的方方面面;数字媒介能够让使用者在一种平台上同时接触文字、图片、声音、视频等多种媒体,这也是传统媒介无法做到的。随着技术的发展,数字媒介的作用不再局限于信息检索,而是变成了一个集工作、创造、生活和娱乐为一体的平台,人们的生活方式和社会关系再一次因技术进步而发生了改变[②]。由于数字媒介具有以上特点,大众传媒正在从单向传播变为双向

[①] 刘丹. 移动互联时代碎片化阅读研究[D]. 沈阳:辽宁大学,2016.

[②] 曾秀芹,吴海谧,蒋莉. 成人初显期人群的数字媒介家庭沟通与隐私管理:一个扎根理论研究[J]. 国际新闻界,2018,40(9):64-84.

传播,受众不再只是被动地接收媒介传递的信息,而是主动按自己的需要或兴趣搜寻信息,甚至自己创造信息。从此,大众传播的方式由"一对一"变为"多对多",由单调传播变为复合传播,大众传播由精英领域变为世俗领域①。

1.1.3.2 数字传播的现状

随着互联网技术的发展,数字传播的信息范畴不再局限于视觉和听觉领域,而是向触觉、嗅觉、味觉等领域扩展,虚拟现实、人工智能等技术在数字传播中的应用也越来越广泛。从传播介质上来看,数字传播呈现融合趋势。从传播模式来看,数字传播的去中心化越发明显。

如今,数字传播在我国得到了大力发展,三网融合、智能终端、物联网、云计算等新技术快速发展、相互融合,逐渐形成了一个完整的新技术体系。在这种形势下,基于新技术的各种数字传播产业形态也加快了自主创新的步伐。

数字传播基于数字媒介的优势,为人类社会创造了前所未有的机遇。数字媒介这一新兴传播媒介因其在传统媒介面前的优势而成为新的主流媒介,其无边界、开放式的传播特点在一定程度上打破了民族和国家的界限,促进了世界各地、各民族跨地域、跨文化的交流。

然而,数字传播也带来了一些挑战。数字传播的出现并没有实现传播权利的平等,反而带来了新的问题——"数字鸿沟"。"数字鸿沟"的概念于1995年由美国国家远程通信和信息管理局(National Telecommunications and Information Administration,NTIA)提出,随后不同学科领域的众多学者对其进行了深入的阐释。在当今时代,信息无疑是一种资源,获取信息的能力和信息的多少在一定程度上与人们所处的社会阶层相关。由于生活环境的差异和社会地位的不平等,人们获取信息的能力和掌握的信息量也有差距,而这种差距会造成贫富差距的进一步拉大,即"数字鸿沟"②。与传统的信息传播形式相比,数字传播对技术的依赖性很高,因此经济实力、科技水平、基础设施等因素会影响数字传播的能力,而不同国家和地区在这些因素上差异较大,这就造成了不同国家和地区之间数字传播能力的差异。例如美国等发达国家的数字传播起步较早,加上经济实力强和科技水平高,因此这些发达国家的信息基础设施以及信息传播能力都要比发展中国家强大得多,进而形成了文化霸权和信息霸权;精英群体则可以利用数字化技能优势巩固自身优越的社会地位,从而进一步加剧阶层固化。

1.1.3.3 数字传播的发展趋势

数字传播技术诞生至今,不仅推动了媒介融合,也在促使着传播主体、传播

---

① 夏洪波.数字媒介与纸质媒介比较研究[D].济南:山东轻工业学院,2009.
② 罗琳.信息技术的负效应及其消解对策研究[J].科学技术哲学研究,2020,37(4):124-128.

模式和传播格局发生变化,使之呈现出新的面貌。数字传播的发展趋势主要体现在如下几个方面。

(1)媒介从独立到融合

媒介融合是一种发展趋势,这一概念最早由美国麻省理工学院教授伊契尔·索勒·普尔在其著作《自由的科技》中提出①,指不同类型媒介相互融合,从而呈现出多功能一体化的趋势。由于媒体之间在技术和产品开发等方面存在竞争,不同种类的媒体之间的界限变得模糊,产品的功能也趋于交叉与融合②。

媒介融合现象可以从技术、平台、市场三个层面来分析。其中技术融合是其基础和推动力量。一种技术被发明问世后,随着时间推移,这种技术的普及程度必然会越来越高。当媒体之间的界限变得越来越模糊时,由于其功能类似,所采用的技术也会趋于相似甚至相同,即技术融合。平台融合即承载媒体内容的平台从多样到一致,它与技术融合息息相关。虽然平台融合是大趋势,但是其他信息载体很有可能并不会消失,只是传播渠道发生了改变,人们仍然可以选择自己喜欢的方式和载体来接收信息。由于技术融合和平台融合,媒体产品被集中到了同一个地方,从而形成了市场融合。在市场融合的情况下,受众可以更方便地按照自己的喜好和需求对媒体进行自由挑选,受众能动性的增强对媒体提出了更高的要求,势必推动媒体产品朝个性化与多元化的方向发展。

随着5G、大数据、人工智能、云计算、物联网等新一代媒介技术的诞生与逐渐普及,媒介融合的程度将进一步加深,媒介融合全媒体格局的形成指日可待③。

(2)传播从专业化到平民化

前文提到数字传播具有去中心化的特点,这一与传统大众传播相悖的特点在很大程度上驱使传播从专业化向平民化的方向发展。再加上数字技术与智能终端技术的发展,数字传播的门槛变得越来越低,例如不会打字的老人可以通过语音识别技术在终端中输入文字,不识字的人也可以通过语音朗读功能获取网络信息,也为推进传播从专业化到平民化创造了条件。

随着数字媒体的不断发展,尤其是经历了 Web1.0 阶段的不断积累,在Web2.0 阶段,互联网新技术和新应用迎来了大爆发,网民群体首次成为新媒体及其传播的主体,并且逐渐成为主流。在这一阶段,网民通过短信、博客、播客等功能或产品,能够以自我为中心进行信息内容的生产、传播和共享,并对外界信

---

① 宫承波,庄捷翁,立伟.媒介融合概论[M].北京:中国广播电视出版社,2011.
② 彭兰.数字传播技术应用[M].北京:北京师范大学出版社,2012.
③ 韩立新,杨新明.论媒介与行动的融合[J].出版广角,2020(13):27-30.

息进行选择性接收①。正因如此,有学者将这一传播模式称为"自传播"②,主要原因在于这一时期的网民借助个人账号获取了话语权,拥有了发声平台和机会。事实上,现如今网民的影响力越来越大,在数字传播中,网民不只是作为专业媒体的补充,某些情况下甚至已经和专业媒体取得对等地位,很大程度上对专业媒体产生了影响。数字媒体的低使用门槛使数字传播的主体趋向于平民化、多元化,也推动了公民新闻的形成与发展。

(3)终端从固定到移动

数字传播的发展在很大程度上与信息终端的发展有关——个人电脑的出现推动了互联网的发展,智能手机的普及带来了移动媒体的遍地开花。由此可见,数字传播的发展和信息终端的发展密不可分。

移动化是数字传播的发展趋势之一,随着技术的不断进步,信息的接收终端将会越来越便携,越来越符合人们的生活习惯,因而普及率也会大大提高,成为人们日常生活中不可分割的一部分。

(4)互联从信息到实物

"互联网"一词几乎所有人耳熟能详,如今的时代可以说已经是互联网的时代。"互联网"连接的是抽象的信息,但是现在人们已经不满足于信息的互联,而是把目光放在了实物上——探索把看得见、摸得着的实物用数字网络连接起来的可能性,即"物联网"。

物联网的概念由美国麻省理工学院于 1999 年建立的自动识别中心(AutoID Labs)最早提出,该中心发明了一种网络无线射频识别(Radio Frequency Identification,RFID)系统,该系统可以通过射频识别等信息传感设备从物品上采集信息,再将这些信息上传到互联网,从而实现"物物相连"。物联网有利于对物品进行智能化识别、控制和管理③,借助数字化的网络,人们可以很便捷地监测物体的状态和动向④。目前,"物联网"还处于初步探索阶段,但是从人们因对更高品质生活的追求而产生的需求来看,"物联"毫无疑问是信息化发展的大趋势之一,并将影响未来的信息产业发展以及数字传播进程。

(5)社交从虚拟到真实

数字传播环境下,传播去中心化、信息终端便携化、互联网大范围普及……

---

① 张庭诺.新媒体新闻领域大众自传播的局限性及发展路径探究[J].新媒体研究,2018(4):30-32.
② 方兴东,严峰,钟祥铭.大众传播的终结与数字传播的崛起——从大教堂到大集市的传播范式转变历程考察[J].现代传播(中国传媒大学学报),2020,42(7):132-146.
③ 孙其博,刘杰,黎羴,等.物联网:概念、架构与关键技术研究综述[J].北京邮电大学学报,2010,33(3):1-9.
④ 谭雷.物联网伦理问题探析[D].沈阳:东北大学,2011.

这些现象使人们生活的社会发生了改变,人们的社交方式也发生了翻天覆地的变化,因此有学者提出了"数字社会"的概念。"数字社会"的含义有两层:一是技术进步使得数字终端的功能越来越完善和丰富,网络空间和现实社会的界限越来越模糊;二是数字传播的属性不再局限于媒体属性,其社交功能越来越突出,一个重要的标志就是 SNS(Social Network Service,社交网络服务)的诞生和流行[①]。

SNS 的诞生之所以被称为网络空间现实化的重要标志,主要原因在于大多数 SNS 采用了实名制机制。最早以实名制作为卖点的社交网站是美国的 Facebook。在实名制的社交网站流行之前,互联网人际交流的一大特征为匿名性,因此网络空间又被称为"虚拟世界"。但是,实名制的 SNS 把现实中的社会关系移动到了网络中,使人们开始意识到屏幕对面的是真实存在的人,网络并不是所谓的"虚拟世界"。即使是非实名制的社交应用,人们也依然会在意自己的网络社会关系,并试图去经营它。当大多数人在网络中所花费的时间越来越多时,很难说网络不是另一个现实社会。

除了社交功能之外,数字传播在商业、政治、教育等领域的功能也在快速发展着,数字技术与现实社会结合得越来越紧密,"数字社会"渐渐变得名副其实,未来的社会可能会因此呈现出一种全新的形态。

1.1.4 数字传播技术的分类、典型代表及特点

上文已经介绍了数字传播的特点,接下来将从数字媒介技术的角度介绍数字传播技术的分类、典型代表及特点。

1.1.4.1 数字传播技术的分类

数字传播技术可以从技术应用以及传媒等多个角度来分类,总体而言,数字传播技术大致可以分为如下几个类别。

(1)数字存储技术

数字存储技术大致可以分为两类:一是介质技术,如硬盘、光盘、U 盘、磁带等;二是软件技术,如信息编码技术、数据库技术等。在媒介应用领域,数字存储技术又可分为小型计算机系统接口、磁盘阵列、数据流磁带技术等类型。

现代数字存储系统对可靠性、可用性、动态可扩展性、易维护性、开放性等众多方面都具有高标准的需求,这就对现有的数字存储技术提出了挑战——现存

---

① 彭兰.数字技术推动下的信息传播趋势[J].军事记者,2011(4):4-7.

的数字存储系统还远未达到能满足这些需求的条件,但与此同时,高标准的需求也刺激了新的数字存储技术的产生。

(2)数字编辑技术

数字编辑技术是在数字存储技术的基础上发展而来的。数字编辑技术可以分为数字音频编辑技术、数字视频编辑技术以及数字视频的非线性编辑技术。其中,数字音频编辑技术主要用来解决数字音频信号的数据量和还原质量之间的音频信号压缩以及流媒体播放等问题;数字视频编辑技术可以解决数字视频的数据量和还原质量之间的平衡等问题;数字视频的非线性编辑技术是指用硬盘、磁带、光盘等存储和处理数字视频信息,也是广电媒体所使用的关键技术。目前,数字编辑技术主要被应用于文本、音频、视频等领域。

(3)数字网络技术

数字网络技术按照传输介质的不同划分为有线数字网络技术与无线数字网络技术,这两种技术共同构成了当前数字信息网络技术的基础。

有线数字网络技术是指需要借助同轴电缆、双绞线、光纤等物体来连接的计算机网络,它的优势是价格低廉、安装方便,缺点是传输速度慢、传输距离较短。

无线数字网络技术依靠电磁波、红外线等载体进行信息传输,比有线数字网络更加便利,传输速度也更快。目前,我们正处于全面化的移动多媒体传播时代,具体表现为通信频带进一步加宽,数据业务的比例大幅度升高,无线移动通信向着多元化和一体化的趋势发展。无线数字网络技术的三大特征——高带宽、高稳定、业务兼容性,是无线数字网络技术成为主流技术所必须具备的,也是无线数字网络技术未来发展的趋势。无线数字网络技术发展的另一个重要趋势是技术融合。这里所谓的技术融合,并非是指一种数字网络技术在激烈的市场竞争中胜出后一家独大,而是指在发展的过程中各种不同的数字网络技术相互吸收、取长补短,最终形成相互融合的局面。

(4)数字表现技术

数字表现技术是指数字传播技术所需要的强大的表现能力,即技术服务于使用者的能力。数字表现技术可以分为显示技术、音响技术、触觉压力技术以及嗅觉感知技术四种,分别对应人的视觉系统、听觉系统、触觉系统和嗅觉系统。需要注意的是,这些数字表现技术相互之间并非毫无关联,而是联系紧密、相互依存的,换言之,数字传播不可能只应用某一个层面的数字表现技术,而往往是结合了多个层面的不同技术。

视觉和听觉是人类用来感知世界最直观的方式,与之对应的媒介的视觉和听觉表现技术也拥有较长的发展历史,但在触觉和嗅觉感知方面,由于技术实现上的困难,发展相对缓慢。其中,触觉研究在美国、欧洲国家、日本得到了政府的重点支持,在我国发展相对落后,但随着虚拟现实(Virtual Reality,VR)技术的崛起,我国相关研究也开始呈现逐步增长趋势①。目前数字表现技术的发展在各感官领域是相对独立的,然而,鉴于人类接收外界信息的方式需要所有感官共同作用,对信息的需求是全面、全息的,因此人类对数字表现技术的要求是实现全感官融合,这也是数字表现技术未来发展和努力的方向。

1.1.4.2 新型数字传播技术的典型代表

数字传播技术一直在发展,其应用也在不停地更新换代。现阶段,数字传播技术大致有如下几种较具代表性的新型技术。

(1)5G 通信技术

第五代移动通信技术(5th Generation Mobile Networks),也就是通常所说的 5G 通信技术,其具有高效率、低延迟、大容量等优点。2019 年 10 月,5G 商用套餐在我国正式上线。从 2G 到 5G,通信技术在不断升级,人们对信息的需求也越来越高,数字媒体的传播内容主体从文字到图片再到视频,与通信技术的发展密切相关。今后,数字传播也可能产生新的形式,例如在 5G 技术的支持下,虚拟现实和人工智能(Artificial Intelligence,AI)等技术的应用和普及有可能迈上一个新的台阶。

(2)虚拟现实技术

虚拟现实技术包含计算机图形技术、传感器技术、人机交互技术、网络技术、立体显示技术等多种技术形式②,目前多被应用于文化领域。与此相似的还有增强现实(Augmented Reality,AR)技术。作为一种新的信息表现形式,虚拟现实技术在数字传播上有其独特的优势,有着较大的发展空间。

(3)大数据技术

大数据并不是诞生于数字传播领域的技术,但随着其应用越来越广泛,大数据技术在数字传播领域也得到了重视。顾名思义,大数据是数量庞大的数据,这与互联网的信息生产方式有关。大数据具有处理速度快、数据种类繁多、商业价值大等特点。在大众传播领域,尤其是对新媒体而言,利用大数据分析受众行为、背景和偏好,可以更精准地了解受众需求,以达到更好的传播效果。值得注意的是,大数据技术的普及也引起了信息茧房、隐私和版权纠纷等新的问题,这

---

① 帅立国,陈慧玲,怀红旗.触觉传感与显示技术现状及发展趋势[J].振动.测试与诊断,2016,36(6):1035-1043,1232.

② 李德仁.虚拟现实技术在文化遗产保护中的应用[J].云南师范大学学报(哲学社会科学版),2008(4):1-7.

些问题目前尚未得到解决。

（4）云计算技术

"云计算"并不是一门新技术，其概念最早诞生于 2006 年，由谷歌公司提出。云计算是一种基于互联网的服务模式，除了可提供网络访问、资源共享等服务外，还具有网络存储的功能。目前，国内的阿里巴巴、腾讯、百度等公司都已提供云服务，企业和个人均可申请使用。以百度云为例，个人用户可以将任何格式的文件存储在百度云平台上，也可以在任何设备上下载自己云盘里的文件，还可以将文件分享给其他人。当然，现阶段云计算的这种传播技术同样存在着隐私和版权安全等问题。

（5）人工智能技术

人工智能是指研究、开发用于模拟、延伸和扩展人的智能的理论、方法、技术及应用系统的一门技术科学。其概念于 1956 年在达特茅斯会议上首次被提出[1]。目前，人工智能的研究领域主要分为计算机视觉、自然语言处理、机器学习、认知及推理、机器人、博弈及伦理六大类[2]。人工智能属于计算机科学的一个分支，但其具备的运算、存储、智能交互能力使其在数字传播领域得到了广泛应用，在一定程度上推动了媒体深度融合。目前，人工智能技术在产业化上还处于初期阶段，但可以预见，未来人工智能必将在传播学领域占据越来越重要的地位[3]。

（6）物联网技术

物联网（Internet of Things，IoT）意为"物物相连的互联网"，其概念最初于 1999 年由美国麻省理工学院提出，2005 年在突尼斯举办的信息社会世界峰会（World Summit on the Information Society，WSIS）上正式确立。物联网技术是通过射频识别、红外感应器、全球定位系统、激光扫描器等信息传感设备，按约定的协议，把物品信息上传至互联网，以实现智能化识别、定位、跟踪、监控和管理[4]。物联网可以看作是数字世界和物理世界的融合，是一种高效的信息交互方式，"万物联网"的发展趋势也将为数字传播带来巨大的变化。

---

① CREVIER D. AI：the tumultuous history of the search for artificial intelligence[M]. New York：Basic Books，1993：49.

② 郭朝先，方澳. 人工智能促进经济高质量发展：机理、问题与对策[J/OL]. 广西社会科学，2021(8)：8-17[2021-08-06]. http://kns.cnki.net/kcms/detail/45.1185.C.20210723.1327.002.html.

③ 黄楚新，许可. 人工智能技术驱动传媒业发展的三个维度[J]. 现代出版，2021(3)：43-48.

④ 孙其博，刘杰，黎羴，等. 物联网：概念、架构与关键技术研究综述[J]. 北京邮电大学学报，2010，33(3)：1-9.

1.1.4.3 数字传播技术的特点

数字传播借助计算机、互联网技术等,在克服传统信息传播方式生产效率较慢、传播渠道少等缺点的同时,自身也形成了一些新的特点,这些特点主要表现在如下几个方面。

(1)低门槛与平民化

数字传播技术的低门槛与平民化源于现在技术获得的低门槛与信息制作的低成本。

计算机技术是数字传播技术的基础。著名的摩尔定律称,每18个月,计算机芯片的集成度就会翻一番。这就意味着计算机处理能力会快速提升,同时,其制造成本则会不断降低,即其功能不断提升,操作门槛和价格却日益降低。因此,计算机以及数码相机、数码摄像机等相关设备,日渐成为大众化的设备,被越来越多的普通人所拥有。

另外,数字传播技术的发展,也使得信息采集、加工、传输等环节的成本不断降低,在操作、使用方面也越来越简单,过去只有专业人员才能掌握的信息处理、传播技术,现在已经变得越来越平民化。这既使数字媒体在时效性方面优于传统媒体,也使普通人有机会参与到大众传播中来。

(2)传播效率高、易于检索

可复制性和传播的高效性是数字信息的一个重要特性,也是数字传播技术的特征之一。数字信号具有较强的抗干扰性,且易于控制、易于加密[①]。经过模数转换的处理以后,可以对数字信号实行压缩,且各种格式的需求目标都可以通过选择不同的压缩方法来达成。鉴于此,相较于传统的信息处理方式而言,数字信息的传播效率大大提升。

数字信息的另一大优势体现在信息检索方面。只要是被数字化并存储在数据库中的信息,无论数据库多么庞大,都可以被快速检索出来,且不需要经过复杂的操作。需要注意的是,数字信息易于检索、易于复制和传播的特点虽然有助于拓展信息传播的广度,但与此同时也使版权的保护变得更加困难。

(3)传播渠道多元交叉

在信息的数字化进程中,数字传播渠道也日益多元,数字平台日渐交叉、融合。简而言之,信息与载体之间不再像过去那样是一对一的关系。

从长远来看,数字传播技术带来的并不仅仅是技术或传媒领域的变化,也很

---

① 鲍立泉. 数字传播技术发展与媒介融合演进[D]. 武汉:华中科技大学,2010.

有可能是社会形态的变化①。不同形态的媒介平台以数字传播技术为基础,融合为一个整体,从而形成媒介网络,可以说媒介融合使"地球村"的全球互联在最初的"互联网"的概念上更进了一步。

媒介融合的趋势是数字传播技术发展带来的重大变化之一。在未来,文字、图片、音频、视频等信息形式不会消失,但是,它们将不再像过去那样在各自的平台上进行孤立的传播,而是会同时出现在相同的平台上,实现真正的交叉和融合。

1.2 版权保护的法理基础

在数字传播时代,虽然我们享受着互联网带来的各种好处,但复制和传播技术的信息化和网络化也使得版权人的利益遭受着前所未有的挑战和威胁。由于传媒产品具有"高复制、低成本"的属性,数字传播技术的深刻变革使得复制和传播他人作品的盗版行为愈演愈烈。这种"高质量、低成本、无限次数"的行为方式,不仅打击版权人创作的积极性,也使得受众的版权意识逐渐减弱,对整个出版业的数字化转型产生了严重阻碍。因此,在数字传播时代,我们需要依托法律的保护,在版权保护上采取新的思路和对策,从而确保其朝着预期的方向发展。

基于以上目的,本节将从版权的基本概念辨析、版权法的立法目的、版权法遵循的基本原则三个方面梳理版权的相关知识,厘清版权保护的法理基础。

1.2.1 版权的基本概念辨析

"版权"(copyright)这一概念最早出现在古希腊、古罗马时期。当时印刷技术落后,人们创作的目的在于追名逐利,因此创作者不反对他人复制其作品,只是对剽窃其作品的人进行一番指摘,但并无相关法律规定。据历史记载,我国在宋朝已经有了版权保护制度,版权人希望能够获得政府的出版许可从而防止出现盗版行为②。

---

① 黄旦,李暄.从业态转向社会形态:媒介融合再理解[J].现代传播(中国传媒大学学报),2016,38(1):13-20.

② 田建平.论宋代图书出版的版权保护[J].河北大学学报(哲学社会科学版),2010,35(2):49-58.

然而,版权作为一种法律权利被确认下来则与世界上第一部版权法——英国的《安娜法》(*Statute of Anne*)的颁布有关①。部分学者将其译为《安娜女王法》或者《安妮女王法》等,下文统称《安娜法》。

从传统视角来看,版权是指作者及其他权利人对文学、艺术和科学作品享有的人身权和财产权的总称或总和②。考察版权制度发展历程,现如今人们对版权的认识也开始发生变化。以下将通过几组概念辨析,帮助读者更好地理解版权。

1.2.1.1 版权和著作权

关于版权和著作权两者之间的关系,不同学者持有的态度有所不同。大多数学者认为,两者的概念相似,基本等同,都是舶来品,著作权过去也被称为版权。当然,两者之间也有一定区别,这引起了不少学者的讨论。

在历史的长河中,曾经出现过对版权和著作权起源的哲学基础(财产价值观/人格价值观)和保护重心(以保护财产权/人格权为重心)的激烈争论,并且对各国的版权法理论和实践均产生过重大影响③。英美法系国家的"版权"哲学基础是财产价值观,以保护财产权为重心;大陆法系国家的"著作权"哲学基础是人格价值观,以保护人格权为重心。随着1886年对人格权和财产权进行双重保护的《保护文学和艺术作品伯尔尼尔公约》(简称《伯尔尼公约》)颁布、1989年美国宣布加入《伯尔尼公约》,英美法系国家对著作人格权的态度从反对转变为支持,版权和著作权两者之间的差异也越来越小。

我国1990年通过的《著作权法》第五十一条明确规定:"本法所称的著作权与版权系同义语。"从2001年的第一次修正到2010年的第二次修正,再经过第三次修正后于2020年11月11日通过、于2021年6月1日起施行的新《著作权法》,均在附则中明确表示:"本法所称的著作权即版权。"

于某种程度而言,这一系列法律法规的颁布和态度的转变意味着版权和著作权已经可以等同,因此我们无须再对版权和著作权这两个词语做过多解释,下文统称版权。

1.2.1.2 版权和邻接权

版权和邻接权的概念在欧洲大陆法系国家有严格区分。由于我国法律属于大陆法系,因而对这两者也进行了明确界定,具体体现在版权法的广义和狭义概念中。广义版权与狭义版权的区别在于前者包含邻接权,而后者仅仅指作品创

---

① 庞安超,徐玉昌.版权概念的法律误区及权利归属[J].中国出版,2012(4):59-61.

② 王坤,王展.著作权法体系化研究[M].北京:中国政法大学出版社,2018:8.

③ 李扬.著作权法基本原理[M].北京:知识产权出版社,2019.

作者依法对其作品所享有的排他性支配权。

邻接权(neighboring right),原意是指与版权相邻、相近或者相联系的权利①。普遍认可的观点是,"邻接权"又可以称为作品传播者权,一般指作品的传播者对其在传播作品的过程中所做出的创造性劳动成果依法享有的专有权利,故又称传播者权②。

邻接权也有广义和狭义之分。狭义邻接权是指"作品传播者权"。也有学者认为,"邻接权是指不构成作品的特定文化产品的创造者对该文化产品所享有的专有权利"③。广义邻接权则指"一切传播作品的媒介所享有的专有权,或对那些与作者创作的作品尚有一定区别的产品、制品或其他既含有'思想的表达形式',又不能称为'作品'的内容所享有的权利"④。邻接权保护的目的在于激励具有思想或者情感非独创性表达形式的制作和传播,其哲学基础虽然和版权相同,但仍然存在一些区别。

第一,权利的主体不同。版权的主体是创造了具有一定价值且凝聚了包括体力劳动和脑力劳动在内的劳动价值的作者或者组织,其权利的产生主要取决于作者或者组织是否存在合理的独立创造的劳动。邻接权的主体特指作品的传播者,其权利的产生主要取决于传播者在传播作品时是否存在创造性智力劳动。国际社会普遍认可的邻接权主体包括表演者、录音制品的制作者、广播电视组织。此外,我国《著作权法》还将录像制作者规定为邻接权的原始主体⑤。第二,权利的客体不同。版权的客体是拥有独创性和复制性的作品,邻接权的客体是非独创性表达⑥。第三,保护要件不同。版权保护的目的在于激发创作人的积极性,继而带动科学文化事业的振兴发展,它主要以保护客体的独创性为重要标准;邻接权则对这一条件没有特别要求。第四,权利的内容不同。从著作人格权的角度来看,在邻接权保护范围内,通常只有表演者享有人格权,而其他传播者则被排除在外;而在版权保护范围内,作者则普遍享有著作人格权。从著作财产权的角度来看,传统邻接权只包括三种权利,即表演者权、录音制作者权和广播组织权,但不同国家对邻接权种类的规定也不尽相同,除了这三种传统邻接权之外,我国《著作权法》还规定了录像制作者权和版式设计权,日本版权法还规定了

---

① 刘春田.中国著作权法三十年(1990—2020)[J].知识产权,2021(3):3-26.
② 王坤,王展.著作权法体系化研究[M].北京:中国政法大学出版社,2018:8.
③ 王迁.知识产权法教程[M].北京:中国人民大学出版社,2016.
④ 郑成思.版权法[M].北京:中国人民大学出版社,2009:59-61.
⑤ 蔡永民.论正确处理邻接权与版权的关系[J].科学·经济·社会,1994(4):69-72.
⑥ 王超政.著作邻接权制度功能的历史探源与现代构造[J].华中科技大学学报(社会科学版),2020,34(4):95-103,140.

有线广播组织的权利等;而各国规定的版权财产权权利类型则要广泛得多,包括复制权、翻译权、改编权、制片权、发行权、播放权、表演权、展览权等。因此,从内容范围来看,邻接权保护范围比版权保护范围明显小得多。

1.2.1.3　版权与专利权

版权与专利权同属知识产权范畴,都是关于人类智力成果的权利,具有排他性、时间性和地域性,但它们之间存在很大区别[1]。这些区别表现为:①客体不同。专利权的客体是发明、实用新型、外观设计等发明创造[2]。版权的对象是文学、艺术和科学领域的智力表达,即作品,客体则是表达产生的审美价值[3]。②性质不同。专利权可以看作财产权的一类划分,而版权在前者的基础上还涵盖人身权,并且在法律范围内对两者均有明确区分。③获取权利的要件不同。在我国,获得专利权的发明和实用新型应包含新颖性、创造性和实用性三个重要特性,获得专利权的外观设计则需要具备新颖性和创造性[4];而获得版权则一般只需要符合文学艺术领域的智力成果、具备独创性、能以某种形式复制等标准。④产生和维持的情况不同。专利权需要依法通过申请和审批手续获得;版权不需要履行任何手续,即自动产生。专利权需要每年缴纳相应费用;版权则自动维持。⑤保护期限不同。我国专利权中的发明专利权的保护期为二十年,实用新型专利权的保护期为十年,外观设计专利权的保护期为十五年[5]。我国版权中的署名权、修改权、保护作品完整权的保护期不受限制,自然人作品的发表权、著作财产权的保护期为作者终生及其死亡后五十年。视听作品、法人或者非法人组织的作品、著作权(署名权除外)由法人或者非法人组织享有的职务作品,其发表权、著作财产权的保护期为五十年。[6] 由于版权与专利权均属于知识产权,因此存在一件作品拥有多种权利的情况。

1.2.1.4　版权与商标权

版权与商标权均属于知识产权范畴,但它们之间也存在很大区别。这些区

---

① 国家版权局版权管理司.著作权法执行实务指南[M].北京:法律出版社,2013.

② 管荣齐.中国知识产权保护的法律边界[J].学术论坛,2020,43(1):22-34.

③ 朱楠.从权利对象和权利客体之别析外观设计专利权和版权的保护[J].北方法学,2016,10(5):61-68.

④ 中国人大网.中华人民共和国专利法[EB/OL].[2021-05-11].http://www.npc.gov.cn/npc/c30834/202011/82354d98e70947c09dbc5e4eeb78bdf3.shtml.

⑤ 中国人大网.中华人民共和国专利法[EB/OL].[2021-05-11].http://www.npc.gov.cn/npc/c30834/202011/82354d98e70947c09dbc5e4eeb78bdf3.shtml.

⑥ 中国人大网.中华人民共和国著作权法[EB/OL].[2021-05-10].http://www.npc.gov.cn/npc/c30834/202011/848e73f58d4e4c5b82f69d25d46048c6.shtml.

别表现为：①客体不同。商标权的客体是一类商品标志；版权主要指向某种有独创性和复制性的创作物。②涵盖范围不同。商标权一般与商品存在某些关联；版权必然与作品相联系。③产生的条件和时间不同。商标权的产生需要有供人识别的商品标志以及取得商标注册的许可，待手续完成后自动生效；版权的产生需要作品拥有独创性和可复制性，作品创作完成后自动生效。

1.2.1.5　作品和作品载体

作品和作品载体是两种不同的概念。作品是版权得以产生和存在的前提，它决定着权利主体行使权利的对象范围[①]，而作品载体则是指承载作品的可见物体。众所周知，任何作品都不可能离开物质载体。然而，占有作品的载体，即便取得了该载体的所有权，也并不意味着取得附着在该载体上的作品的版权。二者的区别如下。

第一，两者具有不同的性质。作品载体是指有形的作品承载物体，而作品是"抽象物"，具有无体性，即作品的存在不具有一定的物质形态，不占有一定的空间，这是作品区别于有体物的根本特性[②]。有学者认为，一部作品的载体必须被固定下来才能得到保护。然而，许多国家的版权法中并没有关于"固定性"要求的条款，《伯尔尼公约》也将"作品是否必须固定"交由各成员国自行决定，《世界知识产权组织版权条约》与《与贸易有关的知识产权协定》也未提及作品的固定[③]。可见，同一部作品在表达上具有唯一性，而其承载形式却可以丰富多样。比如，一部新书即将上市，它可以通过纸质版、电子版等形式发行，针对不同媒介又可以继续细分其载体形式。虽然呈现形式多种多样，但是新书的内容不会因此受到影响。

第二，两者所属法的领域不同。作品为版权保护客体，而作品载体为物权保护客体。前者属于版权法的范畴，后者属于物权法范畴。在实践中，两种不同的法权制度分别对两个不同的客观世界起调整规范作用。

第三，两者在版权法中的地位和作用存在差异。一是复制权、发行权、出租权的对象通常为作品载体，而版权中其他分权利的对象通常为作品本身。二是两者对版权行使的影响不同。美国版权法第 202 条"版权的所有权区别于实物的所有权"（ownership of copyright as distinct from ownership of material

---

① 徐珉川.作品"原创性"规则的功能化解读——兼评《著作权法（第三次修改送审稿）》第 5 条[J].法律科学（西北政法大学学报），2017(3):151-160.

② 杨述兴.论作品与载体的关系[J].知识产权，2012(6):40-45.

③ 金松.论作品的"可复制性"要件——兼论作品概念条款与作品类型条款的关系[J].知识产权，2019(1):59-68.

object)规定:版权或版权下的任何专有权的所有权,与作品所包含的任何实物的所有权是不同的。转让任何实物的所有权,包括作品最初固定在其中的复制品或唱片,并不代表该实物所包含的受版权保护作品的任何权利的转让;在没有协议的情况下,版权所有权或版权下的任何专有权的转让也不代表任何实物的财产权的转让。(Ownership of a copyright,or of any of the exclusive rights under a copyright,is distinct from ownership of any material object in which the work is embodied. Transfer of ownership of any material object,including the copy or phonorecord in which the work is first fixed,does not of itself convey any rights in the copyrighted work embodied in the object;nor,in the absence of an agreement,does transfer of ownership of a copyright or of any exclusive rights under a copyright convey property rights in any material object.)①我国 2020 年通过的新《著作权法》第二十条相关规定也体现了作品、作品载体对版权行使的影响不同。相较于 2010 年修正版《著作权法》,新《著作权法》对此条相关内容的表述更为详细,涉及两款内容,第二十条第一款规定:"作品原件所有权的转移,不改变作品著作权的归属,但美术、摄影作品原件的展览权由原件所有人享有。"第二十条第二款规定:"作者将未发表的美术、摄影作品的原件所有权转让给他人,受让人展览该原件不构成对作者发表权的侵犯。"②因此,我们在日常生活中需要将两者区分开来。

1.2.2　版权法的立法目的

随着时代的不断发展,版权法成为国家重视知识、人才、创新的重要表现。它对创作成果的权利及义务予以成文规定,在保护作者的创作成果及彰显才智价值方面起到很大作用,是尊重知识、尊重劳动的具体反映③。

当前既是发明创新走在前列的时代,也是一个保护创作成果的时代。各国政府均在不同程度上鼓励公民积极开展发明创造活动,同时也遇到版权保护等问题。然而,毋庸置疑的是,立法者对于版权法的设立均寄托了美好的期望和目标。

---

① U. S. Copyright office. Chapter 2：Copyright ownership and transfer[EB/OL]. [2021-05-22]. https://www. copyright. gov/? url＝https%3A%2F%2Fwww. copyright. gov%2Ftitle17%2F92chap2. html.

② 中国人大网. 中华人民共和国著作权法[EB/OL]. [2021-01-10]. http://www.npc. gov. cn/npc/c30834/202011/848e73f58d4e4c5b82f69d25d46048c6. shtml.

③ 詹艳. 版权法之困境与出路:以文化多样性为视角[M]. 西安:西安交通大学出版社,2016.

从英国诞生第一部版权法开始,世界各国相继通过版权法,并对版权法的立法目的进行了规定。《美国宪法》(*Constitution of the United States*)"知识产权条款"指出美国版权法的立法目的,国会有权制定法律,"为促进科学和实用技艺的进步,对作家和发明家的著作和发明,在一定期限内给予排他权保护"。(To promote the progress of science and useful arts, by securing for limited times to authors and inventors the exclusive right to their respective writings and discoveries.)[1]日本《著作权法》第 1 条规定:"本法目的在于通过规定有关作品以及表演、录音物、播放和有线播放的作者权利以及与此相关的权利,在关切这些文化财产公正利用的同时,保护作者和其他此类人员的权利,促进文化的发展。"(The purpose of this act is to provide for authors' rights and neighboring rights with respect to works, as well as with respect to performances, phonograms, broadcasts, and cablecasts, and to ensure protection for the rights of authors and other such persons while according attention to the fair exploitation of these cultural products, and thereby to contribute to cultural development.)[2]韩国《著作权法》(*저작권법*)第 1 条规定:"本法目的在于保护作者的权利以及与此相关的权利,促进作品的公正利用,为文化及相关产业的发展作出贡献。"(이 법은 저작자의 권리와 이에 인접하는 권리를 보호하고 저작물의 공정한 이용을 도모함으로써 문화 및 관련 산업의향상발전에이바지함을목적으로 한다.)[3]

我国自 1985 年成立国家版权局以来,对版权法的修订已经走过了许多个年头。我国现行《著作权法》第一条规定:"为保护文学、艺术和科学作品作者的著作权,以及与著作权有关的权益,鼓励有益于社会主义精神文明、物质文明建设的作品的创作和传播,促进社会主义文化和科学事业的发展与繁荣,根据宪法制定本法。"[4]

综合考察国际社会相关条款和规定,本小节将版权法的立法目的归纳为以

---

[1] The Constitution Annotated. Constitution of the United States[EB/OL]. [2021-05-10]. https://constitution.congress.gov/constitution/.

[2] WIPO Lex. Japan copyright act (act No. 48 of May 6,1970,as amended 2020)[EB/OL]. [2021-07-10]. https://wipolex.wipo.int/en/text/578251.

[3] WIPO Lex. Republic of Korea copyright act (act No. 432 of January 28,1957,as amended up to Act No. 17588 of December 8, 2020)[EB/OL]. [2021-07-10]. https://wipolex.wipo.int/en/text/582946.

[4] 中国人大网. 中华人民共和国著作权法[EB/OL]. [2021-05-10]. http://www.npc.gov.cn/npc/c30834/202011/848e73f58d4e4c5b82f69d25d46048c6.shtml.

下三个层次,这三个层次的目的相辅相成、相互依赖,任何一个环节的缺席都将不利于版权法的实施。

1.2.2.1 保护版权人的合法权利,鼓励作品创作与文化传播

通过保障版权人的合法权利,可以有效制止未经版权人许可而违法使用其作品的行为的发生,从而鼓励版权人进行作品的创作,激发创作灵感,进而发挥文化传播的良好作用。若没有版权法的保护,就会打压版权人的创作热情,其创作出来的作品在传播上也将受到严重阻碍。这从本质上决定了版权法立法的目的性。

1.2.2.2 促进社会公平公正,营造和谐的文化环境和氛围

版权法的立法宗旨包括不仅要保证更多的优秀创新作品得到重视,从而被创作出来,得到广泛的传播,更要切实保障作品经过各种渠道传播之后能够得到公众合理、合法的运用,从而维护社会的公平公正。当今世界,许多国家都将版权法视为落实文化政策的宝贵工具,将版权纳入本国的文化政策和制度体系内,通过立法和司法部门广泛实施,在保障作品创作者利益的同时,也强调公众能够合理利用作品,合法地分享版权人所带来的创新成果,从而营造和谐的文化环境和氛围。

1.2.2.3 形成良好的版权生态系统,促进文化和科学事业的创新和繁荣

众所周知,拥有一个和谐、融洽的文化创作环境是保证创作的基础。版权法保护版权人的合法权利,从而推动更多优秀的作品被传播和为人们所熟知,以实现文化多样性。版权法通过保证社会的公平公正,能够带动更多公民进行创作并激发灵感,进而促进文化不断向前发展。文化多样性是文化创作(版权所保护的客体)之源,文化多样性能够形成良好的版权生态系统,真正保护文化产业的利益和发展,最终促进文化和科学事业的创新和繁荣。

1.2.3 版权法遵循的基本原则

从印刷术的出现到模拟复制技术的运用,再到网络技术、各种新型数字传播技术的盛行,每一次传播技术的发展都给版权制度带来了诸多挑战。然而,不管版权法在考量传播技术发展引发的利益失衡的过程中如何发展和变革,其都需遵循以下几个基本原则。

1.2.3.1 法律原则

法律原则指的是适用于整个法律体系的、能够体现某一法律的内在核心意义和价值的原则。法律原则在所有法律条文中都有清晰的体现和具体的制定准

则,能够充当平衡、补充、细化各项规范的准绳,并且始终保有其效力。从法律的角度来看,版权法应属于法律原则的范围之内,具有明显的法律原则的特点。

1.2.3.2 思想与表达二分原则

从传统意义上来看,版权制度遵循思想与表达二分原则,即思想不受版权保护[1],版权法只保护思想的表达。该原则起源于18世纪的德国,在1785年美国正式将其纳入法律条文之中,成为当时保护版权的核心原则。随着一系列纠纷和弊端的显现,对思想和表达进行界限划分使得版权保护范围和侵权判断标准陷入迷茫和争议之中,单纯地谈论思想或者表达并无多大的实践意义。为了解决这一问题,思想与表达合并原则开始出现在人们的视野之中。其基本内涵是:当思想与表达之间出现难以分清界限的情况时,将两个方面合并在一起,划入不受保护的思想范畴[2]。思想与表达合并原则不仅对文化事业的发展有一定的促进作用,在一定程度上也能维持版权的利益平衡。无论是思想与表达二分原则还是思想与表达合并原则,都是以思想与表达二分原则为前提的,后者是对前者的补充。因此,在面对新技术环境时,版权侵权行为的判定仍然以思想与表达二分原则为主,在难以清晰界定思想与表达的情形下,补充采用思想与表达合并原则。

1.2.3.3 功能性原则

作为区分版权客体与实用专利客体的沟渠原则,功能性原则是版权法中隐藏在法律原则、思想与表达二分原则等概念下的重要原则,它是版权客体扩张至功能性、实用性作品等非纯文学艺术作品类型后,用于确定版权保护范围的过滤审查与门槛标准[3]。由于人们对"功能"一词的固化理解,对功能性原则也往往会产生一些误解。鉴于此,本书认为我们在理解功能性原则时至少需要明确以下三个方面的问题:首先,作品所具有的功能并不等同于功能性原则;其次,作品所具有的功能与其是否应该得到保护不能一概而论;最后,对作品的功能性的判断有助于衡量其创造性的价值。

1.3 不同视角下的数字传播与版权保护

由于大数据、云计算、人工智能等新型数字传播技术的发展为版权制度带来

[1] 赵锐.版权法中思想/表达二分法的反思与认知[J].东岳论丛,2017(9):47-53.
[2] 王凤娟,刘振.著作权法中思想与表达二分法之合并原则及其适用[J].知识产权,2017(1):87-92.
[3] 梁志文.论版权法中的功能性原则[J].法学,2019(7):150-162.

了前所未有的机遇和挑战,18 世纪初确立的版权制度在应对新技术时捉襟见肘。

考察版权制度的发展历史发现,版权制度一直深受技术变革影响,但也制约着技术的进步。展望未来的发展趋势,版权制度必将随着数字传播技术变革不断推进现代化的进程。在探讨完善版权制度的方略时,首先有必要厘清数字传播与版权保护的关系,从而为版权制度改革方略的构建与完善奠定理论基础。

1.3.1 技术社会学视角下的数字传播与版权保护

鉴于数字传播与版权保护均受到技术发展的深刻影响,而本书探讨的正是版权制度应对新型数字传播技术的改革方略,所以为了厘清数字传播与版权保护的关系,我们首先要明确与技术相关的理论知识,本书基于技术社会学视角对这一问题进行探讨。关于技术与社会关系的理论,主要有技术决定论、社会决定论和技术的社会塑造论。

技术决定论(technological determinism)最早由美国社会学家和经济学家 T. Veblen 在《工程师与价格体系》(*The Engineers and The Price System*)[①]一书中提出。该理论认为技术与社会相互分离,技术按照其自身的内在逻辑自主变化和发展,不受社会的影响,并且技术的变化影响和决定社会的变迁。[②] 技术决定论被概括为"相信技术是社会的关键统治力量"[③]。技术决定论可以分为"硬"技术决定论(hard technological determinism)和"软"技术决定论(soft technological determinism)两种形式。"硬"技术决定论认为:①技术是绝对独立与自主的力量,其单方面影响社会变迁,完全不受任何社会因素的限制;②技术的发展过程是机械化的,完全可以预测,其发展路径无法变更和避免;③技术是中立的,没有任何价值偏向;④技术是决定社会变迁的唯一因素。20 世纪法国哲学家和社会理论家 J. Ellul 是该理论的主要代表人物,他认为,"技术决定社会

---

① VEBLEN T. The engineers and the price system[M]. New York:B. W. Huebsch,1921:216.

② BEARD C. Time,technology,and the creative spirit in political science[J]. The American political science review,1927,21 (1):1-11. COWAN R. More work for mother:the ironies of household technology from the open hearth to the microwave[M]. New York:Basic Books,1983:142. OGBURN W. Social change with respect to culture and original nature[M]. New York:B. W. Huebsch,1922:182. BREIT W,CULBERTSON W. Science and ceremony:the institutional economics of C. E. Ayres[M]. Austin:University of Texas Press,1976:421. BIMBER B. Politics of expertise in congress:the rise and fall of the office of technology assessment[M]. New York:State University of New York Press,1996:319.

③ SMITH M. Military enterprise and technological change[M]. London:MIT Press,1985:70.

经历一种自然选择过程来适应其自身的发展。那些最有利于技术进步的社会制度的价值观、道德与哲学允许社会制度增强它自身的力量,同时淘汰那些价值观、道德与哲学较少促进技术进步的社会制度。"①"硬"技术决定论深受学术界推崇,尤其是在当前的数字传播时代,不少学者均推崇"硬"技术决定论。然而,在理解技术与社会的关系时,"硬"技术决定论的观点过于激进与消极,完全忽视了人类的能动性,缺乏批判性,不少学者倾向于支持较为温和的"软"技术决定论。"软"技术决定论也强调技术发展对社会变迁的决定性作用,但是认为这种决定力量受到包括社会、政治、经济、文化与伦理方面的力量制约②,是一种"社会制约的技术决定论"③。相较于"硬"技术决定论,"软"技术决定论以一种更加积极的态度理解技术与社会之间的关系,该理论在承认技术是人类社会进步的支配力量的同时,也强调人类在应对技术与社会互动的结果时具有能动性。该理论在逐步发展过程中发生了些微变化,以 W. Ogburn 于 1922 年提出的技术驱动的社会变革理论为代表,Ogburn 认为,"社会必须适应重大发明的后果,但通常会经过一段时间的文化滞后。"④尽管认可的技术发展决定社会变迁的形式不同,两种理论均强调社会变迁过程中技术的核心地位和主导决定作用。

与技术决定论的观点相反,社会决定论(social determinism)认为,技术的发展是社会变迁的结果,完全由包括政治、经济、文化等在内的社会因素决定,相较于技术发展自身的内在逻辑,社会因素对技术发展有着更为重要的影响。许多当代媒体理论家都持有社会决定论的观点,以 L. Green 为代表。Green 在 *Technoculture* 一书中详细阐述了社会决定论,他认为出于社会目的的社会过程决定技术⑤,每一项贯穿历史的技术发展都源于社会需求,包括经济、政治或军事需求等。在 Green 看来,技术的发展总是伴随着人类特有的目的与目标。鉴于技术的发展必然由财政资金推动,社会决定论认为技术总是被开发以有利于有能力资助其发展的社会群体。因此,社会决定论认为,技术发展不仅由其所在的社会环境因素决定,而且不可避免地受其所在的社会权力结构的影响。社会

① ELLUL J. La Technique ou L'enjeu du siècle[M]. Paris：Armand Colin,1954：253.
② OGBURN W. Social change with respect to culture and original nature[M]. New York：B. W. Huebsch,1922：241. ONG W. Orality and literacy：the technologizing of the word[M]. New York：Methuen,1982：354.
③ 吴廷俊,韦路. "传播技术与社会"笔谈——传播技术的演进模式及其与社会的互动关系[J].河南社会科学,2008(1)：140-143,172.
④ OGBURN W. Social change with respect to culture and original nature[M]. New York：B. W. Huebsch,1922：45.
⑤ GREEN L. Technoculture[M]. Crows Nest：Allen and Unwin,2001：13.

决定论的观点在某种程度上解释了技术决定论无法说明的问题,比如,类似的技术在不同社会背景下有着不同发展轨迹的原因,正是社会力量的干预影响了技术的发展。然而,社会决定论也具有明显缺陷:①忽略了技术本身的因素在技术发展中的作用,无法解释在社会严密控制下的技术仍然会超出人类预定的发展轨迹;②没有探讨社会对技术的控制问题;③对如何选择有助于人类社会进步的技术并推动其发展缺乏研究。

因此,技术决定论和社会决定论都无法真正解释或者厘清技术与社会之间的关系。20 世纪 80 年代,欧美国家兴起一种独特的研究技术与社会关系的思路——技术的社会塑造论(the social shaping of technology)。该理论可以追溯到 Mackenize 与 Wajcman、Pinch 与 Bijker 等人的作品。1982 年,在欧洲科学技术研究协会召开的一次会议上,Pinch 等人倡导借助建构主义的方法研究技术,为技术的社会塑造论的形成奠定了基础。其中,此次会议最重要的成果是 Mackenize 与 Wajcman 所著的 *Information Society*① 和 Pinch 与 Bijker 所著的 *The Social Construction of Technological System*②。该理论的研究框架主要包括技术的社会建构方法③(social construction of technology)、系统方法④(system)、

① MACKENIZE D,WAJCMAN J. Information society[J]. New York:Taylor & Francis,2001,17(4):303-304.

② PINCH T,BIJKER W. The social construction of technological system[J]. Science,1987,238:1152-1153.

③ BIJKER W. Of bicycles,bakelites,and bulbs:toward a theory of sociotechnical change[M]. Cambridge/MA,London:MIT Press,1995:68. BIJKER W. Social construction of technology,article for the international encyclopedia of the social & behavioral sciences[M]. Amsterdam:Elsevier Science Ltd,2001:241. CLARK J. The process of technological change:new technology and social choice in the workplace[M]. Cambridge:Cambridge University Press,1988:314. ELZEN B. Two ultracentrifuges:a comparative study of the social construction of artifacts[J]. Social studies of science,1986,16(4):621-662. MISA T. Controversy and closure in technological change:constructing "steel"[M]//JACKSON D C,BIJKER W E,LAW J. Shaping technology/building society:studies in sociotechnical change. Cambridge/MA,London:MIT Press,1992:356. ROSEN P. The social construction of mountain bikes:technology and postmodernity in the cycle industry[J]. Social studies of science,1993,23(3):479-513.

④ HUGHES T. Networks of power,electrification in western society 1880-1930[M]. Baltimore:Johns Hopkins University Press,1983:67. HUGHES A C,HUGHES T P. Systems,experts,and computers:the systems approach in management and engineering,World War II and after[M]. Cambridge:MIT Press,2000:341. MACKENIZE D. Inventing accuracy:a historical sociology of ballistic missile guidance[M]. Cambridge,Mass:MIT Press,1990:413.

行动者-网络理论①(actor-network theory)。基于这三种理论框架,研究者分别利用不同的概念工具对技术决定论进行了批判,强调了社会因素在技术形成过程中的重要影响。起初,技术的社会塑造论(早期的社会建构论)过分强调社会对技术的作用,走向了"社会决定论"的立场。后来,许多学者开始试图基于社会学、历史学和哲学等视角研究技术与社会的互动关系,不仅强调社会因素对技术发展的影响,也不否定技术发展自身的内在逻辑和轨迹,还强调了技术发展对社会产生的影响,并探讨了人类如何控制技术使其朝着有利于社会进步的方向发展。② 在此基础上,技术的社会塑造论在探索技术与社会的关系方面逐步得到完善。尽管目前该理论仍然处于成长期,但不可否认的是,相较于技术决定论与社会决定论,该理论对技术与社会关系的认知框架值得借鉴。下文结合该理论中可供借鉴的内容以及笔者对技术与社会关系的认知来解读技术的本质及其发展特征。

1.3.1.1 技术兼具"中立性"与"意识性"本质

关于技术的本质问题,技术的社会塑造论没有明确回答,只是给出了模糊的解读,主要体现在有关技术的定义中。正如技术的社会塑造论的早期代表人物Bijker 等人所言,"精确定义技术是相当困难的,而且也根本没有必要"③。同时,他们还指出技术包括三个层面的内容——物理实体或者人工制造物、行为或者过程、技能。尽管技术的社会塑造论没有明确定义技术,却一再强调技术贯穿人类的社会活动,技术的产生和发展离不开发明家等技术实践者与相关利益群体的一系列决定。换言之,技术的产生、传播和广泛应用都会受到人类意识的干

① LAW J. The anatomy of a socio-technical struggle: the design of the TSR2[M]//ELLIOTT B. Technology and social process. Edinburgh: Edinburgh University Press,1988: 44-69. LAW J,CALLON M. The life and death of an aircraft: a network analysis of technological change[M]//BIJKER W E, LAW J. Shaping technology/building society: studies in sociotechnical change. Cambridge/MA,London: MIT Press,1992:21-53. AKRICH M. Beyond social construction of technology: the shaping of people and things in the innovation process[M]//CALLON M, DIERKES M, HOFFMANN U. New technology at the outset. Frankfurt/New York: Campus Verlag, 1992: 173-190. BERG M. Rationalizing medical work: decision support techniques and medical practices[M]. Cambridge/MA: MIT Press,1997:251.

② MACKENIZE D. Inventing accuracy: a historical sociology of ballistic missile guidance[M]. Cambridge,Mass: MIT Press,1990:321. LAW J,CALLON M. The life and death of an aircraft: a network analysis of technological change[M]//BIJKER W E,LAW J. Shaping technology/building society: studies in sociotechnical change. Cambridge/MA,London: MIT Press,1992:67. AKRICH M. Beyond social construction of technology: the shaping of people and things in the innovation process[M]//DIERKES M, HOFFMANN U. New technology at the outset. Frankfurt/New York: Campus Verlag,1992:173-190.

③ DOSI G. Technological paradigms and technological trajectories[J]. Research Policy,1982,11 (3): 147-162.

预,技术并非是"中立"的,其本身就具有"意识性",或者说是可形塑的。此外,技术的社会塑造论也不否认技术中存在自然规律,从这一点出发,技术具有"中立性",是不可形塑的,行动者-网络理论最能体现这一观点。Law以20世纪70年代法国电动汽车创新的案例为研究对象,在指出社会因素影响技术发展的同时,也强调技术对社会变迁的作用。比如,他认为,法国电动汽车创新的失败是电子与催化剂缺乏配合以及工程师-社会学家等网络建造者所采用的错误社会模型相互作用的结果。近年来,许多有关技术与社会互动关系的最新研究成果也表明了技术的这一特征。Volti在《社会与技术变迁》(*Society and technological change*)一书中,通过总结技术的常见定义,将技术定义为"一种人类出于实现特定目标而创造的运用知识和组织机构来生产物件和技术的系统"。[①] 同时,Volti还指出,如此定义技术存在一个严重问题:技术的创造并非完全出于实现特定目标,还因为技术自身发展的需要。由此可见,基于技术的社会塑造论的成熟研究成果也认为,技术是一种兼具"中立性"与"意识性"的系统。

1.3.1.2　技术变迁的不确定性与可塑造性特征

技术变迁的不确定性是指技术发展过程通常难以预测,并不是单一线性发展模式。技术变迁的可塑造性是指人类具有影响技术发展方向的能力。技术决定论认为,技术的发展过程是机械化的,完全可以预测,其发展路径无法变更和避免。与之不同,技术的社会塑造论则认为,技术变迁是多种因素之间相互协商的结果,技术发展的每一步都不只存在一种可能性,技术变迁具有不确定性与可塑造性特征。

技术变迁的特征主要体现在技术要素相互作用的机制中。所谓技术要素,技术的社会塑造论认为其包括各种参与技术发展的因素。借用行动者-网络理论的观点,技术的要素就是"行动者"。关于"行动者"的范围界定,前述技术的社会塑造论的三种理论框架有着不同的认知,主要争议在于"自然的物质"能否归入"行动者"范畴。笔者赞同系统方法对技术要素的分析,认为科学家、技术专家、权力组织等社会因素,以及无生命的人造物等"自然的物质"均属于技术要素范畴,即"行动者"包括有生命和无生命的对象,比如人工制品、发明家、设计者、科学家、工程师、企业家、工人、顾客、消费者和政府机构等。

关于相互作用的机制,三种理论框架的观点也有所不同。技术的社会建构方法认为,"相关社会群体"(relevant social group)与"解释柔性"(interpretative

---

① VOLTI R. Society and technological change[M]. 7th ed. New York:Worth Publishers,2014:6.

flexibility)是影响技术变迁的社会变量。① "相关社会群体"是指赋予技术某种意义的社会群体,"解释柔性"是指不同社会群体在解释某项技术时存在不同。鉴于针对某项技术的解释存在不同,不同社会群体围绕某项技术难免产生冲突,通过冲突之间的相互作用,社会群体经过协商逐步形成对某项技术的统一解释,从而解决不同社会群体关于某项技术认知存在的冲突,推动技术进化至相对稳定的阶段。Pinch 和 Bijker 提出了两种解决解释冲突的方式:借助"修辞学方式"或者"对问题的重新界定"。"修辞学方式"是指借助广告宣传等修辞方法促使社会群体认为他们争议的问题已经被解决,从而结束围绕某项技术产生的冲突。"对问题的重新界定"是指转移社会群体最初争议的问题焦点以解决冲突。② 此外,Bijker 在随后的研究中还提出了"技术框架"(technological frame)与"包含"(inclusion)两个新概念进一步解释技术与社会之间的互动。他认为,在协商解决围绕某项技术的冲突的过程中,技术框架就会逐步形成。其中,将强势社会群体纳入当前的冲突是技术框架得以最终形成的重要原因。③

系统方法认为,技术变迁过程与技术的整个生产系统的演进密切相关。Hughes 认为,技术是由多种技术性与非技术性因素(包括人工制品、组织、法律与规章、自然资源等)构成的复杂系统,在这些因素的相互作用下,技术得以产生与发展。他将技术的这种复杂系统分为发明、开发、创新、转移和增长、竞争与固化等不同阶段,并认为这些阶段相互交织,而且在不同的发展阶段,都有着不同的决定系统发展的关键性决策制订者——系统建造者。④ 该方法还强调了影响技术变迁的两种关键因素:①"反向凸角"(reverse salient),技术系统中的落后

① BIJKER W. Of bicycles,bakelites,and bulbs:toward a theory of sociotechnical change[M]. Cambridge/MA,London:MIT Press,1995:341. BIJKER W. Social construction of technology,article for the international encyclopedia of the social & behavioral sciences[M]. Netherlands:Elsevier Science Ltd,2001:253. CLARK J. The process of technological change:new technology and social choice in the workplace[M]. Cambridge:Cambridge University Press,1988:342. ELZEN B. Two ultracentrifuges:a comparative study of the social construction of artifacts[J]. Social Studies of Science,1986,16(4):621-662. MISA T. Controversy and closure in technological change:constructing "steel"[M]//JACKSON D C,BIJKER W E,LAW J. Shaping technology/building society:studies in sociotechnical change. Cambridge/MA,London:MIT Press,1992:109-139. ROSEN P. The social construction of mountain bikes:technology and postmodernity in the cycle industry[J]. Social studies of science,1993,23(3):479-513.

② BIJKER W. Of bicycles,bakelites,and bulbs:toward a theory of sociotechnical change[M]. Cambridge/MA,London:MIT Press,1995:341.

③ BIJKER W. Social construction of technology,article for the international encyclopedia of the social & behavioral sciences[M]. Netherlands:Elsevier Science Ltd,2001:253.

④ HUGHES T. Networks of power,electrification in western society 1880-1930[M]. Baltimore:Johns Hop kins University Press,1983:142.

成分,通常制约技术变迁的方向和速度;②"技术动量"(momentum),即技术变迁积累的一种内在力量,包括技术和组织的成分,呈现出类似惯性的不可逆特征。

行动者-网络理论强调技术变迁受制于包括有生命的与无生命的各类因素共同构成的异质型网络。在异质型网络中,各种因素相互作用、协商得以化解围绕某项技术产生的冲突。Callon 以法国电动汽车创新为例,指出技术本身(蓄电池、电极、电子牵引系统等)与社会因素(技术工程师、政府、社会运动、消费者等)相互作用推动了技术变迁。① Law 以 15 世纪葡萄牙人推动海上贸易扩张为例,指出技术的构建是一项"异质性工程",各种异质元素(木材、指南针、风力、人、大炮等)而不是异质元素中的某个个体成分推动了该工程的形成。② Latour 进一步指出,权力在行动者网络中扮演着重要角色。③

由此可见,这三种理论框架均承认技术变迁存在多种可能的发展方向,不同因素之间的相互冲突均需要通过协商解决,鉴于针对同一技术问题有着不同的解决方案,技术发展通常呈现不同结果,又因受制于技术变迁这一复杂系统而呈现出不确定性特征。然而,技术变迁的路径并非固定不变、无法避免,尽管技术发展可能存在某种惯性特征,但人类仍然具有改造与调整技术发展方向和速度的能力,即技术变迁具有可塑造性的特征。

1.3.1.3 版权法领域的技术本质及特征分析

从技术的社会塑造论视角来看,技术发展与社会变迁相互作用、相互影响。技术发展虽然受到社会因素的影响,但具有自身发展的内在规律,具体体现为技术具有"中立性"与"意识性"本质。反之,技术发展也会影响社会变迁,人类能够通过控制技术推动社会进步,同时,人类对技术的控制受技术自身发展规律的制约,具体体现在技术变迁具有不确定性与可塑造性。在应对技术变革时,立法者与司法机构完善版权法的一些举措也体现了对技术的本质及其发展特征的关注。

(1)版权法领域的技术本质分析

技术的社会塑造论认为技术兼具"中立性"与"意识性"本质。技术"中立性"

---

① LAW J,CALLON M. The life and death of an aircraft: a network analysis of technological change [M]// BIJKER W E,LAW J. Shaping technology/building society:studies in sociotechnical change. Cambridge/MA,London: MIT Press,1992:21-53.

② LAW J. Power,action,and belief: a new sociology of knowledge[M]. London & Boston: Routledge & Kegan Paul,1986:142-143.

③ LATOUR B. Aramis, or the love of technology[M]. Cambridge, Mass: Harvard University Press,1996:341.

本质是指技术发展具有自身内在逻辑与规律,在某种程度上不受人类意识的控制,甚至是技术的发明者可能都无法预料到该技术未来的用途与社会经济影响。具体到版权法领域,技术"中立性"本质表明在某种情形下因技术引发的侵权行为并不受到人类干预。因此,立法者与司法机构通常会以"技术中立"豁免新技术开发者与使用者的版权侵权责任。比如,美国联邦最高法院在审理 Universal City Studios,Inc. v. Sony Corp. of Am. 案(环球影城公司诉美国索尼公司案,以下简称 Sony 案)[①]时引入"实质性非侵权用途",美国加利福尼亚北区地方法院在审理 Religious Technology Center v. Netcom On-Line Communication Services,Inc. 案(宗教技术中心诉网通在线通信服务公司案,以下简称 Netcom 案)[②]时创设了"避风港"规则。

技术"意识性"本质是指技术的产生、传播与广泛应用通常受到人类的干预而并非完全"中立"。具体到版权法领域,技术"意识性"本质表明新技术引发的侵权行为可能受到人类控制,而且在某些情形下,人类可以对新技术引发的版权侵权行为进行塑造,阻止侵权行为造成更严重的经济与社会影响,或者采取措施降低未来侵权行为发生的风险。版权制度规范规避技术措施的行为,原因之一在于规避技术措施的技术呈现出的"意识性"本质,该技术正是开发者有意识地破解技术措施的结果。版权制度要求网络服务提供者承担侵权责任,也是认识到作为技术应用者的特定类型网络服务提供者具有一定程度的控制因技术引发的侵权行为的能力。

因为技术具有"中立性"与"意识性"的本质,立法者与司法机构在完善版权法以规范技术发展时,理应在区分出该技术的"中立性"与"意识性"本质的基础上,合理应对该技术。针对该技术的"中立性"本质,立法者与司法机构需要创设较为宽松的制度环境鼓励该技术发展;针对该技术的"意识性"本质,立法者与司法机构则需要制定较为严格的法律,规范人类利用该技术的行为。

(2)版权法领域的技术变迁特征分析

技术的社会塑造论认为技术变迁具有不确定性与可塑造性特征。技术变迁的不确定性是指技术的发展过程通常难以预测,并不是单一线性发展模式。鉴于技术变迁具有不确定性的特征,某种新技术在发展初期的社会影响通常并不确定,随着该技术发展逐渐成熟,其社会和经济影响才逐步显现。最初看似不利于实现版权法确立的目标的技术,可能最终成为推动该目标实现的重要力量。

[①] Sony Corp. of Am. v. Universal City Studios,Inc. ,464 U. S. 417 (1984).

[②] Religious Technology Center v. Netcom On-line Communication Services,Inc. ,907 F. Supp. 1361 (N. D. Cal. 1995).

因此,版权法在应对技术变革的过程中,必然需要明确技术变迁的不确定性特征,为技术进步预留空间。考察历史,明确技术变迁不确定性特征的表现主要包括两种情形:一是版权立法的开放式标准的采用,以美国实施的合理使用制度为典型。自 18 世纪以来,美国的版权制度之所以有效推动了本国电影、音乐、图书和其他文化产品的生产与传播,促使其成为世界上最大的文化产品输出国,与美国实施的开放式标准的合理使用制度密切相关。现阶段,针对日新月异的网络技术,美国采取的开放式合理使用制度的有效性日益凸显。比如,随着数据挖掘技术的广泛运用,美国法院基于合理使用的开放式标准为该技术的发展提供了充足的空间。二是司法机构充分运用权力分离原则,以执行"司法机构自我限制"(judicial restraint)原则为代表,对版权的扩张保持克制态度,经常延缓针对新技术引发的版权问题作出裁决。比如,美国联邦最高法院在 Williams & Wilkins Co. v. The United States 案(威廉斯和威尔金斯公司诉美国案)①、Sony 案、Metro-Goldwyn-Mayer Studios, Inc. v. Grokster, Ltd. 案(米高梅电影公司诉格罗斯特有限公司案,以下简称 Grokster 案)②中的观点均体现了法院对这一原则的运用,明确指出"协调科学研究需要和出版商、作者利益的任务应该留待立法机关解决","只有国会有权处理版权法与新技术之间的关系","与法院相比,国会更适合完成全面调整隐含在新技术中的不可避免、互不相让的各种利益变化的任务",并尽量延缓裁决,表明谨慎对待新技术引发的版权问题的态度。实质上,鉴于版权法是一个由快速变化的技术占据主导地位的领域,随着某项技术过时或被新技术取代,任何针对此项技术确立的新规则可能都会被证明是无效的或者过时的。

技术变迁的可塑造性是指人类具有影响技术发展方向的能力,技术发展路径并不是无法变更与避免的。因此,技术并非完全中立,其自身也会受到人类意识的控制,从而朝着人类试图推动的方向发展。版权法的发展进程体现对技术变迁可塑造性特征的关注,具体体现在两个方面:一是要求技术设备制造者改进技术设备。技术设备制造者具有改进技术设备的能力,出于实现版权立法的目的,要求技术设备制造者改进技术设备显然有助于应对技术变革。尽管许多举措都遭到强烈反对,在某些情形下甚至阻碍了新技术的发展,但需要指出的是,这种失败并非立法者未能正确理解技术变迁规律所致,而是立法者没能制订有效策略的结果。随着数字传播技术的发展,版权人开始向法院寻求禁令,要求网络服务提供者采取阻塞措施预防或者制止版权侵权行为的发生,包括采用 DNS

---

① Williams & Wilkins Co. v. United States,420 U. S. 376 (1975).

② MGM Studios, Inc. v. Grokster, Ltd. ,545 U. S. 913 (2005).

(domain name system,域名系统)阻塞或者通过 IP(internet protocol,互联网协议)封锁等措施,法院要求网络服务提供者采取阻塞措施的裁决即体现对技术变迁具有可塑造性特征的关注。然而,要求网络服务提供者采取阻塞措施也存在不少争议,尤其是不少法院的判决质疑了阻塞措施的有效性,并认为阻塞措施侵犯包括隐私权、通信自由在内的公民基本人权。鉴于阻塞措施相关争议是由该措施的有效性以及违反欧盟法律引发的,所以并不代表在符合相关条件的情形下,要求网络服务提供者采取阻塞措施不具有可行性。二是受保护的技术措施被限定为"有效技术措施"。世界各国版权法有关技术措施的规定也体现了对技术变迁具有可塑造性特征的关注,即受保护的技术措施应该是"有效的"。作为保护技术措施的国际条约,《世界知识产权组织版权条约》和《世界知识产权组织表演和录音制品条约》明确强调,受到版权保护的技术措施应该是有效的。《世界知识产权组织版权条约》(*WIPO Copyright Treaty*)第 11 条"有关技术措施的义务"(obligations concerning technological measures)指出,"缔约方应该提供适当的法律保护与有效的法律救济,制止规避作者在行使本条约或者《伯尔尼公约》规定的权利时所采用的,约束未经作者授权或者未经法律许可的使用其作品的行为的有效技术措施"。(Contracting parties shall provide adequate legal protection and effective legal remedies against the circumvention of effective technological measures that are used by authors in connection with the exercise of their rights under this Treaty or the Berne Convention and that restrict acts, in respect of their works, which are not authorized by the authors concerned or permitted by law.)[①]《世界知识产权组织表演和录音制品条约》(*WIPO Performances and Phonograms Treaty*)第 18 条"有关技术措施的义务"(obligations concerning technological measures)指出,"缔约方应该提供适当的法律保护与有效的法律救济,制止规避表演者或者录音制品制作者在行使本条约规定的权利时所采用的,约束未经表演者或者录音制品制作者授权、未经法律许可的使用其作品的行为的有效技术措施"。(Contracting parties shall provide adequate legal protection and effective legal remedies against the circumvention of effective technological measures that are used by performers or producers of phonograms in connection with the exercise of their rights under this Treaty and that restrict acts, in respect of their performances or phonograms, which are not authorized by the performers or the producers of phonograms concerned

---

① World Intellectual Property Organization. WIPO copyright treaty[EB/OL]. [2021-07-10]. http://www. wipo. int/treaties/en/text. jsp? file_id=295166.

or permitted by law.)①前述相关规定表明不具有"有效性"的技术措施是不受版权法保护的。版权人为了确保其技术措施能够纳入版权法保护范畴,必然试图确保其施加在作品中的技术措施具有"有效性"。

1.3.2　产业经济学视角下的数字传播与版权保护

法律并非万能,其只能解决能够解决的问题。许多依靠版权的产业均面临一个很严重的问题——没有足够的消费者为其享有的版权付费。版权人通常认为这是版权法需要解决的问题,即所谓的盗版问题。然而,该问题实质上是一个市场问题而非法律问题,产生的原因在于版权人未能及时应对与适应市场变化和推动消费者需求的技术变化。正如 Hargreaves 在《数字机遇:知识产权与增长的评论》(*Digital Opportunity：Review of Intellectual Property and Growth*)中所言,"在强化执法与增强教育以影响版权侵权行为时,有更多的证据证明,创意产业以消费者喜欢的形式提供更为低价的合法产品能够更加成功地应对非法服务"②。

换言之,当消费者能够以公正、合理的价格购买合法产品时,未经授权的复制行为将会减少。实质上,社会公众均希望市场上能充满可供选择的合法产品。然而,目前的市场情况则无法满足这种需求。福雷斯特研究公司针对欧洲数字内容市场的一项研究发现,相较于 2009 年,2010 年试图购买合法数字内容的被调查者数量增长了 20%,然而,实际上,2010 年购买合法数字内容的欧洲人数量却越来越少。福雷斯特研究公司发现,社会公众可以选择的合法内容数量"并没有增长,而是在下滑……合法内容市场……没能满足消费者需求"③。

技术通常被认为是引发版权人烦恼的罪魁祸首。然而,回顾历史,大多数由技术引发的问题均是产品生命周期自然衰减的结果,CD、DVD 与印刷报纸销售量的下滑正是如此。此种情形下,版权人解决问题的方法是遵循产业演进规律,充分利用新技术改善现状,而非仅仅依靠法律救助强化版权保护。

无论是提供满足消费者需求的合法产品,还是遵循产品生命周期的自然衰

① World Intellectual Property Organization. WIPO performances and phonograms treaty[EB/OL]. [2021-07-10]. http://www. wipo. int/wipolex/en/details. jsp? id=12743.

② Hargreaves I. Digital opportunity：review of intellectual property and growth[EB/OL]. [2019-03-06]. https://www. gov. uk/government/uploads/system/uploads/attachment_data/file/32563/ipreview-finalreport. pdf.

③ Thomas N. Europeans will pay for content - why are there so few compelling options？[EB/OL]. [2019-03-10]. http://www. paidcontent. org.

减,这些均为版权产业演进的结果。回顾历史,有效应对技术变革的版权法实践活动通常遵循版权产业演进的规律性特征。世界知识产权组织的研究报告也指出,国家政策的制定"必须充分考虑版权产业的现实与潜能"[①]。

1.3.2.1 创新扩散理论

创新通常指的是新产品、新产业或者新技术的发明。Rogers 认为,"创新是一种采用者(个人或者其他单位)认为的新想法、实践或者客体"[②]。当首个制造企业将创新引入市场时,新产业随之产生。与此同时,潜在消费者会针对采用这一创新产品是否有价值进行评估。

创新扩散理论研究的是一种创新在社会系统中的传播现象[③],基本目标在于回答一种创新(改进)没有及时被采用的原因,即为什么创新扩散通常需要经历一段时间。一种常见的观点认为,创新扩散之所以存在这一问题,主要是因为并非每个人都能够及时知晓创新的存在,有些观点则进一步指出,该问题产生的原因是不同潜在采用者从一种创新中获得的优势或者利润存在不同。

鉴于不同创新在本质上存在的区别,研究者通常将创新分为两种类型。Freeman 将创新分为增量的创新与激进的创新[④],Bower 与 Christensen 将其分为维持型创新与破坏型创新[⑤],Tushman 与 Anderson 将其分为连续创新与不连续创新[⑥]。由此可见,研究者均将创新分为两大类,尽管不同研究者对创新类型的名称表述存在差异,但两种创新涉及的内容则是一致的:一种创新是指改进现有创新的创新,另一种创新是指全新的创新。然而,在实践过程中,一种创新通常同时具备前述两种创新类型的特征,全新的创新也可能是改进现有创新的创新,反之亦然。因此,基于研究者们的分类,我们在实践活动中明确区分创新类型比较困难。

创新扩散理论最早可以追溯到 20 世纪初期,研究者们围绕创新扩散现象开展理论与实证研究,得出了颇有价值的结论,并创建了具有指导意义的扩散模

---

① World Intellectual Property Organization. National studies on assessing the economic contribution of the copyright-based industries[EB/OL].[2019-03-10]. http://www. wipo. int/edocs/pubdocs/en/copyright/1041/wipo_pub_1041.pdf.

② ROGERS M. Diffusion of innovations[M]. 3rd ed. New York：The Free Press,1983:21.

③ 同上。

④ FREEMAN C. The economics of technical change[J]. Cambridge journal of economics,1994,18：463-514.

⑤ BOWER L,CHRISTENSEN M. Disruptive technologies：catching the wave[J]. Harvard business review,1995,73(1)：43-53.

⑥ TUSHMAN L,ANDERSON P. Technological discontinuities and organizational environments[J]. Administrative science quarterly,1986,31：439-465.

型,为进一步探索创新扩散现象及其机制、影响因素、规律等多方面的内容奠定了基础。

20世纪40年代初期,研究者们纷纷采用创新扩散的时间路径定量模型研究创新扩散现象。1943年,Ryan与Gross通过构建累积正态曲线图解释了杂交玉米扩散的情况。① Griliches将流行病学疾病的理论与创新扩散模型进行类比,认为有关创新的信息就像疾病一样传播,从一个携带者传染给另一个携带者。因此,从宏观层面上看,创新扩散呈现为S形(研究者们描绘的此类图形被称为S形创新扩散曲线图):传播初期速度较缓慢,传播中期速度加快,传播后期速度再次减缓。Griliches将这3个阶段命名为起源期、扩散期与饱和期②,但是后来的研究者通常将其称为创新期、增长期与成熟期。鉴于其源于类比疾病的传播理论,该模型也被称为"流行病"扩散模型(epidemic diffusion model)。

许多研究者基于Verhulst提出的逻辑斯蒂增长模型(logistic growth model)③探索技术创新扩散,最典型的就是关于移动通信扩散的研究④。该模型衍生自网络外部性,或者说需求功能。在市场营销领域,研究者们通常采用巴斯扩散模型⑤(Bass diffusion model),该模型认为创新扩散由"内部影响"(采用者之间的信息交换)与"外部影响"(源于外部资源的信息)引起。

正如前文所述,创新采用与扩散过程中存在多种被动信息蔓延的情形。在"流行病"扩散模型中,潜在采用者在及时接收到创新信息的情形下会采用一种新的创新。随着创新信息逐步传播蔓延,创新扩散势必经历一段时间。

其他理论假设不同潜在采用者从一种创新中获得的优势或者利润存在不同,因此不同潜在采用者采用这一创新的时间会存在差异。网络外部性理论即为该理论假设的典型。Economides指出,"因为早期单位产品已经在一个相关维度创造了一些利润,产品最后一个单位的购买者就会获取高于第一个单位的

① RYAN B,GROSS C. The diffusion of hybrid seed corn in two iowa communities[J]. Rural Sociology,1943,8:15-24.

② GRILICHES Z. Hybrid corn:an exploration in the economics of technological change[J]. Econometrica,1957,25(4):501-522.

③ LACOBUCCI D, VALENTE W. Network models of the diffusion of innovations[M]. Cresskill:Hampton Press,1995:69.

④ GRUBER H,VERBOVEN F. The diffusion of mobile telecommunications services in the European Union[J]. European economic review,2001,45:577-588. FRANK L. An analysis of the effect of the economic situation on modeling and forecasting the diffusion of wireless communications in Finland[J]. Technological forecasting and social change,2004,71:391-403.

⑤ BASS F. A new product growth model for consumer durables[J]. Management science,1969,15:215-225.

购买者的利润"①。此时,网络外部性就会产生,即现有使用者数量会影响新的采用者的利润。许多研究者已经指出,正向网络外部性对许多技术创新的采纳与扩散会产生影响。② 此外,网络外部性也被视为促使关于通信服务采用成功的预测变得复杂化的因素③,同时衍生了逻辑斯蒂增长模型,因为该模型也指出创新扩散与现有使用者的数量相关。网络外部性导致创新扩散存在一个关键临界点:在创新扩散的早期阶段,创新似乎不会吸引潜在采用者,因为只有很少的使用者。如果没有达到临界点,创新扩散就会失败;反之,创新扩散则会成功。④

1.3.2.2 创新扩散中的产品演进

关于创新扩散中的产品演进,研究者们得出的主要结论是:不同阶段技术采用者的产品需求不同,随着创新扩散时间推移,后期技术采用者更青睐于产品与服务更加完善的"整体产品"。此时,互补性服务对于推动创新扩散起着重要作用。

如前文所述,S 形创新扩散曲线图反映了一定时期技术采用者的数量,不同时期技术采用者的数量有所差异。除了 Rogers ⑤之外,Moore 也通过曲线图描述了技术采用生命周期中的技术采用者的 5 种类型⑥。在其分类中,创新者与早期技术采用者更愿意采用某一种技术产品。尽管一种技术产品受到创新者与早期采用者的青睐,但其他类型的技术采用者通常对技术产品有着更高的要求。创新扩散不能单纯依靠一种技术产品的力量,因为消费者可能需要除了该技术产品之外的许多互补性的消费者服务。比如,多数较晚采用创新技术的消费者需要的是"整体产品",即"目标市场上数量最少的一组消费者所需的产品与服务

① ECONOMIDES N. Compatibility and the creation of shared networks[EB/OL]. [2019-03-10]. http://raven. stern. nyu. edu/networks/compatib. pdf.

② CHURCH J,GANDAL N. Complementary network externalities effects and technological adoption[J]. International journal of industrial organization,1993,11:239-260. WITT U. "Lock-in" vs. "critical masses" - Industrial change under network effects[J]. International journal of industrial organization,1997,15:753-773.

③ SCHODER D. Forecasting the success of telecommunication services in the presence of network effects[J]. Information economics and policy,2000,12:181-200.

④ ROGERS M. Diffusion of innovations[M]. 3rd ed. New York:The Free Press,1983:47. FRANK L. An analysis of the effect of the economic situation on modeling and forecasting the diffusion of wireless communications in Finland[J]. Technological forecasting and social change,2004,71:391-403.

⑤ ROGERS M. Diffusion of innovations[M]. 3rd ed. New York:The Free Press,1983:47.

⑥ MOORE A. Inside the tornado:marketing strategies from Silicon Valley's cutting edge[M]. New York:Harper Collins Publishers,1995:78.

都能获得创新所承诺的价值"①。

在 Moore 看来，突破临界点是推动创新扩散的重要步骤，即超越创新扩散的早期阶段，促使创新能够对潜在采用者产生强大的吸引力。这一步骤的实现通常需要依赖合作伙伴的协助，针对主要创新公司的技术产品提供互补性服务，从而满足后期技术采用者对"整体产品"的需求。以软件市场为例，"整体产品"包括软件产品公司提供的核心软件产品以及互补性一体化服务（如信息技术咨询公司提供的服务），软件产业的发展不仅依赖于核心软件产品的推广，也取决于互补性一体化服务的逐步完善。

Greiner ②、Churchill 与 Lewis③、Scott 与 Bruce④ 等人提出的生命周期与增长模型，从软件公司而非垂直市场状态的角度考察了一般或者高科技公司的企业生命周期，进一步研究了创新扩散中产品演进的现象。Greiner 指出，一个公司的发展通常与市场环境和产业发展阶段相关。⑤

1.3.2.3 产业演进阶段

产业演进如同生物体进化，自产生后会经历不同发展阶段，直至消亡。产业演进阶段是产业生命周期理论（industry lifecycle theory）中的一个概念。该理论假设生产者（评估产品生存能力的人）随着时间变迁逐步演化。在这种产业演进过程中，产业市场结构也会相应发生改变。⑥

产业生命周期理论可以追溯到 Gort 与 Klepper 对产品创新扩散中的时间路径的相关研究⑦。基于考察 46 种产品的发展历史而获取的实证数据，Gort 与 Klepper 构建了新产品产业演进理论，该理论被认为是"产业经济学意义上的第一个产业生命周期模型"⑧。根据产品产业的进入率（生产者数量的变化）的不

① MOORE A. Inside the tornado: marketing strategies from Silicon Valley's cutting edge[M]. New York: Harper Collins Publishers,1995:165.

② GREINER E. Evolution and revolution as organizations grow[J]. Harvard business review,1972, 50(4): 37-46.

③ CHURCHILL C,LEWIS L. The five stages of small business growth[J]. Harvard business review,1983,61(3): 30-49.

④ SCOTT M,BRUCE R. Five stages of growth in small businesses[J]. Long range planning,1987, 20(2): 45-52.

⑤ GREINER E. Evolution and revolution as organizations grow[J]. Harvard business review,1972, 50(4): 37-46.

⑥ TYRVÄINEN P,MAZHELIS O. Vertical software industry evolution: analysis of telecom operator software[M]. Berlin Heidelberg: Springer-Verlag,2009:21.

⑦ GORT M,KLEPPER S. Time paths in the diffusion of product innovations[J]. The economic journal,1982,92(367):630-653.

⑧ 文海涛. 基于产业演进视角的企业并购绩效研究[D]. 北京:北京交通大学,2010:49.

同,Gort 与 Klepper 将产业演进划分为 5 个生命周期阶段:引入期(首个生产者引入新的商业产品)、大量进入期(生产者数量的迅速增长)、稳定期(进入的生产者数量与退出的生产者数量持平)、衰退期(负进入时期,退出的生产者数量多于进入的生产者数量)、成熟期(进入的生产者数量约等于退出的生产者数量)。在他们看来,大多数新产品都会经历这种演进过程。Gort 与 Klepper 认为,"进入率"取决于企业获得的潜在回报,即来源于外部资源的创新数量、当前生产者积累的经验以及盈利。①

在 Gort 与 Klepper 研究的基础上,Argawal 与 Audretsch 将产业演进的 5 个生命周期阶段缩减为 2 个:形成期(进入者尝试新想法的阶段)和成熟期(具有标准化产品的阶段)。这两个时期分别具有生产者积极进入和消极进入的特点。Argawal 与 Audretsch 指出,在产业形成期这一充满不确定性的环境中,企业规模与企业存活概率相关,规模较大的企业通常会将存活概率作为是否进入新产业的衡量标准,而在产业成熟期,企业规模与存活概率似乎没有关系。基于这一观点,在一定环境下,拥有标准化技术的中小型企业可能会采取利基战略②来克服规模上的劣势。因此,企业能够借助价格领先战略或者专业化战略获得竞争优势:以低于其他企业的价格生产产品,提供不同于其他企业的产品,或者关注利基市场。③

Dinlersoz 与 Hernández-Murillo 将产业生命周期划分为 3 个阶段:许多企业进入的阶段、企业数量急剧下滑的阶段(衰退期)、成功企业稳定数量存续的阶段。在研究调频广播电台数量的发展以及零售业电子商务的发展过程的基础上,Dinlersoz 与 Hernández-Murillo 论述了这一生命周期过程。他们指出,衰退期在互联网产业只会持续几个月的时间,而在制造产业则会持续几年甚至几十年。④

1.3.2.4 版权产业演进及其规律性特征

版权产业概念的产生源于版权产业价值的日益凸显,不同国家有关版权产业的界定有所不同。下文在厘清版权产业概念及范围的基础上,阐述版权产业

---

① GORT M,KLEPPER S. Time paths in the diffusion of product innovations[J]. The economic journal,1982,92(367):630-653.

② 利基战略是一种适用于弱小企业、中小企业的战略,指弱小企业、中小企业定位于为大企业所忽视或者不愿意涉足的某些细分市场,依靠专业化经营以最大限度获取收益的策略。

③ ARGAWAL R,AUDRETSCH D. The two views of small firms in industry dynamics:a reconciliation[J]. Economics letters,1999,62(2):245-251.

④ DINLERSOZ E,HERNÁNDEZ-MURILLO R. The diffusion of electronic business in the United States[J]. Federal reserve bank of St. Louis review,2005,87(1):11-34.

演进的规律性特征,包括版权产业演进中的创新扩散、产品演进以及产业演进的阶段性特征。

(1)版权产业概念及范围界定

版权产业概念最初由以美国为代表的遵循版权体系的国家提出,是以某种标准对版权领域的各类产业进行的系统性概括。这一概念将版权相关领域的活动归入同一产业部门,以此评估和研究与版权相关的各类产业在国民经济中的地位,充分实现版权相关领域的商业利益,推动版权产业的系统化发展。[①] 在版权产业概念出现之前,归入其中的各类产业就已经出现,并随着经济发展逐步成形。

到目前为止,世界知识产权组织和美国国际知识产权联盟等均针对版权产业开展了较为深入的调查研究,并公布了版权产业报告。鉴于版权产业涉及范围广且复杂,这些产业报告都没有对版权产业作出明确定义,只是详细列举了版权产业的具体分类。本书遵循这一原则,也不直接明确版权产业的定义,仅仅以列举的方式介绍版权产业,主要以世界知识产权组织和美国国际知识产权联盟现阶段普遍采用的分类方法作为划分版权产业的标准。

2002 年 7 月,世界知识产权组织邀请一批来自世界各国的知名经济学家创建了一个工作小组,于芬兰首都赫尔辛基针对适用于衡量版权对国家经济的贡献的方法论展开研究,最终目标是创作一本参考手册,促使未来的相关研究都能遵循通用的方法论框架。随后,作为此项研究成果的《版权产业的经济贡献调查指南》(*Guide on Surveying the Economic Contribution of the Copyright Based Industries*)[②]公布。自 2004 年以来,美国国际知识产权联盟公布的版权产业报告也采用了该指南的相关标准,不再使用自 1990 年首次公布版权产业报告以来确定的划分类型。此外,加拿大、新加坡、拉脱维亚、匈牙利、菲律宾、墨西哥、哥伦比亚、罗马尼亚、俄罗斯、乌克兰、澳大利亚、中国、韩国、法国等国家也相继根据该指南调查本国版权产业对经济产生的影响,以捕捉和理解基于版权产业对本国经济的贡献以及深远且积极的影响。现阶段,该指南已经成为许多国家普遍采用的评估版权产业的重要参考。

该指南将版权产业分为四类:核心版权产业(core copyright industries)、共生版权产业(interdependent copyright industries)、部分版权产业(partial copy-

---

① 虞长娟. 论"部分版权产业"客体的版权保护——以实用艺术作品为视角[D]. 北京:中国政法大学,2009:3.

② World Intellectual Property Organization. Guide on surveying the economic contribution of the copyright based industries[EB/OL]. [2019-04-20]. http://ci. nii. ac. jp/ncid/BA85561495.

right industries)、边缘版权产业(non-dedicated support industries)。① 核心版权产业是指完全从事创作、生产、制造、表演、广播、通信、展览或者发行与销售作品及其他受保护客体的产业,即基于版权客体而存在的产业。主要分为 9 种类型:①出版与文学;②音乐、戏剧、歌剧;③电影与视频;④广播与电视;⑤摄影;⑥软件与数据库;⑦视觉与图形艺术;⑧广告服务;⑨版权集体管理组织。共生版权产业是指从事生产、制作与销售设备的产业,其功能完全或者主要在于促进作品及其他受保护客体的创作、生产或者使用。根据它与核心版权产业之间的互补性关系,这类产业又可以细分为核心共生版权产业与部分共生版权产业。前者包括电视机、收音机、VCR、DVD 播放器及其他相似设备、计算机和音乐设备的制造商、批发商与零售商。这些产品与核心版权产业产品存在连带销售关系。后者包括摄影及录影设备、复印机、空白录像材料和纸张的制造商、批发商与零售商。这类产业对版权产品使用的针对性不强,但是对其使用有着重要的促进作用。因此,生产这些产品的企业的版权产业属性只涉及促进版权产品使用的部分。部分版权产业是指部分产业活动与作品及其他受保护客体有关的产业。这类产业包括 10 种类型:①服装;②珠宝和金币;③工艺品;④家具;⑤日用商品、瓷器、玻璃制品;⑥墙纸和地毯;⑦玩具与游戏;⑧建筑、工程和测量;⑨室内设计;⑩博物馆。边缘版权产业是指部分产业活动与促进作品及其他受保护客体的广播、通信、发行或者销售有关的产业,但是不属于核心版权产业的范畴。这类产业包括一般的批发商与零售商、一般的运输企业和互联网企业等。

(2)版权产业演进规律性特征

从创新扩散的角度来看,许多版权产业类型的产生与发展都源于技术创新扩散。以核心版权产业为例,出版产业的产生离不开印刷术的逐步推广,摄影产业的产生离不开摄影技术的扩散,电影产业的产生离不开动画技术和摄影技术的发展,软件和数据库版权产业的产生离不开计算机技术、互联网技术、数据库相关技术的更新。此外,共生版权产业中生产、制作与销售的电视机、收音机、VCR、DVD 播放器设备、摄影及录影设备、复印机、空白录像材料都属于技术设备的范畴,这些技术设备的产生与发展都是技术创新扩散的表现。部分版权产业的发展也依赖创新扩散,以服装产业为例,服装产业与版权相关的部分主要涉及服装款式设计,与时俱进的创新款式更受消费者青睐。边缘版权产业的发展也离不开创新扩散,以互联网企业为例,互联网企业的技术创新扩散可以为作品的创作与传播创造新平台。

---

① GANTCHEV D. The WIPO guide on surveying the economic contribution of the copyright industries[J]. Review of economic research on copyright issues,2004,1(1):5-15.

在创新扩散过程中,版权产业的产品演进具有阶段性。随着某种产品逐步推向市场,不同阶段的产品使用者的需求也会发生变化,较早使用该产品的使用者要求相对较低,而较晚使用该产品的使用者要求较高。为了满足后者需求,版权产业只有不断完善版权产品,尤其是依赖合作伙伴的协助,针对版权产品提供互补性服务,才能满足较晚的使用者对产品与服务更加完善的"整体产品"的需求,从而在市场竞争中获胜。

版权产业演进具有阶段性,必然会经历从引入期到成熟期的过程。不同阶段版权产业的企业进入与退出数量存在差别:引入期,首个生产者引入新的商业产品至版权产业;大量进入期,进入版权产业的企业数量持续增长;稳定期,进入版权产业的企业数量与退出企业的数量持平;衰退期,退出版权产业的企业数量多于进入企业的数量;成熟期,进入版权产业的企业数量约等于退出企业的数量。其中,在由衰退期过渡到成熟期的过程中,不同类型企业依据自身优势采取相应策略,规模较大的企业可以依据自身规模成功进入成熟期,而规模较小的企业通常需要采用利基战略(价格领先战略或者专业化战略)。反之,在激烈的市场竞争中,没有采用这些策略的企业则可能会退出版权产业。

作为国家政府部门推动经济增长的重要工具,产业政策在促进产业发展中发挥了重要作用。考察19世纪和20世纪世界各国的产业演进,推动产业发展的政策呈现出鼓励创新扩散、遵循产品演进和产业演进规律的特征。[1] 因此,作为一种推动版权产业发展的政策,对版权制度进行完善需遵循版权产业演进规律,这样才能够真正推动版权产业发展。

1.3.3 利益平衡视角下的数字传播与版权保护

版权制度的利益平衡传统可以追溯到首部版权法——《安娜法》。该法在赋予出版商垄断权的同时,对其权利进行了限制。尽管版权制度发展至今已有300多年的历史,世界各国完善版权制度时仍然注重维护版权人和更广泛的公众之间的利益平衡,以期实现公共利益。

版权保护涉及多方利益的矛盾和冲突,平衡各方主体利益成为完善版权制度的重要手段。纵观历史,技术的发展可能会引发版权制度的利益失衡,或是向版权人倾斜,或是向版权使用者倾斜,能够有效应对技术变革的版权制度都强调版权各方主体的利益平衡,并以此作为版权制度的最终目标。利益平衡的实现

---

① CIMOLI M,DOSI G,STIGLIZ J. The rationale for industrial and innovation policy[J]. Intereconomics,2015,50(3):120-155.

• 40 •

建立在一定的基础或者条件上,当这一基础或者条件发生变化时,利益平衡的状态就会被打破,追求新的利益平衡成为必要。技术变革影响版权利益关系平衡,如果新型数字传播技术的出现打破了传统利益格局,那么就会产生完善版权制度的需求。

1.3.3.1　法律制度与利益平衡的关系

实现利益平衡是法律制度的功能。功利主义法学家边沁认为,立法者的职责是调和公共利益与私人利益之间的关系,他认为个人利益处于首位,个人利益的总和就是整个社会的利益。① 德国法学家耶林与边沁有着相似的观点,认为立法的目的就是在个人利益和社会利益之间形成一种平衡,只不过其认为个人利益和社会利益的结合更加重要,而不是如边沁那样仅仅强调个人利益的重要性。② 利益法学家赫克认为,法起源于对立利益之间的斗争,调和对立利益之间的冲突是法的最高任务。③ 社会学法学家庞德认为,人具有合作的本能和利己的本能,两种本能之间的均衡需要由法律来调整,法律在调节两者之间的关系时既不能因为强调合作的本能而忽视对个人利益的保护,也不能因为偏向于利己本能而损害公共利益。④

然而,利益平衡只是一种假想的状态,绝对的平衡是不可能存在的。法律制度为化解各方利益冲突达成的妥协总有偏向性,不可能存在绝对的平衡。Party认为的"平衡"只是一种隐喻。⑤ 这种隐喻向人们灌输一种和谐的概念,通过衡量这种平衡,每个人都能被照顾到,从而实现一种对于所有利益主体来说都理想的平衡状态。然而,这种隐喻是以假定存在相反的力量为前提的。在法律制度中,隐喻假设立法者或者法官能够客观衡量这些相反力量的利益关系,并基于正确与公正得出正确的结论。然而,现实并非如此。那些希望维持现状的利益主体认为,目前的状态就是最好的平衡,任何的改变都会打破这种平衡;那些希望改变现状的利益主体则认为,法律现状已经失衡,唯有做出改变才能恢复平衡。在实践过程中,政策制定者总是以牺牲一方利益为代价来维护另一方的利益。

因此,如果平衡是一种正确的隐喻,要想实现最佳的利益平衡,那么我们不能仅仅依靠利益得失来衡量是否需要重新调整利益格局,唯一有效的方法是明

① BENTHAM J. A manual of political economy[J]. The works of jeremy bentham,1839,3(31):71.

② 耶林.为权利而斗争[M].郑永流,译.北京:法律出版社,2007:32-45.

③ 吕世伦,孙文凯.赫克的利益法学[J].求是学刊,2000(6):61-67.

④ 邓正来.社会学法理学中的"社会"神——庞德法律理论的研究和批判[J].中外法学,2003(3):257-286.

⑤ PARTY W. How to fix copyright[M]. New York:Oxford University Press,2011:92.

确试图承认和阻止的行为。只有在找到这些问题的答案之后，立法者才能以此确保利益平衡的实现。换言之，利益平衡的实现首先要根据法律制度的最终目的决定利益分配的前提、侧重点。

此外，法律制度的完善要建立在动态实现利益平衡的基础上。随着社会的变化尤其是技术的发展，总会产生新的利益，某些传统的利益也会逐步消失，参与实现法律制度最终目的的利益主体会发生变化。立法者有必要将新的利益纳入法律制度框架，并剔除过时的利益，从而重塑新的利益平衡机制。

1.3.3.2　版权法中的利益平衡哲学观

版权法的利益平衡哲学观的早期雏形在《安娜法》中就有体现：首先，该法不仅授予出版商权利，还保障创作者的权利，规定创作者对其创作的作品享有获得报酬的权利；其次，该法在授予出版商权利的同时，还出于确保有用图书的创作，从而为公众提供更多的可供阅读的作品，以"鼓励学术"的目的，对此项权利进行了限制，体现了为平衡公共利益限制垄断权利的思想。而且，该法强调的利益平衡也具有侧重点，体现为其最终立法目的在于"鼓励学术"。换言之，《安娜法》偏重保护"鼓励学术"的社会公众利益，保护出版商和作者的权利只是实现这一利益的手段。

随后，世界各国相继进行的版权立法都延续了《安娜法》遵循利益平衡原则的传统，包括将创作者纳入版权法保护的主体范围，在授予版权人排他性的各种专有权利的同时也对这些权利的内容和保护期进行了限制。在制定《伯尔尼公约》的过程中，立法者将利益平衡作为一项根本原则。[①]《世界知识产权组织版权条约》在序言部分明确强调利益平衡的重要性："承认有必要按《伯尔尼公约》所反映的保持作者的权利与广大公众的利益尤其是教育、研究和获得信息的利益之间的平衡"。（Recognizing the need to maintain a balance between the rights of authors and the larger public interest, particularly education, research and access to information, as reflected in the *Berne Convention*.）[②]

然而，鉴于各国不同的立法传统，不同国家有关利益平衡的侧重点有所不同。大陆法系国家的版权制度沿袭"天赋人权"的思想，更加强调作者的权利，而英美法系国家的版权制度则建立在激励理论的基础上，更重视社会公共利益。尽管激励理论的正当性尚待商榷，但该理论强调社会公共利益高于个人利益的

---

① AUSTIN W. The berne convention as a canon of construction: moral rights after Dastar[J]. Social science electronic publishing, 2005, 61(2): 111-150.

② LIPTON J. Law, technology and the arts symposium: the WIPO Copyright Treaties: 10 years later[J]. Case western reserve law review, 2007, 54(4): 728-730.

观点值得肯定。

每一轮新技术的发展都会引发版权人的恐慌,他们基于版权的"自然权利"属性和"财产权"本质,主张新技术的发展威胁到了版权保护,版权确立的利益平衡机制失调,从而以此推动版权人权利的逐步扩张。在此背景下,版权法及其遵循的利益平衡原则面临越来越大的压力。在版权保护期逐步扩张、新型版权权利类型出现的情形下,为了重塑版权法的利益平衡机制,立法机构和司法部门借助调整版权限制与例外制度涵盖的范围,以保障作品使用者和社会公众的利益,实现版权制度的最终目标。比如,将合理使用制度扩展至包括适用于出于研究、批评、评论等目的的使用作品的行为,将图书馆、档案馆、教育机构等特定类型的机构的行为纳入例外;法定许可使用制度的扩张等。这些措施有效地限制了版权人权利的扩张,同时有助于维持适当的利益平衡。

为了实现版权法促进作品创作与传播的目的,版权法规定了版权人享有的权利,并为社会公众使用作品设定了例外。在修订版权法以应对新型数字传播技术的过程中,这种关系也需要进行调整。当然,并不是说每一种权利的变化都需要修订相应的例外,反之亦然。此外,就算版权法应对新型数字传播技术的修订实现了权利与限制之间适当的平衡,也并不意味着实现了一种完全的均衡,这种利益平衡总是处于一种动态的发展与完善过程中。

1.3.4　制度变迁视角下的数字传播与版权保护

1.3.4.1　制度变迁的路径依赖理论

版权法很难进行颠覆性的变革,很大程度上与版权法律制度自身的路径依赖有关,这也是在数字传播环境下版权制度失灵的重要原因。

路径依赖概念起源于 Stack 和 Gartland 对技术变迁过程的研究。[1] 在技术变迁的路径依赖的基础上,美国经济学家 North 第一个提出了制度变迁的路径依赖理论。[2] North 对制度变迁的路径依赖问题的关注,始于其对经济绩效较差的制度在历史上长期存在的原因的思考。根据传统理论,那些无效的制度理应无法存活,只有有效的制度才能被保留下来。[3] 然而,制度变迁的历史表明,绩

① STACK M,GARTLAND M. Path creation,path dependency,and alternative theories of the firm[J]. Journal of economic issues,2003,37(2):487-494.

② BOAS T. Conceptualizing continuity and change:the composite-standard model of path dependence[J]. Journal of theoretical politics,2007,19(1):33-54.

③ MAHONEY J. Path dependence in historical sociology[J]. Theory and society,2000,29(4):507-548.

效差的制度也会长期存在。鉴于此,North 提出了制度变迁的路径依赖理论。

North 指出,"路径依赖"类似于物理学中的"惯性",人们一旦选择了一种制度或者制度系统并确定其历史地位,不论该制度或者制度系统是否有效,制度的未来变迁都容易受到该制度或者制度系统的影响,逐步形成一条既定路径并逐步自我强化,从而形成对该路径的依赖。[1] "路径依赖"的基本含义就是过去的制度选择会影响未来的制度变迁。

North 认为决定制度变迁的路径轨迹的因素有两种。第一种是高昂的交易费用和不完备的市场。市场具有复杂多变的特性,加上制度设计者的有限理性,导致有关初始制度的选择存在优劣之分。而且,未来制度的变迁也并非按照最初的设计发展,其方向很有可能会因为某个偶然事件发生改变。第二种是报酬递增。制度具有自我强化的机制,当人们选择了一种初始制度并确定其历史地位之后,制度变迁的轨迹就会受制于制度的自我强化机制,沿着既定的方向前行,出现制度变迁的路径依赖。[2]

针对初始制度选择的不同,North 指出"路径依赖"会产生两种截然不同的轨迹。如果人们选择的是一种相对较优的初始制度,那么制度变迁就可能会进入良性循环路径,产生正效益。反之,如果人们选择一种相对无效的初始制度并且自以为相对较优,那么制度变迁在沿着这一路径发展的过程中就会逐步显现出影响整个社会的负面效应,从而无法在现实生活和经济发展中获得有效的支持[3],甚至可能会因为获得与现行制度共存共荣的强有力的组织和利益集团的支持而持续下去,导致路径闭锁而难以纠正。

关于制度的自我强化机制,North 给出了其在现实社会中的四种表现。一是初始制度的创设需要投入高成本;二是制度具有学习效应,一种制度建立之后,相关组织或者个人就会通过学习,掌握制度规则以从中获利,同时也会反过来强化现存制度;三是制度的协调效应,在一项正式制度被创立之后,人们就会投资推动其他相关的正式制度甚至非正式制度的建立,在同该正式制度协调发展的过程中强化该制度;四是制度的适应效应,在前一种表现——制度的协调效应——发挥作用之后,人们就会普遍遵循该制度,并在遵循该制度的过程中获益,从而适应并认同该制度,该制度的合法性由此得以确立。同时,在这一过程

---

① PAGE E. Essay：path dependence[J]. Quarterly journal of political science,2006,1：87-115.

② VERGNE P,DURAND R. The missing link between the theory and empirics of path dependence：conceptual clarification,testability issue,and methodological implications[J]. Journal of management studies,2010,47(4)：736-759.

③ 马耀鹏. 制度与路径依赖——社会主义经济制度变迁的历史与现实[D]. 武汉：华中师范大学,2009.

中,这项制度难以延续的不确定性因素也会逐步减少。①

鉴于自我强化机制的存在,在形成"路径依赖"之后,制度变迁的路径往往很难发生变化,就算社会环境发生变化,制度也很难作出相应的调整以适应社会变迁,而且组织也很难选择现行制度的替代性方案,因为对现行制度进行变革的成本通常高昂到足以导致组织放弃变革现行制度。尽管如此,North 还是指出,制度变迁的路径依赖并不是不可避免的,打破路径闭锁也是有可能的,尤其是政府的干预可以推动制度创新,从而实现路径替代。②

1.3.4.2 哲学视角下制度僵滞的必然性

随着社会的发展,制度通常会出现一种僵滞现象,即原本适应社会发展且合理的制度无法适应现实环境,逐步背离制度原有的合理性。③ 从制度发展历程来看,制度僵滞现象的产生是必然的。一定时期内的制度具有相对稳定性与相对确定性的特征,也正是这种相对稳定性与相对确定性确保了社会在一定时期内的稳定。然而,随着社会的变化,这种相对稳定性与相对确定性通常呈现出滞后性,导致制度在调整社会关系时无法实现预期功能。④ 作为调整人类行为的规范与准则,制度具有公共确定性特征。⑤ 制度会赋予社会公众共同的权利与义务,确定要求整个社会予以实现的价值目标,以强制措施惩罚违反规范与准则的行为。⑥ 然而,人类行为通常会随着技术与社会的变化作出及时反应,而制度所具有的这些公共确定性特征则导致制度变化的速度滞后于人类行为的改变速度,尤其是越是成熟与完善的制度稳定性越强,其滞后性会更加明显。⑦

美国经济学家、社会科学家 Olson 指出,在制度相对稳定的社会中通常容易出现垄断组织与垄断集团,它们出于维护自身垄断利益的目的会竭力维持现有的制度状态与社会秩序,阻止许多采用新技术并推动创新扩散的行为,借助各种

---

① BOAS T. Conceptualizing continuity and change: the composite-standard model of path dependence[J]. Journal of theoretical politics,2007,19 (1): 33-54.

② DAVID P. Evolution and path dependence in economic ideas: past and present[M]. Edward Elgar,2005:21.

③ RUITER D. Structuring legal institutions[J]. Law and philosophy,1998,17(3): 215-232.

④ SCOTT D. Veblen not an institutional economist[J]. The American economic review,1933,23 (2): 274-277.

⑤ CHEUNG S. The structure of a contract and the theory of a non-exclusive resource[J]. Journal of law and economics,1970,13(1): 49-70.

⑥ WILLIAMSON O. The new institutional economics: taking stock,looking ahead[J]. Journal of economic literature,2000,38(3): 595-613.

⑦ FIORITO L,VATIERO M. Beyond legal relations: Wesley Newcomb Hohfeld's influence on American institutionalism[J]. Journal of economics issues,2011,45 (1): 199-222.

手段防止制度变迁与原有秩序发生变化,引起社会经济增长率的逐步下降,导致社会呈现僵滞局面。①

1.3.4.3 版权法律制度僵滞现象分析

随着数字传播环境的变化,版权法律制度不可避免地会出现僵滞现象。版权法与数字传播技术之间是一种共生关系。通常情形下,数字传播技术会为版权内容的传播提供新的方式,为创作者出售作品开拓新的市场。与此同时,数字传播技术也会导致现行版权法在规范借助数字传播技术使用版权内容的行为方面失灵。版权法中有关合理使用的规定即为典型体现,数字传播技术的出现通常引发立法者与司法机构重新思考如何区分新型使用行为属于合理使用还是版权人享有的专有权。然而,鉴于法律制度本身固有的僵滞特征,版权法通常滞后于数字传播技术的发展。

由于技术创新具有发展迅速且不可预测的特点,版权法的调整通常滞后于数字传播技术的运用。在应对数字传播技术时,版权法律制度僵滞的主要原因在于:①新的法律规则创建通常需要较长时间。立法是一个复杂的过程,涉及各种各样的程序上的保障措施,而且涉及许多不同利益机构与参与者的谈判。尽管某些类型的技术创新可能需要长期精细计划,但大多数技术创新都是无意识且迅速的。尤其是在数字传播技术时代,新技术的传播不一定需要精心计划与金融投资。在此情形下,新技术的运用与版权法对这种新技术的规制之间的差距逐步加大。②技术发展的动态性与不可预测本质特征导致立法者很难预测技术发展的具体过程。换言之,立法者很难通过预测即将发生的技术创新趋势制定版权法以削弱法律的滞后性,而且过去的技术创新趋势也无法为该技术未来的发展提供正确指导,导致立法者试图采取积极行动以削弱法律滞后性的努力可能无效。③技术创新的不可预测性导致版权法需要确立开放式标准,以美国版权法中的合理使用为典型代表。尽管开放式标准的采用减少了版权法实施过程中的错误成本,为版权法应对技术变革创造了更加灵活、自由的空间,但也导致大多数法律争议过多地依赖司法裁决,进一步导致版权法律制度僵滞。④新技术的潜在社会与经济影响存在模糊性也会导致版权法律制度僵滞。通常情形下,只有在利用新技术使用版权内容的行为普遍存在时,版权人才开始提起诉讼并寻求立法支持。以 P2P 音乐共享行为为例,在 P2P 音乐共享行为已经频繁发生之后,音乐行业才发现这种传播音乐的方式能够为其带来巨大的利润,在Napster 软件引入市场一年多之后,音乐行业才开始提起诉讼。换言之,只有当

---

① OLSON M. Towards a mature social science[J]. International studies quarterly,1983,27 (1):29-37.

不受法律规制的作品使用产生的机会成本变得明显时,版权人才会借助诉讼与立法寻求版权保护范围的扩张,推动法律制度变迁。而在此之前,版权法律制度则呈现出滞后于技术发展的状态。

然而,需要指明的是,版权法律制度僵滞不一定就不合理,在某些情形下可能还是有利于有效应对数字传播技术发展的。其实,立法活动与投资决策类似,时机极其重要。从这种意义上来看,任何时候调整法律制度都存在成本与收益问题。在应对新型数字传播技术时,立法者与司法机构太早作出反应可能会导致新规则存在不成熟的风险。由于过于仓促制定的规则可能不适用于规范不断变化的技术创新与版权作品之间的关系,立法者与司法机构太早作出反应就可能会增加错误成本。相比之下,立法者与司法机构保留现行版权法的滞后性可能使得未来的立法能够更好地适应新型数字传播技术,促进未来收益的增加。首先,因为版权法是深受技术影响的,在某项技术过时或者被新的技术创新取代时,任何针对此项技术的新规则都可能会被证明是过时的或者无效的。比如,随着个人电脑的出现,美国 1992 年通过的《家庭录音法》(*Audio Home Recording Act of* 1992)就几乎成了过时的法律。美国法院在 Recording Industry Ass'n of America v. Diamond Multimedia Systems 案(美国唱片工业协会诉帝盟多媒体系统公司案)中认为,技术设备只有被个人主要用于录音时才受《家庭录音法》规制,而个人电脑的主要用途不是录音,由于计算机硬盘不是数字录音设备而无法受制于《家庭录音法》。其次,技术发展的速度与路径难以预测。正是这种不可预测性导致版权法律制度滞后具有一定程度的合理性,因为立法者与司法机构在新技术的发展趋势比较明晰时才能确立较为有效的法律规则。最后,任何潜在的立法错误都可能为版权行业带来高昂的经济损失与巨大的文化损失,因此保留版权法律制度的滞后性至少可以避免错误立法造成的不良影响。

然而,版权法律制度的滞后也具有明显的缺陷,可能无法获得制度变迁带来的所有潜在好处。版权法律制度可能会失去规范新技术以充分实现价值的机会。尽管如此,学者们仍然普遍认为,技术发展通常有着自身发展的内在逻辑与规律,法律制度的规范只可能延迟技术发展,而无法改变技术发展的方向。因此,太早的法律干预可能会影响技术发展的进程,从这一点来看,保留版权法律制度的滞后性显然也是合理的。

考察版权法相关研究,学者们普遍忽视了版权法律制度滞后的价值,而美国法院则通常会意识到保留版权法律制度滞后的重要性,只有在明确技术发展的方向以及社会影响之后才会作出最终裁决。比如,在 Sporty's Farm L. L. C. v. Sportsman's Market, Inc.(运动农场有限责任公司诉运动市场有限责任公司)案中,卡拉布雷西法官就一直未对域名抢注问题进行裁决。① 在 Grokster 案中,托马斯法官明确反对在技术发展变化莫测时盲目调整法律:"正如我们所观察到的,我们生活在一个多变的技术环境中,法院不适合解决互联网技术传播引发的问题。新技术的引入总是会扰乱旧有市场,尤其会冲击在已经确立的传播机制中销售作品的版权人的利益。然而,历史已经证明了时间与市场通常可以解决新技术引发的利益失衡问题,无论这项新技术是钢琴、复印机、录音机、录像机、个人电脑、卡拉 ok 机还是 MP3 播放器。因此,法院出于解决具体市场滥用问题的目的重新调整法律时需要相当谨慎,无论这种调整看起来多么重要。"②

然而,在应对数字传播技术的过程中,许多国家的版权法通常忽视保留版权法律制度滞后的重要性,过分强调及时应对技术变革,最典型的体现就是遵循传统版权法律规则应对新技术,最终导致错误执行现行版权法,阻碍了技术进步。此外,鉴于版权法律制度滞后也存在明显缺陷,立法者与司法机构如果忽视技术发展的进程与其对社会、经济的影响已经明晰的现实条件,任由版权法律制度滞后长期存在,也会导致版权法无法有效应对数字传播技术的发展。在这种情形下,社会公众通常会开展反抗现行版权法的社会运动,而这些社会运动通常有助于推动数字传播技术的创新。此外,版权人与作品使用者也会采取自力救济手段,防止版权法无法有效保护其合法权益。然而,这些自力救济手段通常不利于作品的传播。

---

① Sporty's Farm L. L. C. v. Sportsman's Market, Inc. ,202 F. 3d 489 (2d Cir. 2000).
② Metro-Goldwyn-Mayer Studios, Inc. v. Grokster Ltd. ,380 F. 3d 1154,1167 (9th Cir. 2004).

2 数字传播技术给版权保护带来的挑战

考察历史,每一次技术变革都会对版权制度造成巨大的冲击。以蒸汽机的发明和应用为标志的第一次科技革命,推动了版权制度的产生;以发电机和电动机为标志的第二次科技革命,对版权保护范围、保护力度和保护期限都产生了深远影响。尽管如此,在前两次科技革命浪潮中,传统版权制度仍然能够很好地适应新技术环境。然而,以计算机技术和互联网技术为标志的第三次科技革命的兴起,给传统版权制度带来了严峻挑战;尤其是现如今,以云计算、大数据、人工智能为代表的新一轮数字传播技术,更是给版权制度带来了前所未有的危机和挑战。

2.1 专有权范围界定争议

大数据、云计算、人工智能等新型数字传播技术的兴起,让传统版权制度中有关专有权的范围界定遭受挑战,主要涉及复制权、发行权和向公众传播权等。此外,基于大数据技术的聚合服务还引发了在现有版权法规定的权利范围之外创设新权利的争议。

2.1.1 复制权范围界定争议

复制权是版权法赋予版权人的一项首要且最基本的经济权利。① 在版权产生初期,人们利用作品的最主要的方式即为复制。因此,在当时,版权法的全部作用几乎都在于规范权利人的复制权。从版权法的英文表述"copyright law"

---

① 冯晓青,付继存. 著作权法中的复制权研究[J]. 法学家,2011(3):99-112,178.

中,我们也可以看出这点,因为"copy"的意思就是"复制"①。在数字传播环境中,这一权利极为重要,因为在每一次网络传输过程中几乎都会产生数字化复制件。在某些情形下,临时的数字化复制件可能是数字传播过程中必然存在的,但有时候这种复制件的产生是偶然的。因此,对版权人来说,控制作品在数字传播中临时复制的能力是相当重要的。但是,随着技术的发展,复制的内涵却日益扩大,从单纯的印刷复制扩大到模拟复制,继而扩大到数字复制,现如今新型数字传播技术的发展更是打破了传统版权时代复制权各方利益平衡的格局②,这种扩大的趋势给版权法律体系带来了新的挑战③。

2.1.1.1 复制权及其范围概述

为了解决数字传播环境下复制权范围界定争议问题,我们首先需要明确复制权的演变历史及其范围。下文分别从复制权的起源与嬗变、复制权的范围、复制行为的构成要件三个方面展开论述。

(1)复制权的起源与嬗变

作为版权中一项最原始、最核心的经济权利,复制权在产生初期,以统治者授予的"特许权"形式存在,并非保护作品创作者的权利,而是保护出版商的权利。在我国,这种出版商"特许权"最早出现在宋朝,1068年,北宋神宗继位之前,出于保护《九经》监本的目的,朝廷曾下令禁止普通人随便刻印该书,只有获得国子监批准才能刻印④。由此可见,当时我国已经采用皇权形式来保护国子监对出版物的专有权。随后,造纸术和活字印刷术传入欧洲,推动欧洲图书出版业快速发展,特许权形式的复制权也在西方出现。15世纪末,威尼斯共和国授予印刷商冯·施贝叶在威尼斯印刷出版的专有权,有效期为5年。这被认为是欧洲第一个由统治政权颁发的保护翻印权的特许令⑤。随后,英国也推行了一种由封建统治者颁发的"特许令",获得特许令的出版商即可享有出版图书的特权⑥。虽然这种特权保护的是出版商对作品的复制权,而非现代意义上的保护创作者权利的版权,但是其明确了复制可以作为一种财产权受到保护,为版权制度的建立奠定了基础。

现代意义上的复制权最早出现在西方,以世界上第一部版权法——英国的

---

① 虞正春.论复制权[D].上海:华东政法学院,2005.
② 刘惠明,王佳华.数字时代复制权各方利益平衡问题研究[J].中国出版,2015(5):36-39.
③ 孟兆平.比较与选择:互联网环境中作品复制权的重构——以临时复制为视角[J].河北法学,2016(5):96-103.
④ 郑成思.知识产权论[M].北京:法律出版社,2003.
⑤ 同上。
⑥ 罗明通.著作权法论[M].5版.台北:台英国际商务法律事务所,2004.

《安娜法》的颁布为起点,该法是复制权从皇家特许权发展为现代意义复制权的转折点,明确规定要保护作者"印刷、翻印或出版"的权利,而这些权利均属于复制权的范畴。《安娜法》序言明确规定:颁布该法的主要目的是,防止印刷者不经作者同意就擅自印刷、翻印或出版作者的作品,以鼓励有学问、有知识的人编辑或写作有益的作品。[①]

(2)复制权的范围

世界各国、各地区和国际公约都对复制权的范围进行了界定,但采用的模式有所区别,主要包括三种:一是列举式,即详细列举出复制的主要方式;二是概括式,即不列举具体的复制方式,只对复制权做概括性的规定;三是列举式与概括式兼具的混合式,即在概括规定复制权的同时,也对复制的主要方式进行规定。下文将对世界主要国家、地区和国际公约的复制权范围进行介绍。

①列举式。我国《著作权法》就是采用这种形式对复制权进行规定的。我国现行《著作权法》第十条第一款第五项对复制权进行了规定,即以印刷、复印、拓印、录音、录像、翻录、翻拍、数字化等方式将作品制作一份或者多份的权利[②]。这一规定表明,版权人有采用前述方式复制作品的权利,同时,也有授权他人以这些方式使用其作品的权利。易言之,他人在未经版权人权利许可的情形下,均不得以前述方式复制作品,否则就构成了侵权,当然,版权法另有规定的情形除外[③]。意大利版权法也采用这种方式规定复制权。意大利现行版权法是由 2010年 4 月 30 日第 64 号法令修正的 1941 年 4 月 22 日第 633 号法令《保护版权及其行使有关的权利》(*Protezione Del Diritto D'autore e Di Altri Diritti Connessi Al Suo Esercizio*),该法第 13 条规定:"专有复制权的对象是用任何方式或形式直接复制或部分复制作品的全部或部分的复制品,如通过手抄、印刷、拓印、版刻、摄影、录音、摄片,以及其他任何复制过程。"(Il diritto esclusivo di riprodurre ha per oggetto la moltiplicazione in copie diretta o indiretta, temporanea o permanente, in tutto o in parte dell'opera, in qualunque modo o forma, come la copiatura a mano, la stampa, la litografia, l'incisione, la fotografia, la fonografia, la cinematografia ed ogni altro procedimento di riproduzione .)[④]

---

① 郑成思. 版权法[M]. 北京:中国人民公安大学出版社,1997.

② 中国人大网. 中华人民共和国著作权法[EB/OL]. [2021-05-10]. http://www.npc.gov.cn/npc/c30834/202011/848e73f58d4e4c5b82f69d25d46048c6.shtml.

③ 汤宗舜. 著作权法原理[M]. 北京:知识产权出版社,2005.

④ WIPO Lex. Legge 22 aprile 1941,n. 633 sulla protezione del diritto d'autore e di altri diritti connessi al suo esercizio (aggiornata con le modifiche introdotte dal decreto-legge 30 aprile 2010,n. 64)[EB/OL]. [2021-05-10]. https://wipolex. wipo. int/en/text/477618.

②概括式。美国和德国采用的就是这种形式。美国版权法第 106 条规定，复制是"将享有版权的作品复制在复制品或录音制品中"(to reproduce the copyrighted work in copies or phonorecords)。① 德国《著作权及有关权法》(*Gesetz über Urheberrecht und verwandte Schutzrechte*)第 16 条规定："复制权指制作作品复制件的权利，不论是临时的还是永久的，以何种方式以及复制多少数量的复制行为，都在此限。将作品以重复再现为目的而录制到音像制品上的行为也是复制，不论是将作品录制到音像制品上还是将作品从一种载体转录到其他载体上的行为，都在此限。"［Das Vervielfältigungsrecht ist das Recht, Vervielfältigungsstücke des Werkes herzustellen, gleichviel ob vorübergehend oder dauerhaft, in welchem Verfahren und in welcher Zahl. Eine Vervielfältigung ist auch die übertragung des Werkes auf Vorrichtungen zur wiederholbaren Wiedergabe von Bild-oder Tonfolgen (Bild-oder Tonträger), gleichviel, ob es sich um die Aufnahme einer Wiedergabe des Werkes auf einen Bild-oder Tonträger oder um die übertragung des Werkes von einem Bild-oder Tonträger auf einen anderen handelt.］②

③混合式。法国为采用这种方式的典型代表。法国《知识产权法典》(*Code de la Propriété Intellectuelle*)第 122 条之 3 规定："复制是指以一切方式将作品固定在物质上以便间接向公众传播。复制尤其可以通过下列方式进行：印刷、绘画、雕刻、照相、制模及一切平面和立体艺术的手段、机械、电影或磁性录制。就建筑作品而言，重复实施一份设计图纸或施工模型也构成复制。"(La reproduction consiste dans la fixation matérielle de l'oeuvre par tous procédés qui permettent de la communiquer au public d'une manière indirecte. Elle peut s'effectuer notamment par imprimerie, dessin, gravure, photographie, moulage et tout procédé des arts graphiques et plastiques, enregistrement mécanique, cinématographique ou magnétique. Pour les oeuvres d'architecture, la reproduction consiste également dans l'exécution répétée d'un plan ou d'un projet type.)③

---

① U. S. Copyright Office. Copyright law of the United States and related laws contained in title 17 of the United States code[EB/OL]. [2021-07-10]. https://www. copyright. gov/title17/title17. pdf.

② Bundesministerium der Justiz und für Verbraucherschutz. Gesetz über urheberrecht und verwandte schutzrechte[EB/OL]. [2021-07-10]. https://www. gesetze-im-internet. de/urhg/index. html # BJNR012730965BJNE023502360.

③ WIPO Lex. Code de la propriété intellectuelle (version consolidée au 1er janvier 2021)[EB/OL]. [2021-07-10]. https://wipolex. wipo. int/en/text/581981.

（3）复制行为的构成要件

然而,某种使用作品的行为即使属于版权法以及相关规定所定义的复制行为,也不一定构成复制权侵权。随着科学技术的发展和数字技术的广泛应用,新的复制方式随之产生,原有的版权法调整范围有可能对此不再适用,判断是否侵犯复制权时,还需综合考虑国家经济、公共利益、个人利益等多方因素。通常情况下,我们需要具体案件具体分析,判定被告的行为是否侵犯了原告的复制权,一般要考虑以下五个方面:一是复制品的内容是否体现了和原作内容相同的思想;二是复制品是否采取了和原作相同的表现形式;三是复制品是否给观众带来和原作相同的感受;四是复制品是否拥有和原作相同的功效;五是复制品是否属于法律规定的限制情形[1]。

法律规定的复制权的限制,是指在特定的情形下,例如少量复制已经发表的作品用于课堂教学或科学研究,复制本馆的收藏品以供展览或保存,可以不经过版权所有者的许可而对其作品进行复制。这样规定是出于对公共利益的考量,同时兼顾了版权所有者的利益。对复制权进行限制,既能满足公众对信息以及知识的需求,又能提高作品的知名度,使作品获得较好的传播效果。因此,不仅仅是我国,世界各国的版权法都对复制权加以限制[2]。后文将提到的向公众传播权、合理使用制度等都与对复制权的限制有关。

2.1.1.2　复制权范围界定争议历史

每一轮新技术的出现,都会对复制权的范围产生一定的影响,由此产生相关争议案件,并推动版权法的修订。下文将对具有代表性的案件和版权立法做详细介绍。

（1）自动钢琴与机械复制权争端——White-Smith Music Publishing Company v. Apollo Company 案

1895 年,第一架自动钢琴在美国诞生,让人们对复制行为产生了新的认识。与传统钢琴相比,自动钢琴最大的特点在于借助钢琴卷来控制钢琴演奏音乐。当时,音乐家和音乐出版商的利益受到极大损害,他们开始寻求司法保护,以White-Smith Music Publishing Company v. Apollo Company(怀特·史密斯音乐出版公司诉阿波罗公司案)[3]为典型代表。在这一案件中,双方争议的焦点在于自动钢琴以机械方式复制声音的行为是否构成复制。法院认为这种行为应当

---

① 殷红艳. 著作权法意义上的复制权研究[D]. 北京:中国政法大学,2010.

② 冯晓青,胡梦云. "私人复制"著作权问题探讨——以复制权与复制权限制对立统一关系为视角[J].广东社会科学,2013(4):232-241.

③ White-Smith Music Pub. Co. v. Apollo Co.,209 U. S. 1 (1908).

属于复制,然而根据当时的版权法还不能做此延伸,法律的修订应由国会完成,因此法院拒绝了原告的诉讼请求。随后,1909 年美国在进行版权法修订时,将机械录音权纳入版权保护范畴,禁止未经授权对音乐作品进行机械复制。此外,为防止音乐出版商的垄断,该法还补充了相关强制许可条款,从而对该权利进行约束。在此之后,复制权的范围扩展到机械复制行为。

(2)静电复印技术与图书馆私人复制争议——Williams & Wilkins Co. v. The United States 案

复印机的出现,尤其是施乐公司的基于静电复印技术的 914 复印机畅销,使得个人、组织机构私下复印高质量书籍成为可能。在此情形下,版权领域私人复制范围出现了新的争议。以 Williams & Wilkins Co. v. The United States 案(威廉斯和威尔金斯公司诉美国案)[1]为开端,此案中原告是一家专业医学杂志出版社,在得知政府所属的国家医学图书馆每年都复制无数自己出版社的医学论文后,于 1968 年将美国政府起诉至法院。争议的焦点在于此种复制行为是否属于合理使用。1972 年,一审法院根据合理使用的四要素进行裁决,认为图书馆的行为不构成合理使用。主要原因在于:图书馆复制论文的复制件与出版社期刊论文的正本完全一致;复制的目的在于替代或与购买原始论文的目的相同;复制行为将对原始期刊的潜在市场造成影响。然而,二审法院的裁决结果却与一审法院的裁决结果不同,二审法院的裁决指出一审法院的判决将不利于医学研究,此案不应判决侵权,协调科学研究活动与出版商、作者利益的关系需要通过立法方式来解决。随后,原告出版社不服二审法院的判决向美国联邦最高法院提出上诉,美国联邦最高法院维持了二审判决。由于诉讼请求并没有获得法院支持,原告进而寻求国会进行立法,规制对出版商的利益产生威胁的私人复制行为。1976 年国会在修订版权法时,对图书馆私人复制问题进行了规定,允许图书馆在一定条件下复制其收藏的作品,同时也对这种复制进行了若干限制。

(3)磁带录音技术与录音制品制作者复制权的设立——《录音制品法案》

随着磁带录音技术的日趋成熟和逐步普及,低成本、便捷地复制录音制品成为可能,从而对录音制品制作者的利益构成极大威胁。由于当时在美国的版权法中并没有相关规定对录音制品制作者的权益进行保护,因此美国各州只能借由不正当竞争、盗窃等相关法律,或者指定相关法律,来保护录音制品制作者的权益。随后,在 1971 年,美国国会为录音制品制作者提供了联邦层面的法律保护,通过了《录音制品法案》。接着,在 1976 年的版权法修订中,美国国会将录音制品确定为一种独立的版权保护客体,规定录音制品制作者对其制作的录音制

---

① Williams & Wilkins Co. v. United States,420 U. S. 376 (1975).

品享有复制权、发行权和演绎权,但是也仅仅限于这三项权利,由此可见,版权法给予录音制品的版权保护程度要远远低于传统的版权客体。

(4)录像技术与家庭录像私人复制的争议——Sony案①

家用录像机的普及,使得普通家庭可以便捷地复制视频节目,对电影行业构成了巨大的潜在威胁。正因如此,美国电影行业大亨开始寻求国会的支持,呼吁对家用录像机进行规范,将家庭录像的复制行为纳入版权法规范的范畴。然而,为了维持就图书馆私人复制达成的利益妥协和平衡状态,确保1976年修订后的版权法能够顺利通过,美国国会并没有支持电影行业的这一举措,而是有意忽略了家庭录像中的私人复制问题。

在此情形下,电影行业开始寻求法院的支持,以Sony案为典型代表。20世纪70年代,索尼公司在美国销售Betamax家用录像机。该录像机有两大特色功能:①能够录制正在播放的电视节目并予以收藏;②具有"时移"功能,能够将电视节目录制下来以便随时观看。环球公司拥有一些电视节目的版权,认为消费者利用录像机复制电视节目的行为侵犯其版权,于是在1976年向加州中区联邦地区法院提起诉讼。争议焦点主要包括:①个人用户使用索尼公司生产和销售的家用录像机对电视节目进行录制的行为是否构成版权侵权;②索尼公司向用户提供家用录像机的行为是否构成帮助侵权因而需要承担侵权责任。第一个问题与复制权相关,所以下文只讨论这一问题。第二个问题涉及间接侵权责任问题,笔者会在后面相关章节中进行论述。关于个人用户利用家用录像机进行录制的行为,加州中区联邦地区法院认为消费者的这种复制行为属于非商业性录制,是合理使用,不属于复制权控制的范畴,因而不构成版权侵权。随后,原告上诉至第九联邦巡回上诉法院,该法院则做出了截然相反的判决,认为个人用户的复制行为受复制权控制。于是索尼公司向联邦最高法院提出上诉。1984年1月17日,最高法院又推翻了第九联邦巡回上诉法院的判决,认为个人用户为在方便的时间观看电视节目而对节目进行录制,而且在观看后对录制品进行了删除,属于合理使用,没有侵犯复制权。

2.1.1.3 复制权范围界定争议现状及问题——临时复制争端

数字传播技术的发展,催生了新型复制行为。例如,以扫描的形式将印刷出版物数字化,或在计算机或者其他电子设备上存储数字作品等。同时也引发了对传统复制权能否覆盖这些新型复制行为的争议。网络技术的发展,使得这些数字复制作品广泛传播,给版权人带来了困扰,一方面,版权人希望借助网络平

---

① Sony Corp. of Am. v. Universal City Studios,Inc.,464 U. S. 417 (1984).

台广泛传播自己的作品;另一方面又担心盗版和侵权问题。然而,在网络环境下,复制权的重要性尤为突出,主要原因在于作品的网络传播始终伴有复制行为的发生。鉴于此,赋予版权人控制网络复制行为的权利成为热点话题。然而,有关网络复制权范围界定问题一直存有争议,尤其是与临时复制相关的问题。

"临时复制"是网络环境中常见的一种现象,最为典型的就是网页"浏览",即用户在线阅读、收听或者收看互联网网站上的数字化作品。此时,数字化作品会被用户的电脑自动调入内存,形成"临时复制"现象,用户关闭电脑或者使用其他信息时,原有的复制信息自动消失。[①] 随着搜索引擎、网络信息聚合、云计算服务等依托缓存、索引技术的新传播方式的出现,由用户浏览网页导致的计算机缓存对作品的临时复制是否侵犯复制权的问题又引发了新一轮的争议。

(1)临时复制相关法律规定

世界知识产权组织早在 1996 年 12 月为解决网络环境下版权及有关权的保护问题制订《世界知识产权组织版权条约》时,就在该条约草案的第 7 条将临时复制纳入版权法的保护范围。尽管当时发达国家极力赞同,但由于发展中国家的强烈反对,该条规定最终被删除。需要强调的是,关于《世界知识产权组织版权条约》第 1 条第 4 款的议定声明指出,《伯尔尼公约》第 9 条所规定的复制权及其所允许的例外,完全适用于数字环境,尤其是以数字形式使用作品的情形。不言而喻,在电子媒体中以数字形式存储受保护的作品,构成《伯尔尼公约》第 9 条意义下的复制。[②] 但由于该议定声明不具有强制性,《世界知识产权组织版权条约》最终将临时复制的定性问题留给各国国内法解决。由此可见,现有国际公约没有具体规定适用于临时复制例外的情形,仅在确认一切形式的复制都由版权人控制之外,允许成员国对版权人的复制权予以有限的限制,临时复制也不例外。

从国家法和区域法律层面看,欧盟法律明确规定了临时复制行为。《2001年 5 月 22 日欧洲议会和欧洲理事会关于协调信息社会中版权和相关权若干方面的第 2001/29/EC 号指令》(*Directive 2001/29/EC of the European Parliament and of the Council of 22 May 2001 on the Harmonisation of Certain Aspects of Copyright and Related Rights in the Information Society*,以下简称

---

① 王迁.网络环境中的著作权保护研究[M].北京:法律出版社,2011.
② WIPO Lex.世界知识产权组织版权条约.[EB/OL].[2021-07-16].https://wipolex.wipo.int/en/text/295438.

《欧盟信息社会版权指令》)①第2条将临时复制纳入版权人控制的复制权范围，具体体现在第2条规定："成员国应规定下列授权或禁止直接地或间接地、临时地或永久地通过任何方法和以任何形式全部或部分复制的专有权：(a)作者，就其作品；(b)表演者，就其表演的固定；(c)录音制品制作者，就其录音制品；(d)首次固定电影的制作者，就其电影的原件或复制件；(e)广播组织，就其广播的固定，无论这些广播是以有线还是无线方式传输的，包括通过电缆或卫星传输。"[Member States shall provide for the exclusive right to authorise or prohibit direct or indirect, temporary or permanent reproduction by any means and in any form, in whole or in part: (a) for authors, of their works; (b) for performers, of fixations of their performances; (c) for phonogram producers, of their phonograms; (d) for the producers of the first fixations of films, in respect of the original and copies of their films; (e) for broadcasting organisations, of fixations of their broadcasts, whether those broadcasts are transmitted by wire or over the air, including by cable or satellite.]同时，指令第5条第1款规定了适用于临时复制例外需要满足的条件，具体规定为"第2条所指的临时复制行为，如果是短暂的或偶然的〔以及〕是技术过程中必要的不可分割的组成部分，其唯一目的是：(a)使作品或其他客体在网络中通过中间服务商在第三方之间传输成为可能；(b)使作品或其他客体的合法使用成为可能，并且该行为没有独立的经济意义，则不受第2条规定的复制权的限制。"[Temporary acts of reproduction referred to in Article 2, which are transient or incidental 〔and〕 an integral and essential part of a technological process and whose sole purpose is to enable: (a) a transmission in a network between third parties by an intermediary, or (b) a lawful use of a work or other subject-matter to be made, and which have no independent economic significance, shall be exempted from the reproduction right provided for in Article 2.]此外，第5条第5款还规定此例外应适用于"三步检验法"，即"第1、2、3、4款中规定的例外与限制应只适用于某些不与作品或其他客体的正常利用相冲突、也不无理损害权利人合法利益的特殊情况。"(The exceptions and limitations provided for in paragraphs 1, 2, 3 and 4 shall only be applied in certain special cases which do not conflict with a normal

---

① Eur-lex. Directive 2001/29/EC of the European Parliament and of the Council of 22 May 2001 on the harmonisation of certain aspects of copyright and related rights in the information society[EB/OL]. [2021-07-16]. https://eur-lex. europa. eu/legal-content/EN/TXT/PDF/? uri = CELEX: 02001L0029-20190606&qid=1628736814303&from=EN.

exploitation of the work or other subject-matter and do not unreasonably prejudice the legitimate interests of the rightholder.)①

美国 1998 年通过的《数字千年版权法》(*Digital Millennium Copyright Act*,DMCA)将网络环境中所有的复制都纳入复制权保护范围。该法规定在某些特殊情形下,网络用户可以援引合理使用的规定豁免责任,间接规定非免责条款之外的临时复制属于侵权行为。② 澳大利亚在 2007 年通过修订的《1968 年版权法》对规定的"物质形式"的定义做出了变更,对"物质形式"的定义剔除了作品或其实质部分能够被复制这一要件,实际上是将"临时复制"纳入了复制权的范围。③ 日本在 2009 年通过修订《著作权法》,在立法中以设置限制与例外的方式将"临时复制"纳入了复制权的控制范围。④ 我国《著作权法》自 1990 年通过、2001 年第一次修正、2010 年第二次修正,均没有把临时复制纳入复制权控制范围。然而,需要强调的是,我国在进行《著作权法》第三次修正期间,对临时复制进行了讨论。最终,于 2020 年 11 月 11 日通过、2021 年 6 月 1 日起施行的新《著作权法》将临时复制纳入版权法控制范围。⑤

由此可见,国际社会已经普遍形成了将"临时复制"纳入复制权范围的调整大趋势,同时也规定了临时复制的限制与例外情形。

(2)欧盟法院的态度——Infopaq International A/S v. Danske Dagblades Forening 案

欧盟国家普遍承认"临时复制"属于复制行为,《欧盟信息社会版权指令》第 2 条规定"复制权"包括"授权或阻止他人以任何形式、全部或部分临时复制作品

---

① Eur-lex. Directive 2001/29/EC of the European Parliament and of the Council of 22 May 2001 on the harmonisation of certain aspects of copyright and related rights in the information society[EB/OL]. [2021-07-16]. https://eur-lex. europa. eu/legal-content/EN/TXT/PDF/? uri = CELEX:02001L0029-20190606&qid=1628736814303&from=EN.

② U. S. Copyright Office. Appendix B: the digital millennium copyright act of 1998[EB/OL]. [2021-07-16]. https://www. copyright. gov/title17/92appb. html.

③ WIPO Lex. Copyright Act 1968 (consolidated as of July 26,2007)[EB/OL]. [2021-07-16]. https://wipolex. wipo. int/en/text/215017.

④ WIPO Lex. 著作権法(昭和 45 年 5 月 6 日法律第 48 号。最終改正平成 21 年 7 月 10 日法律第 73 号)[EB/OL]. [2021-07-16]. https://wipolex. wipo. int/en/text/182530.

⑤ 中国人大网. 中华人民共和国著作权法[EB/OL]. [2021-07-10]. http://www. npc. gov. cn/npc/c30834/202011/848e73f58d4e4c5b82f69d25d46048c6. shtml.

的专有权利"①。需要指出的是,该指令第 5 条第 1 款规定了"临时复制"的"例外与限制"。

在 Infopaq International A/S v. Danske Dagblades Forening 案(Infopaq 国际诉丹斯克·达格布莱德协会案,以下简称 Infopaq 案)中,欧盟法院对该指令第 5 条第 1 款的例外与限制进行了解释,认为不受复制权控制的"临时复制"行为必须是:①暂时的(temporary);②短暂的或偶然的(transient or incidental);③技术过程的必要或者本质部分(an integral and essential part of a technological process);④过程的唯一目的是使得作品或者其他受保护客体在网络中通过中间服务提供商在第三方之间传输成为可能(the sole purpose of that process is to enable a transmission in a network between third parties by an intermediary of a lawful use of a work or protected subject-matter);⑤没有独立的经济意义(has no independent economic significance)。② 这些条件作为案例法标准,被应用于随后的欧盟案件纠纷中。然而,需要强调的是,这些列举式条件只是对该指令第 5 条第 1 款的解释。尽管五项条件分别列于五个分项,但它们并非独立的规定。它们是重叠和重复的,必须一起解读才能达到所有的目的。此外,根据该指令第 5 条第 5 款的规定,欧盟法院还指出上述例外的使用,必须限定在以下特殊情形中:与作品的正常开发没有冲突,没有不合理地对权利人的利益产生损害。欧盟法院在 Infopaq I 案③中仅对前三项条件进行考察,认为 Infopaq 挖掘信息的行为属于"临时复制"的例外。针对后两项尚未详解的条件,欧盟法院在 Infopaq II 案④中做出判决,认为 Infopaq 的行为也满足后两项条件和该指令第 5 条第 5 款的规定。

从这一案件中,我们可以知晓,针对用户在网站浏览信息时产生的"临时复制"行为,欧盟法院的判决有将其纳入版权例外的意图。究其原因,归根到底是

---

① Eur-lex. Directive 2001/29/EC of the European Parliament and of the Council of 22 May 2001 on the harmonisation of certain aspects of copyright and related rights in the information society[EB/OL]. [2021-07-16]. https://eur-lex. europa. eu/legal-content/EN/TXT/PDF/? uri = CELEX: 02001L0029-20190606&qid=1628736814303&from=EN.

② European Court of Justice. Infopaq International A/S v. Danske Dagblades Forening[EB/OL]. [2020-08-16]. http://eur-lex. europa. eu/LexUriServ/LexUriServ. do? uri = CELEX: 62010CO0302: EN:HTML.

③ EUR-Lex. Case C-5/08 Infopaq International A/S v Danske Dagblades Forening[EB/OL]. [2020-08-16]. https://eur-lex. europa. eu/legal-content/en/TXT/? uri=CELEX:62008CJ0005.

④ EUR-Lex. Order of the court (third chamber), 17 January 2012. Infopaq International A/S v Danske Dagblades Forening. [EB/OL]. [2020-08-16]. https://eur-lex. europa. eu/legal-content/EN/TXT/? uri=CELEX%3A62010CO0302&qid=1628745321238.

遵循版权法所推崇的利益平衡精神。此案件中"临时复制"行为的直接实施者是网站的用户,若将此行为认定为侵权,牵扯的是广大互联网用户群体,导致这一侵权主体将会越来越庞大,从利益平衡角度来看,欧盟法院的态度显然有其合理性。

（3）英国法院的态度——Public Relations Consultants Association Limited v. The Newspaper Licensing Agency Limited and others 案

在 Public Relations Consultants Association Limited v. The Newspaper Licensing Agency Limited and others 案（公共关系顾问协会有限公司诉报纸许可代理有限公司及其他机构案,以下简称 Meltwater 案）中,跨国公司融文集团（Meltwater Holding BV）的英国子公司融文资讯英国（Meltwater News UK Limited）向商业客户提供新闻聚合服务"融文资讯"（Meltwater News）,即从报纸网站挖掘新闻标题和文本摘录信息,然后汇聚在自己的网站数据库中,以超链接的方式供客户自由访问原新闻,或者通过电子邮件将摘要信息发送给用户。公共关系顾问协会有限公司（Public Relations Consultants Association Limited）的成员是融文资讯英国的终端用户,会接收融文资讯英国向其提供的融文资讯服务。报纸许可代理有限公司（The Newspaper Licensing Agency Limited）是管理其成员知识产权的机构,主要职责包括对国家报纸出版商出版的报纸内容进行许可和收费等。融文资讯英国挖掘的新闻标题和文本摘录信息很多都来源于报纸许可代理有限公司成员的网站。

此案争议最大的问题在于终端用户仅仅在融文资讯网站上浏览"融文资讯"是否构成侵权。英国高等法院和上诉法院都认为,融文资讯的终端用户确实需要获得报纸许可代理有限公司的授权才能浏览"融文资讯",因为公共关系顾问协会有限公司的成员等终端用户无法基于《欧盟信息社会版权指令》第 5 条第 1款的临时复制例外豁免侵权。

鉴于此,报纸许可代理有限公司针对终端用户仅仅在融文资讯网站上浏览"融文资讯"是否构成侵权的问题,向英国最高法院提出上诉。显然,终端用户从融文资讯网站上下载报告形式的"融文资讯"属于复制行为,侵犯版权。然而,关于终端用户仅仅浏览网页上的"融文资讯"的行为如何定性的问题,不同法院持不同看法。英国高等法院和上诉法院均认为该行为需要获得报纸许可代理有限公司的许可,然而英国最高法院则认为其属于"临时复制"的例外,裁定英国高等法院和上诉法院排除"临时复制"例外的"人类活动的干预"因素并不属于指令条款中的规定,因而理由不成立,融文资讯实质上满足"Infopaq 案"中欧盟法院详解的例外条件,而且其唯一的经济价值来源于终端用户访问融文资讯网站时在电脑屏幕上阅读这些材料。由此可见,在 Meltwater 案判决中,英国最高法院依据《欧盟信息社会版权指令》第 5 条第 1 款和第 5 款的规定推翻了高等法院和上诉法院的判决,认为终端用户在线浏览融文资讯产生的临时复制应属于版权例外。①

尽管英国最高法院给出了自己的判断,但是,由于此案引发的问题不仅涉及从事网络信息聚合商业活动的企业,还牵扯到欧盟国家数百万网络用户,因此此案被提交给欧盟法院先予裁决。2014 年 6 月 5 日,欧盟法院对此案做出最终裁决。在处理此案过程中,欧盟法院将英国最高法院提请解决的问题概括为:"……《欧盟信息社会版权指令》第 5 条是否必须解释为终端用户在浏览网站时所制作的屏幕复制件和缓存复制件符合以下条件,即这些复制件必须是临时的,短暂的或偶然的,技术过程中不可或缺的组成部分。如果是,那么这些复制件是否可以在没有版权所有者授权的情况下制作"②。

欧盟法院首先从终端用户在浏览网站时所制作的屏幕复制件和缓存复制件是否符合"临时的""短暂的或偶然的""技术过程中不可或缺的组成部分"三个方面做出解释。

关于屏幕复制件和缓存复制件是否属于"临时的"复制,欧盟法院指出,尽管缓存复制件可能会根据互联网使用的时长和频率保留一段时间,但毋庸置疑的是,屏幕复制件和缓存复制件均属于《欧盟信息社会版权指令》所规定的临时复制。

关于屏幕复制件和缓存复制件是否属于"短暂的或偶然的"复制,欧盟法院认为,只要终端用户的浏览器是打开的,屏幕复制件就会一直存在,这些都是无关紧要的,因为在这段时间内,用于浏览网站的技术流程仍然是活跃的。因此,在《欧盟信息社会版权指令》的意义范围内,屏幕复制件是短暂的。相反,缓存复制件并不一定是短暂的,因为缓存复制件在查看站点的程序终止后还会保留一段时间。然而,从使用的技术流程来看,缓存复制件被认为是偶然的,因为它们不是独立存在的,也没有除互联网浏览之外的独立目的。

关于屏幕复制件和缓存复制件是否属于"技术过程中不可或缺的组成部分",欧盟法院认为,屏幕复制件和缓存复制件都是互联网浏览不可或缺的一部

① The Supreme Court. Public Relations Consultants Association Limited（Appellant）v The Newspaper Licensing Agency Limited and others（Respondents）[EB/OL]. [2020-08-16]. https://www.supremecourt.uk/cases/docs/uksc-2011-0202-judgment.pdf.

② EUR-Lex. Judgment of the court（fourth chamber）,5 June 2014. Public Relations Consultants Association Ltd v Newspaper Licensing Agency Ltd and Others. Request for a preliminary ruling from the Supreme Court of the United Kingdom. [EB/OL]. [2021-07-20]. https://eur-lex.europa.eu/legal-content/en/TXT/? uri=CELEX:62013CJ0360.

分。复制和删除的过程是由互联网终端用户的干预激活的,如果没有缓存复制件,那么互联网将无法处理在线传输的数据量,浏览也将无法正常运行。因此,在《欧盟信息社会版权指令》的意义范围内,缓存复制件是必不可少的。毫无疑问,屏幕复制件对于浏览网站也是必不可少的。因此,欧盟法院认为,屏幕复制件和缓存复制件均符合《欧盟信息社会版权指令》第 5 条第 1 款的三项要求。

最后,欧盟法院还讨论了豁免终端用户浏览网站时制作屏幕复制件和缓存复制件的行为,即这一豁免行为是否会不合理地损害权利人合法利益的问题。根据《欧盟信息社会版权指令》第 3 条第 1 款的规定,任何出版商在互联网上展示作品之前,都需要获得版权所有者的授权。因此,欧盟法院认为,控制将版权内容放到互联网上传播,已经为版权人提供了充分的保护。鉴于此,互联网用户无须进一步获得版权所有者的授权就可以浏览版权内容。欧盟法院这一判决结果,使得互联网的日常用户不会因为浏览网站侵犯版权。

(4)我国法院的态度——腾讯计算机系统有限公司诉王友金和淘宝网络公司著作权纠纷案

2009 年,在腾讯计算机系统有限公司(以下简称腾讯公司)诉王友金和淘宝网络公司著作权纠纷案中,腾讯公司认为王友金在淘宝上公开出售 QQ 号码的行为侵犯了其公司的计算机软件著作权。经法院认定,王友金的行为构成了对腾讯公司的侵权。在一审中,法院认为,王友金出售 QQ 号码的行为"是在未经原告许可的情况下,将原告享有著作权的腾讯 QQ 软件授权给他人使用",但这里的"使用"行为是否是正确的"使用"还得画个问号,因为我国法律条款明文规定:"只有明确专有权控制的行为才属于'使用'行为",而使用从淘宝上购买的 QQ 账号是典型的临时复制行为,但我国法律对此还没有定性。二审时,法院认为"腾讯公司只允许腾讯 QQ 初始用户复制下载 QQ 客户端软件,也只有合法取得的 QQ 号码的用户复制下载 QQ 客户端软件才合法"。

现行《著作权法》颁布之前,在临时复制这个问题上,我国版权法还有很多模糊的地带。当临时复制相关案件发生在我国时,法院一般会采用以下两种较为欠妥的方式解决:

其一是将临时复制与上传、下载等以数字化形式传播作品的行为等同,均归属于版权法意义上的复制行为。正是因为我国在《著作权法》中对复制权没有做时间存续上的界定,才使得一旦发生复制,不论时间长短都被算作复制行为。毋庸置疑,这种解决方式有其存在的价值和理由,但一股脑地将临时复制归入复制权中,会加大用户在使用、共享信息过程中的法律风险。当信息的使用者处于一种随时随地都可能侵犯他人版权的风险中时,他们会很大程度地减少利用网络传输信息作品的行为,这不仅违背了版权本身的利益平衡精神,更会阻碍互联网行业的发展和造成整个社会文明的停滞。

其二是承认临时复制行为属于版权意义上的复制行为,但将不具有独立经济价值的临时复制行为排除。从表面上来看,这种方式虽然能解决作品传播、互联网产业持续发展的问题,但是最致命的问题是不符合当时的法律规定,一旦出现此类临时复制的版权纷争,法院的审判就会陷入两难局面。我国作为一个大陆法系的国家,法院没有修改、编撰法律的权利。因为不是判例法国家,所以国内国外相关案例的参考指导意义就大打折扣。正是出于这方面考虑,现行《著作权法》将临时复制纳入版权控制范围。然而,需要指出的是,现行《著作权法》却没能为临时复制创设例外,导致此种类型的临时复制明显属于侵权行为。

上述两种方法都不是解决临时复制纠纷的完美办法,如何在版权人和社会公共利益之间找寻平衡点,是目前法院在审判上的痛难点。

2.1.2 发行权范围界定争议

发行权是版权法赋予权利人的一项重要的经济权利,其调整的发行行为是作品传播的重要方式[①]。在数字传播环境中,与发行权相关的利益主体范围被扩大,传统的发行权制度在应对新技术环境时遭遇困境,引发各相关利益主体之间的矛盾和冲突,严重阻碍了新型数字传播平台的发展。

2.1.2.1 发行权及其范围概述

作为作者的一项主要经济权利,发行权在现代版权权利体系中占有重要地位。然而,在以复制权为核心的传统版权制度中,发行权却出现得很晚。20 世纪 70 年代之前,许多国家都没有把发行权列为一项普遍意义的独立经济权利[②],甚至连《伯尔尼公约》也没有明确规定发行权的范围,只是指出发行权由复制权派生而来,易言之,当作者就复制其作品签订合同时,就可以约定复制品的发行条件。虽然,后来在对《伯尔尼公约》进行修订时,出现了发行权的概念,但并非一般意义上的独立发行权,其只是针对与电影有关的作品而创设。修订出一个普遍意义上的独立发行权的尝试因受到多方异议最终并没有成功。

随着复制技术的不断进步,音像和计算机软件市场迅猛发展,对作品非法传播行为进行专门控制的现实需求日渐凸显。1996 年,《世界知识产权组织版权条约》首次规定了独立的发行权。该条约第 6 条第 1 款规定,文学和艺术作品的作者应享有授权通过销售或其他所有权转让的形式向公众提供其作品原件和复

---

① 李昱晓. 数字时代发行权的变革与发展研究[J]. 编辑之友,2018(2):91-97.
② 唐杰. 发行权研究[D]. 北京:中国政法大学,2012.

制品的专有权。第 6 条第 2 款规定,对于在作品的原件或复制品经作者授权被首次销售或其他所有权转让之后适用本条第 1 款中权利的用尽所依据的条件(如有此种条件),本条约的任何内容均不得影响缔约各方确定该条件的自由①。随后,其他国家的版权法对发行权的定义也大同小异,没有本质上的差别。其中,美国版权法第 106 条第 1 款第 3 项将以出租、出借的方式向公众发行复制品也列为发行权的一种。② 我国 2010 年版《著作权法》第十条第一款第六项规定,发行权即以出售或者赠与方式向公众提供作品的原件或者复制件的权利③。

2.1.2.2　网络传播技术与发行权范围界定分歧

随着网络传播技术的出现,世界各国普遍关注新兴的传播行为规制,尤其是是否将网络传播行为纳入发行权进行规制的问题。

1996 年,《世界知识产权组织版权条约》和《世界知识产权组织表演和录音制品条约》正式将网络传播行为纳入了版权法保护范围,但是在关于是否用发行权规制网络传播行为的问题上,与会国产生了较大分歧,讨论后最终的结果是条约采用灵活的伞形解决方案,来指导各国解决该问题。

(1)国际条约的伞形解决方案

在《世界知识产权组织版权条约》和《世界知识产权组织表演和录音制品条约》中,世界知识产权组织对发行权都做了相关规定。《世界知识产权组织版权条约》第 6 条对作者的发行权进行了规定,《世界知识产权组织表演和录音制品条约》第 8 和第 12 条对表演者和录音制品制作者的发行权进行了规定。同时,在条约议定声明部分,明确规定了发行的作品复制件必须是可作为有形物品投放和流通的固定复制件。

在条约制定过程中,与会国针对发行权能否适用于控制网络传播行为产生了分歧。以美国为代表的观点认为可以通过扩大发行权范围来解决数字形态的网络传播问题,以欧盟为代表的观点则认为传统的发行权不适合用来解决网络环境中的无形传播,而应该增加一项新型网络传播权对其进行控制。

为了解决这一争议,《世界知识产权组织版权条约》第 8 条对此做出了规定,该条也被认为赋予了权利人一种一般意义上的"向公众传播的权利",将网络传播行为纳入版权保护体系,使其成为版权法保护的行为。该条的规定采用伞形

① WIPO Lex. 世界知识产权组织版权条约[EB/OL]. [2021-07-16]. https://wipolex. wipo. int/en/text/295438.

② U. S. Copyright Office. Chapter 1: Subject Matter and Scope of Copyright[EB/OL]. [2021-07-10]. https://www.copyright.gov/title17/92chapl.html.

③ 中国人大网. 中华人民共和国著作权法[EB/OL]. [2021-07-10]. http://www. npc. gov. cn/npc/c30834/202011/848e73f58d4e4c5b82f69d25d46048c6. shtml.

解决方案,以一种纯法律特征的中性描述方法,通过澄清网络传播行为的法律特征,来消除各国在理解上可能存在的分歧。而且,以开放的态度具体规制该行为,既没有明确指出网络传播行为属于发行权,也没有明确其属于其他类型的权利,具体方案留给各国结合自身的情况自由规定,只要能够实现控制网络传播行为的目的,无论采用哪种方案都是可行的。在伞形解决方案的指导下,主要国家和地区结合各自立法的具体情况,对网络传播行为予以立法控制,主要包括两类:一是以美国为代表的扩大发行权范围的方案,二是以欧盟为代表的增设新型专项权利的方案。下文将对这两种方案进行详细介绍。

(2)美国扩大发行权范围的解决方案

美国是互联网的发源地,也是网络传播相关的版权纠纷出现最早的国家。因此,其对这一问题的研究也比较早。

1995年,在美国国家信息基础设施工作机构下属的知识产权工作组公布的名为《知识产权和国家信息基础设施》(*Intellectual Property and the National Information Infrastructure*)①的报告(也被称为"美国知识产权白皮书")中,美国认为可以对现有的发行权规定进行细微的调整,以扩大发行权范围的方式来控制网络传播行为,主要原因在于,通过网络进行的作品传播行为与传统的发行行为的结果都是一样的,都是向公众提供作品的复制件,所以不需要区别对待。

1998年美国国会通过的《数字千年版权法》对当时的版权法进行了许多方面的修订,以适应网络环境,但是并没有采纳美国知识产权白皮书中关于修改发行权的建议。在当时的修订中,法律几乎没有新的规定规制作品网络传播行为,既没有修改发行权,也没有对网络传播权进行规定。但是,考察美国法院和学术界后续的态度可以知晓,美国已经普遍认可了美国知识产权白皮书中主张的网络传播行为属于发行权②,没有必要新增一项专项权利对其进行规范的观点。

(3)欧盟增设新型专项权利的方案

为了有效解决网络传播中的版权问题,欧盟采取了增设新型专项权利的方式,对传播权进行彻底的改革,希望既能够消除发行权以往的弊端,又能够顺应时代发展的趋势。

在1997年公布的《协调信息社会版权和有关权规则指令的建议》(*Proposal*

---

① ERIC. Intellectual Property and the National Information Infrastructure. The Report of the Working Group on Intellectual Property Rights[EB/OL]. [2021-07-10]. https://files.eric.ed.gov/fulltext/ED387135.pdf.

② 王迁.论著作权法中发行行为的界定——兼评"全球首宗 BT 刑事犯罪案"[J].华东政法学院学报,2006(3):57-64.

for Directive on Copyright and Related Rights in the Information Society)①中,欧盟明确规定发行权是指作者控制以任何形式向公众发行作品原件或有形复制件的专有权,但是发行权不适用于服务和在线传输②。

随后,《欧盟信息社会版权指令》于 2001 年获得通过,第 3 条第 1 款规定:成员国应规定作者享有授权或禁止任何通过有线或无线的方式向公众传播其作品的专有权,包括将其作品向公众提供,使公众中的成员在其个人选择的地点和时间获得这些作品。③ 至此,"向公众传播权"得以正式确立,欧盟将网络传播行为纳入了此项权利中进行规制,为其成员国规范网络传播行为提供了统一标准。

(4)我国增设信息网络传播权

在解决是否将网络传播行为纳入发行权进行规制的问题上,我国对《著作权法》规定的发行权范围并未做修改,仍然维持了原有《著作权法》对发行权的定义,即"以出售或者赠与方式向公众提供作品的原件或者复制件的权利"。同时,我国也采用和欧盟类似的解决方案,即增设新型专项传播权来控制网络传播行为。具体体现为我国在 2001 年的《著作权法》修订中,新设了一项信息网络传播权,对网络传播行为进行规范。2001 年修正的《著作权法》第十条第一款第十二项规定:"信息网络传播权,即以有线或者无线方式向公众提供作品,使公众可以在其个人选定的时间和地点获得作品的权利"④。后续的两次版权法修正都保留了这些规定,只是 2020 年通过的《著作权法》对信息网络传播权的具体表述有个别文字的调整,即"信息网络传播权,即以有线或者无线方式向公众提供,使公众可以在其选定的时间和地点获得作品的权利"⑤。由此可见,我国在保留原有《著作权法》关于发行权的定义的同时,通过增设信息网络传播权这一新型传播权来规范网络传播行为。但是,需要强调的是,我国在立法时,并没有对发行行为和网络传播行为进行明确的界定,两者之间的定义模糊不清,导致后来相关争议问题不断。

2.1.2.3 发行权范围界定争议现状及问题

近年来,新一轮数字传播技术兴起,推动网络传播成为重要的作品传播方式。世界各国均在积极讨论数字作品的网络传播行为能否被纳入版权法中的发

① European Commission. Proposal for Directive on Copyright and Related Rights in the Information Society[EB/OL].[2021-07-10]. https://ec.europa.eu/commission/presscorner/detail/en/IP_97_1100.
② 吴奕武.网络环境下的版权及其限制[D].北京:中国政法大学,2007.
③ 丁晔.发行权理论问题研究[D].上海:华东政法大学,2011.
④ 中国人大网.中华人民共和国著作权法(修正)[EB/OL].[2021-07-10]. http://www.npc.gov.cn/wxzl/gongbao/2001-10/29/content_5277072.htm.
⑤ 中国人大网.中华人民共和国著作权法[EB/OL].[2021-07-10]. http://www.npc.gov.cn/npc/c30834/202011/848e73f58d4e4c5b82f69d25d46048c6.shtml.

行权的范围,或是探讨创设新型权利以控制网络传播行为。以美国为代表的国家和地区通过扩大发行权范围的形式解决新型数字发行问题;以欧盟为代表的国家和地区则采用新增权利的方式来规范此类行为,即创设向公众传播权。比如,1995年美国知识产权白皮书规定,网络信息作品的数字传播应被视为发行行为,从而受到发行权的控制。欧盟在《欧盟信息社会版权指令》中强调,发行权是指作者控制以任何形式向公众发行作品原件或有形复制件的专有权,但是发行权不适用于服务和在线传输。我国也在2001年修正《著作权法》时,新增了信息网络传播权来规范网络传播行为。

在发行权范围存在争议的同时,发行权穷竭原则能否适用于网络环境的问题也随之而来。发行权穷竭原则又被称为首次销售原则(first sale doctrine),即"发行权只能行使一次,当作品原件或复制件首次向公众发行以后,版权人对已经发行的这些复制件的分销、转销等再次发行行为,均无权继续加以控制"①。由此可见,发行权穷竭原则具有两层含义:一是首次销售的权利由版权人专有,未经版权人许可,任何人都不得行使这一权利;二是销售权只能行使一次,在作品原件或复制件经版权人同意进入市场后,该作品的进一步销售不再受版权人的控制②。在传统版权领域,发行权穷竭原则设定的目的在于对版权的专有性和垄断性进行必要限制,一定程度上促进了商品自由流通和贸易市场的繁荣发展。随着新型数字传播技术的出现与发展,这一原则能否适用于网络环境中的作品发行引发了广泛热议。

在新一轮技术变革环境下,如何规范实体发行与数字发行的问题更加突出,世界各国立法者均认识到传统的发行权范围面临严峻挑战,均在积极调整版权制度以应对新技术挑战。关于发行权穷竭原则能否适用于网络环境的问题,欧盟和美国等均进行了讨论。目前,发行权穷竭原则不适用于网络环境是主流观点。

2.1.3 向公众传播权范围界定争议

2.1.3.1 向公众传播权及其范围概述

"向公众传播权"的确立经历了一个漫长的过程。"向公众传播权"最早出现在《伯尔尼公约》中,但公约有关"向公众传播权"的规定比较零散。比如,分别针对不同的作品类型规定了各自享有的权利种类,而这些权利种类又根据传播方

---

① 李颖怡.知识产权法[M].广州:中山大学出版社,2002.

② 张岱元.对著作权法中权利穷竭制度的思考[J].福建法学,2006(3):16-20.

式的不同,分成了广播、无线转播和有线转播等①。

《伯尔尼公约》规定部分作品的作者可以控制其作品的被传播权,如表演权、广播权、朗诵权等,但是这一体系并不完整,关于"向公众传播权"没有专门的条款。直到 1996 年《世界知识产权组织版权条约》以"伞形权利"的形式赋予所有作品的作者向公众传播其作品的权利,才填补了《伯尔尼公约》在作品传播权方面的空白。在不损害《伯尔尼公约》的前提下,《世界知识产权组织版权条约》第 8 条前半句规定了"向公众传播权",后半句规定了"向公众提供权"。我国《著作权法》关于信息网络传播权的部分吸纳了《世界知识产权组织版权条约》第 8 条②的规定,但并没有规定向公众传播权③。

对"传播"(communicate)和"公众"(public)这两个词语的解读,是界定"向公众传播权"范围的重要因素。"向公众传播权"中"传播"的定义与通俗语境中的"传播"有所不同。首先,分享网络链接并不能算作传播行为,必须要直接分享作品;其次,无论公众有没有真正获得作品,只要最终存在使公众获得作品的可能性,就算作传播行为。"公众"一词看似是简单的用语,但界定起来较为复杂。互联网技术的发展使公私领域的分界线变得模糊。这使得现在"公众"一词并不能用以往的标准来定义。结合国外司法实践来看,"公众"一词可以被定义为除了家庭成员圈和经常交往的朋友圈之外的不特定人,并且"公众"的概念对公众接收传播的时间和地点并无要求。

总的来说,"向公众传播权"有三个要素:传播对象,即"公众",指的是除家庭成员圈和经常交往的朋友圈之外的不特定人;传播内容,必须是具体作品,而不能仅仅是网络链接;传播结果,要使公众有"获得作品的可能性",但不考虑公众是否真正获得了作品④。

2.1.3.2 向公众传播权范围界定争议历史

2012 年,在美国发生的 American Broadcasting Companies,Inc.,et al. v. Aereo,Inc.(美国广播公司等诉 Aereo 公司案,以下简称 Aereo 案)⑤最先引起法律界关注向公众传播权。Aereo 公司研发的网络电视服务系统可以向用户提供视频点播服务,用户借助电脑、手机等设备登录该网站,即可选择观看自己喜欢的电视节目。美国多家电视台和广播公司均认为 Aereo 公司研发的该系统侵

---

① 王文敏.向公众传播权的立法构想[J].时代法学,2016,14(1):62-71.

② 刘银良.信息网络传播权及其与广播权的界限[J].法学研究,2017,39(6):97-114.

③ 范长军.加框链接直接侵权判定的"新公众标准"[J].法学,2018(2):42-58.

④ 王文敏.向公众传播权立法研究[D].上海:华东政法大学,2015.

⑤ Justia. Am. Broad. Cos. v. Aereo,Inc.,573 U.S. 431 (2014)[EB/OL].[2021-07-20]. https://supreme.justia.com/cases/federal/us/573/13-461/case.pdf.

犯了其复制权和公开表演权,并将其诉至法院。下文仅针对此案中与向公众传播权有关的公开表演权问题进行讨论。

美国版权法赋予版权人对公开表演其作品的行为享有专项权利,此项权利即"公开表演权"。美国多家电视台和广播公司都认为 Aereo 公司研发的该系统侵犯了其公开表演权,向地方法院申请禁令,遭到地方法院拒绝。随后,它们上诉至美国第二巡回上诉法院,美国第二巡回上诉法院仍然支持地方法院的观点,裁决认为 Aereo 公司的行为并没有侵犯电视台和广播公司的公开表演权。最后,电视台和广播公司又向美国最高法院提起诉讼,美国最高法院认为 Aereo 公司提供的系统与有线电视转播行为实质性相似,具体表现在两者皆能以不间断的方式伴随着配音效果呈现作品图像,均"接收了向公众发送的电视节目,并且通过自己的渠道向观众传送"①。虽然两者在技术方面并不完全相同,有线电视是点对面的传播,网络传播是点对点的传播,但是技术差异并不影响其在法律上定性,因为其造成的结果是类似的②。同时,美国最高法院结合考察公开表演权中"公开"和"表演"的含义,裁定 Aereo 公司侵犯了电视台和广播公司的公开表演权。此案首次讨论了向公众传播行为中的网络转播行为,并在司法实践中明确了可以用公开表演权来规制此种类型的网络转播行为。

2.1.3.3　向公众传播权范围界定争议现状及问题

随着新技术的出现,已有法律在应对向公众传播行为方面的弊端日益凸显。主要原因有两个方面:一方面,这种规定方式过于琐碎和细致,相关规定已经有所滞后;另一方面,不同类型的向公众传播权存在交叉和重叠的现象,导致法律解释和法律适用上出现了困惑。侵权行为一旦发生,版权人很难快速地判定哪些权利受到了侵犯。鉴于此,1996 年颁布的《世界知识产权组织版权条约》将《伯尔尼公约》中的向公众传播权的范围予以扩展,用于保护在数字交互传播中的版权,具体体现在第 8 条。条约将向公众传播权涉及的权利客体扩展至所有的作品类型,同时也将所有的传播方式都纳入向公众传播权的控制范畴,即"以有线或无线方式"的传播均属于向公众传播。

随后,一些国家也通过立法完善向公众传播权。各国根据自身的立法传统和社会情况,在本国版权法中以不同的立法模式来规范向公众传播权。其中,最具代表性的是美国以已有专有权利进行规制的模式以及欧盟采取的扩充已有权利进行规制的模式③。

---

① 孙雷.网络转播著作权若干问题浅析[J].中国版权,2016(1):30-33.
② 柴佳欣.论向公众传播权的立法完善[D].宁波:宁波大学,2019.
③ 王文敏.向公众传播权立法研究[D].上海:华东政法大学,2015.

(1)美国以已有专有权利进行规制的模式分析

在应对向公众传播行为时,美国以当时已有版权法的第 105 条的 5 项专有权利来对其进行规范。该条分别对复制权、发行权、演绎权、表演权和展览权进行了规定,虽然权利只有 5 项,但涵盖的范围较广,而且具有一定的弹性。鉴于此,美国通过调整这些已有权利体系中发行权、公开表演权、公开展示权等权利的范围,对向公众传播权进行保护。

比如,针对"交互式"传播行为,美国适用的是公开表演权与发行权两项权利。一是修改传统的发行权条款,把通过传输进行的发行行为也纳入发行权控制的范围,即将发行权修改为"以销售或其他转移所有权的方式,或者以出租、租赁、借阅或传输的方式向公众发行享有版权保护的作品的复制品或录音制品",同时规定以传输等形式发行作品的行为不适用发行权穷竭原则,当时的美国版权法第 109 条规定,发行权在首次销售作品的复制品或录音制品后即穷竭,但该原则不适用于"通过传输的形式销售或以其他方式处置该复制品或录音制品的占有"。二是扩张"公开表演权"的范围以规制"交互式"传播行为。通过对两种专有权利重新界定,基于对目的的判断,具体选择其中的一种权利对"交互式"传播行为进行规范。当传播作品的主要目的是传输作品的复制品时,则应当将其认定为发行行为。[①]

美国以已有专有权利规制向公众传播权的行为,最大限度地减少了对传统版权制度的修订,大大减少了立法成本,但同时也产生了一些问题。主要体现在两个方面:一是发行权穷竭原则的适用问题,传统发行行为适用发行权穷竭原则,但是该原则在数字网络环境中遭遇挑战,因为在线传输作品的发行行为与传统作品发行行为存在明显区别。鉴于此,法律只能另行规定该原则无法适用于在线传输的作品。二是在解决"交互式"传播行为引发的问题时,既能采用公开表演权又能采用发行权来规制,然而,在具体确定适用哪种权利时,又需要根据具体情况来具体判断,相关程序过于复杂。也正因如此,大多数国家和地区采用另外一种模式,即下文即将介绍的以欧盟为代表的扩充已有权利进行规制的模式。

(2)欧盟扩充已有权利进行规制的模式分析

欧盟基本上按照《世界知识产权组织版权条约》的相关规定,通过扩充已有的权利类型,即增设向公众传播权,对其进行规制。具体体现在,通过在《欧盟信息社会版权指令》中增设向公众传播权来应对新技术环境中的网络传播行为。该指令序言中明确规定,应当进一步协调作者的向公众传播权,并且指出该权利

---

① 米哈依·菲彻尔.版权法与因特网[M].郭寿康,万勇,相靖,译.北京:中国大百科全书出版社,2009.

包括向传播发生地之外的公众进行传播的行为,即将"提供权"规定为向公众传播权的一个子权利。

遵循欧盟相关规定,许多欧盟国家也都在国内法中对向公众传播权予以规定。比如,英国就进行了版权法修订,具体体现在通过制定《2003 年版权及有关权条例》(*The Copyright and Related Rights Regulations* 2003)对《1988 年版权、设计和专利法》(*Copyright*,*Designs and Patents Act* 1988)第 20 条进行修订,即该条对向公众传播权进行了规定,明确了"向公众传播"即通过电子传输方式向公众广播作品或让公众在其自行选定的时间和地点获得作品①。

(3)其他国家借鉴欧盟模式的举措分析

另有一些国家也借鉴欧盟扩充已有权利进行规制的模式进行了版权法改革。比如澳大利亚在《2000 年版权修正(数字议程)法》[*Copyright Amendment (Digital Agenda) Act* 2000]中对其《1968 年版权法》(*Copyright Act* 1968)进行了修订,增设了"向公众传播权",该权利不仅包括"在线提供作品权",还包括"电子传输作品权"②。日本在 2002 年《著作权法》修订中也设定了一项向公众传播权,承认单独的"向公众提供权",以及可以自由认定其法律特征的向公众传播权。③

(4)我国以已有专有权利+扩充已有权利进行规制的模式分析

为了解决作品在网络传输中出现的问题,我国版权法通过利用已有的专有权,并结合增设新的专项权利,对作品向公众传播的行为进行规制,并没有一项总括性的向公众传播权。具体体现在,我国直接借鉴《世界知识产权组织版权条约》第 8 条后半句规定的"向公众提供权",在 2001 年对《著作权法》进行修正时,在原有的版权体系中新增了一项单独的专有权利,即在第十条第一款第十二项增设了"信息网络传播权,即以有线或者无线方式向公众提供作品,使公众可以在其个人选定的时间和地点获得作品的权利"④,结合《著作权法》中已有的广播权,即第十条第一款第十一项规定的"以无线方式公开广播或者传播作品,以有线传播或者转播的方式向公众传播广播的作品,以及通过扩音器或者其他传送

---

① WIPO Lex. The Copyright and Related Rights Regulations 2003 (S. I. 2003/2498,updated up to September 1,2019)[EB/OL].[2021-07-20]. https://wipolex. wipo. int/en/text/581722.

② WIPO Lex. Copyright Amendment (Digital Agenda) Act 2000[EB/OL].[2021-07-20]. https://wipolex. wipo. int/en/text/125040.

③ WIPO Lex. Copyright Act (Act No. 48 of May 6,1970,as amended up to Act No. 72 of June 19,2002)[EB/OL].[2021-07-20]. https://wipolex. wipo. int/en/text/338135.

④ 中国人大网. 中华人民共和国著作权法(修正)[EB/OL].[2021-07-10]. http://www.npc. gov. cn/wxzl/gongbao/2001-10/29/content_5277072. htm.

符号、声音、图像的类似工具向公众传播广播的作品的权利"①,一起规制作品向公众传播的行为。

随着大数据、云计算、人工智能等新型数字传播技术的飞速发展,向公众传播权的重要性愈发凸显,有关纠纷也随之频仍。因此,清晰界定向公众传播权的范围便显得日益紧要。

2.1.4 "谷歌新闻"业务引发新增权利的争议

2.1.4.1 "谷歌新闻"案情简介

"谷歌新闻"(Google News)是谷歌公司推出的一项新闻聚合服务,即把其他新闻网站的标题以及照片等集中展示在谷歌的网页上,点击这些新闻网站的标题还可以链接到新闻的原网站。"谷歌新闻"一直是一项有争议的服务,争议主要围绕版权问题,一些传统媒体认为谷歌用它们的新闻吸引点击量来谋取利益,却不用付出任何成本,这种做法侵犯了它们的知识产权,损害了它们的经济利益。

比利时的一家新闻网站曾以侵犯版权为由将谷歌告上法庭,谷歌败诉。谷歌辩护的理由是,被其使用的新闻网站并没有采取技术手段阻止谷歌的访问和缓存,说明这些网站对谷歌的行为持默许态度。初审时,布鲁塞尔法院否决了谷歌的这一抗辩,布鲁塞尔法院认为,版权具有排他性,使用他人作品必须获得版权人的授权。"谷歌新闻"并未获得其他新闻网站的授权,且大量复制并向公众提供的做法不符合合理使用制度,因此谷歌公司的行为属于版权侵权②。

反对"谷歌新闻"的欧洲国家主张,谷歌在引用其他新闻时必须付费以作为版税,西班牙曾经提出一项名为"谷歌税"的法案,不仅要求西班牙境内使用当地新闻的新闻整合者向新闻来源方支付费用,还规定违反者将面临罚款和网站封锁的惩罚。该法案未说明整合者需要支付多少费用,但要求没有支付费用的媒体缴纳75万美元的罚款③。该法案出台后,谷歌关闭了"谷歌新闻"在西班牙的服务,"谷歌新闻"上不再出现西班牙媒体发布的新闻内容。德国、法国等国家在聚合新闻方面也有类似提议,但是它们无法接受谷歌退出市场的后果,最终并没

---

① 中国人大网.中华人民共和国著作权法(修正)[EB/OL].[2021-07-10]. http://www.npc.gov.cn/wxzl/gongbao/2001-10/29/content_5277072.htm.

② 杨华权,曲三强.论爬虫协议的法律性质[J].法律适用,2013(4):30-34.

③ 张伟."谷歌新闻"退出西班牙[EB/OL][2019-12-13]. http://world.people.com.cn/n/2014/1213/c157278-26199966.html.

有实施"谷歌税",而是达成了由谷歌出资协助当地媒体转型等协议[①]。

　　虽然遭到众多反对,但"谷歌新闻"的做法对其他新闻媒体来说是否弊大于利,谷歌方面有着不同的看法。"谷歌新闻"的负责人认为,"谷歌新闻"并没有盈利,所以被征税是不合理的。"谷歌新闻"的负责人还指出,"谷歌新闻"不仅没有侵害新闻媒体的利益,反而帮它们提高了点击量,增加了广告收入,因此有大量的新闻媒体自愿加入"谷歌新闻"。

2.1.4.2　"谷歌新闻"案件争议焦点

　　随着"谷歌新闻"业务的问世,搜索引擎或新闻聚合服务提供商链接并摘录报纸内容是否侵犯报纸出版商的版权也引发争议,巴西报纸出版商协会甚至宣布集体退出"谷歌新闻"。

　　新闻聚合服务是新闻信息服务商根据用户检索偏好,实时抓取全网相关信息,并以"一站式"形式将最终检索结果呈现给用户的服务。"谷歌新闻""今日头条""百度新闻"等均为新闻聚合服务提供商。以"谷歌新闻"为典型,新闻聚合服务提供商的具体服务模式为:①根据用户的检索词条,实时抓取网络中的各种相关信息;②以标题＋导引＋源站点 URL(uniform resource locator,统一资源定位符)三部分分条目排列的形式将检索结果呈现给用户,用户通过点击检索结果中的链接便能直接跳转到源站点的子界面进行阅读,而不必经由源站点首页。具体来看,新闻聚合服务形式主要有 RSS(really simple syndication,简易信息聚合)式与搜索式两种。RSS 式新闻聚合产生时间最早,能直接根据用户需求,将网站更新内容及时推送到 RSS 阅读器或 RSS 用户界面。搜索式新闻聚合是目前蓬勃发展的一种新闻聚合服务形式,"谷歌新闻""百度新闻""今日头条"均属此类。搜索式将多方信息聚合,免去逐条搜寻的烦琐,为用户提供了极大便利,已成为当今新闻聚合服务商最主要也最受用户青睐的新闻内容提供方式。

　　新闻聚合服务之所以引发版权纠纷,主要原因在于:新闻聚合服务商提供的内容通常是基于爬虫软件抓取的新闻出版商的原创内容,而新闻出版商并未从中获取任何利益分成,因此新闻出版商要求重新设置利益分配机制。

　　有关国外新闻聚合服务商与新闻出版商的此类争议案件产生较早,以 Paperboy 案、"谷歌新闻"案、Meltwater 案和 Svensson 案为典型。鉴于没有统一的法律规定,不同法院裁判标准大相径庭,最终裁决也走向两个极端:一类是"否定侵权说",认为临时复制以及深度链接均未违反版权法,即便可能构成"向公众传播"的行为,但新闻聚合平台并未将新闻内容提供给"新公众",故也没有侵犯

――――――――――
　　① 郑洁.聚合新闻的合法性问题研究――以谷歌新闻为例[J].湖北警官学院学报,2016,29(6):78-84.

权利人的"向公众传播权",以 Paperboy 案、Meltwater 案和 Svensson 案为代表;另一类是"肯定侵权说",以多数欧洲法院处理"谷歌新闻"诉讼中的观点为代表,认为谷歌在使用新闻出版商的内容前应征得其同意并支付相应使用费。

鉴于此,德国、西班牙相继在国内法中增设了新闻出版商邻接权,以此肯定新闻出版商对大规模系统利用其新闻材料的行为享有获得报酬权。

2.1.4.3 "谷歌新闻"案件最新动态

2019 年 3 月 26 日,欧洲议会通过了《2019 年 3 月 26 日欧洲议会和理事会关于数字单一市场版权指令提案的欧洲议会立法决议》(*European Parliament legislative resolution of 26 March 2019 on the proposal for a directive of the European Parliament and of the Council on copyright in the Digital Single Market*,以下简称《欧盟数字单一市场版权指令》)①,同年 4 月 15 日,欧洲理事会也对该指令予以批准。该指令第 15 条赋予新闻出版商新型邻接权,将"谷歌新闻"案件中争议的问题予以立法,要求新闻聚合等在线平台为使用新闻出版物(包括其中的片段)的行为向新闻出版商付费,但排除了对私人或非商业使用、超链接、非常简短摘录(包括个别字词)等情形的适用。② 在该指令引入此项权利的整个过程中,赞成与反对之声交织其间,因为立法的通过将对"谷歌新闻""今日头条"等新闻聚合服务商带来巨大冲击。

该指令第 29 条第 1 款规定,欧盟成员国需要在 2021 年 6 月 7 日之前将这些条款纳入国内法。鉴于此,该指令通过不久,便对一些欧盟成员国立法机构、用户和权利持有人产生了影响,以法国为典型代表。

法国是首个将《欧盟数字单一市场版权指令》第 15 条移植到国内法的欧盟成员国,其在《2019 年 7 月 24 日关于为新闻机构和出版者创设邻接权的第 2019-775 号法令》(*Loi n° 2019-775 du 24 juillet 2019 tendant à créer un droit voisin au profit des agences de presse et des éditeurs de presse*,以下简称《第 2019-775 号法令》)③中移植了《欧盟数字单一市场版权指令》第 15 条的规定,该法于 2019 年 10 月 24 日生效。作为回应,谷歌单方面决定不再在其搜索结果中

---

① European Parliament. European Parliament legislative resolution of 26 March 2019 on the proposal for a directive of the European Parliament and of the Council on copyright in the Digital Single Market [EB/OL]. [2022-02-01]. https://www.europarl.europa.eu/doceo/document/TA-8-2019-0231_EN.html? redirect#title1.

② 谢新洲,朱垚颖. 信息资源管理视角下的欧盟数字版权保护研究[J]. 信息资源管理学报,2020, 10(6):60-70.

③ WIPO Lex. Loi n° 2019-775 du 24 juillet 2019 tendant à créer un droit voisin au profit des agences de presse et des éditeurs de presse[EB/OL]. [2021-07-25]. https://wipolex.wipo.int/en/text/537096.

显示新闻出版商的内容,除非新闻出版商授权免费显示。如果新闻出版商拒绝授权免费显示,就只会出现一个标题和一个内容链接,而不是常规的预览。在法国新闻出版商看来,这肯定会导致潜在广告收入等损失。

2019年11月,法新社等代表法国许多新闻出版商利益,向法国竞争委员会投诉,声称谷歌的做法构成了滥用优势地位以及经济依赖状态滥用。除就案情提出意见外,原告还要求法国竞争委员会命令谷歌在案情作出决定之前,通过临时措施进行善意谈判。2020年4月9日,法国竞争委员会对临时措施的请求进行裁定,鉴于谷歌的市场份额约为90%,以及市场上的高进入壁垒,谷歌可能会在法国一般的在线研究服务市场中占据主导地位。此外,法国竞争委员会认为表面上看来,谷歌的做法很可能会被定性为反竞争。通过避免任何形式的谈判和对受邻接权保护内容的展示收取报酬,法国竞争委员会认为(在同样的表面标准下)谷歌对新闻出版商和新闻机构施加了不公平的交易条件。此外,谷歌将零报酬的原则强加给所有的新闻出版商,而没有审查它们各自的情况和相关的受保护内容。由于在没有任何客观理由的情况下以同样的方式对待不同情况下的经济参与者,法国竞争委员会认为谷歌采取了明显的歧视做法。

最后,法国竞争委员会认为根据初步证据,可以认定谷歌存在滥用其支配地位规避《第2019-775号法令》的行为,特别是:①坚持要求新闻出版商和新闻机构发放免费许可证,从而系统地强制规定受保护的内容必须在其平台上免费展示,而且不得进行任何谈判;②拒绝提供确定赔偿所需的资料;③考虑到文章标题原则上不属于《第2019-775号法令》规定的受版权保护的范围,完整使用文章的标题。

在评估中,法国竞争委员会还考虑到:相较于《第2019-775号法令》生效前已有的不利交易条件,谷歌的新展示政策对行业参与者施加了更不利的交易条件。法国竞争委员会认为谷歌在市场上的主导地位可能是谷歌能够对新闻出版商施加这些条件的原因。由于谷歌产生的流量对新闻出版商和新闻机构来说是至关重要和不可替代的,因此它们别无选择,只能遵守谷歌的政策,接受那些不利的条件。

最终,法国竞争委员会发现谷歌的做法对新闻行业造成了严重和直接的损害。因此,它批准了法新社等所要求的临时措施,并命令谷歌就条款、条件进行真诚的协商,以及使用新闻出版商和新闻机构的内容时应支付报酬。根据新闻出版商和新闻机构的要求,这些谈判必须在三个月内进行,并需要整合从2019年10月24日以来的赔偿。临时措施将继续有效,直至法国竞争委员会就案件的情况作出决定。

2.2 合理使用制度面临危机

随着新型数字传播技术的出现,现有合理使用制度的弊病日益凸显,尤其表现为版权人权利的扩张严重威胁到社会公共利益。调整现有的合理使用制度,以合理应对新技术挑战实为必要。

2.2.1 合理使用制度概述

为了平衡版权人的个人利益与社会公众的合法权益,世界各国的版权制度都设定有合理使用制度。合理使用是指在法律规定的范围之内,社会公众无须征得版权人的同意,也不必向其支付报酬,即可使用他人享有版权的作品的行为①。需要强调的是,此种使用行为应当指明作者姓名、作品名称,并且不得侵犯版权人的其他权利②。

2.2.1.1 合理使用制度起源

合理使用制度起源于英国版权法,发展成熟于英国判例法,在版权法中是一项重要的制度,目的是平衡版权人利益与公众利益。版权制度建立的标志是1701 年英国颁布的《安娜法》,目的是鼓励出版业的发展,促进经济繁荣。该法除了承认作者对作品的所有权、保护作者利益外,还提出了"公共领域"这一概念,规定作品一旦超过版权的保护期限,就会进入公共领域,允许公众自由使用。这些规定所体现的立法精神在人类历史上具有突破性的意义。

1740 年,Gyles v. Wilcox案(盖尔斯诉威尔科克斯案)中提出了"合理节略(fair abridgement)"原则。在这一案件中,书商 Gyles 出版了一本《马修·黑尔斯国王请求书》(*Matthew Hales Pleas of the Crown*)。不久之后,出版商 Wilcox 和 Nutt 聘请了一位名叫 Barrow 的作家对这本书进行了删改,并将其重新包装为《现代王室法》(*Modern Crown Law*)。Gyles 提起诉讼,声称《现代王室法》几乎是对《马修·黑尔斯国王请求书》一字不差的复制,只是做了一些细微的修改,包括将拉丁语和法语段落翻译成英语,并删除了一些过时的法律。鉴于此,Gyles 要求出版商 Wilcox 和 Nutt 停止《现代王室法》的出版,声称根据《安

---

① 吴汉东.著作权合理使用制度研究[M].北京:中国政法大学出版社,1996.
② 陈杰.美国版权法图书馆例外条款的借鉴[J].图书馆,2017(9):55-60.

娜法》,他享有的权利受到了侵犯。被告辩称,《现代王室法》是一本删节后的作品,与 Gyles 出版的原始作品不同,而且该书不是直接抄写的《马修·黑尔斯国王请求书》,除了有几章是对《马修·黑尔斯国王请求书》的节略,其他章节都是 Wilcox 和 Nutt 创作的内容。被告进一步指出,Gyles 的《马修·黑尔斯国王请求书》有 275 页,而 Wilcox 和 Nutt 的节略本只有 35 页。法官认为,如果节略显示了编者的劳动、独创性、判断力,那么对已出版的书进行真正节略后形成的作品,可视为一部完全独立的新作品,在此情形下,节略而成的新书就没有侵犯拥有出版权的作者或书商的权利。然而,法官进一步对"合理创作"(fairly made)的作品和"明显缩短"(colourably shortened)的作品进行了区分,只有前者才能称得上真正的节略而形成的新作品。其中,关于节略的合理性,法官指出:①真实而合理的节略、摘用有版权的作品,将不承担侵权责任;②允许此类节略、使用在于其具有创新、学习和评论的意义。

"合理使用"概念在 Gyles v. Wilcox 案中首次出现,此后,合理使用制度不断发展。1803 年,Cory v. Kearsley 案(科里诉科尔斯利案)首次用"合理使用"(used fairly)取代了"合理节略"的概念。原告 Cory 写了一本详细描述 900 英里公路的书,Kearsley 把 Cory 书中的部分内容复制到了自己的书中。法官指出,如果 Kearsley 使用 Cory 书中的内容是"为了促进科学和公众的利益"(for the promotion of science,and the benefit of the public),或者换句话说,如果他"合理使用"了 Cory 的材料,那么他的复制就不构成侵权。简而言之,法官认为,被告是否"合理使用"他人的正版作品决定了被告是否侵犯其版权。

1807—1872 年,英国法院在处理各种相关案件时设立了一系列规定逐渐完善合理使用制度,明确以创新、学习或服务公众为目的,以诚信为原则的对作品的合理使用不需要经过原作者允许,也不需要向任何人支付报酬。英国《1911年版权法》(Copyright Act 1911)第 2 条第 1 款规定:"用于个人研究、探讨、批评、评论、报纸登载等目的时,对版权的合理使用不构成版权侵犯。"至此,合理使用制度终于以成文法的形式被确立①。

2.2.1.2 合理使用制度的发展历史

与版权法的发展历史一样,合理使用制度的发展历史也相当悠久。在出版商特权和版权诞生之前,人们对作品所有权的捍卫仅仅停留在道德层面,并没有法律对作品所有权进行保障。作品所有权上升到法律层面是印刷术出现并在欧洲普及之后的事。15 世纪,出版商为了避免其他出版商擅自利用印刷术复制其

① 李早.论美国著作权合理使用制度[D].济南:山东大学,2012.

作品,侵害他们的利益,向当时的统治者提出了作品所有权的概念。封建统治时期,作品的所有权是由封建统治阶级授予的,但随着时代的进步,作品的所有权由统治阶级授予变为作者自由转让。直到 18 世纪,版权的概念才逐渐形成体系,得到社会的普遍认可,并受到法律的保护①。

前文提到,合理使用制度起源于《安娜法》,发展成熟于英国判例法,1911 年于英国形成成文法。除了英国以外,美国也为合理使用制度的完善做出了巨大贡献。1841 年,在 Folsom v. Marsh 案(福尔松诉玛希案)中,美国法院提出了著名的合理使用三要素:使用作品的目的、引用作品的数量和价值、引用与原作是否为同一题材。19 世纪,美国学者根据美国版权法又提出了七大原则:有限保护原则、法定独占原则、市场原则、合理使用原则、进入权原则、个人使用原则、公共利益原则。值得注意的是,美国学者认为公共利益原则是最重要的原则,公共利益应该优先于作者的利益。1976 年,美国版权法系统规定了合理使用制度,完成了其从判例法到成文法的转变。自此,版权合理使用制度正式诞生,成为此后美国立法的精神和指导,并对以后世界各国的版权立法和发展产生了深远的影响②。

随着第三次科技革命的到来,人类进入互联网时代,新的传播方式大行其道。但是,合理使用制度并没有因此落后于时代,而是随着时代发展不断完善和进步,其内涵不断扩充,继续在平衡公共利益与作者利益上发挥着重要作用。从合理使用制度的起源和发展历史可以看出,合理使用制度与公共利益相伴而生,以促进人类文化的繁荣、文明的进步,无论怎么演变其都不会脱离保护公共利益的立法精神,今后也不会改变。

数字网络技术的出现,不仅给版权的使用造成冲击,更给传统的合理使用制度带来了挑战。新技术影响作品的创作、传播和使用,社会公众更容易复制和传播作品,盗版问题愈演愈烈,合理使用制度面临危机。

新一轮数字传播技术对合理使用的冲击远胜于其对权利的冲击。版权法通常是概括性阐述有关权利的规范,新技术带来的问题通常可以从中找到适用的可能;而合理使用的规定则更为特定化和具体化。易言之,权利具有自我适应性的特征,可以自我调整;而合理使用则并非如此,必须被动地调整。即使法律提供了一种平衡的解决方式,然而,随之而来的变化却很容易打破这种平衡状态,除非存在某些能够对合理使用的解释予以调整的内部机制。

---

① 李扬.著作权合理使用制度研究[D].沈阳:沈阳师范大学,2013.

② 冯晓青,谢蓉.著作权法中"合理使用"与公共利益研究[J].河北法学,2009,27(3):63-69.

2.2.2 云计算与"时移"例外问题

2.2.2.1 云计算与"时移"例外概述

（1）云计算概述

云计算是当前信息技术领域的热门话题之一，由于其具有便利、经济、高可扩展性等优势，以及巨大的市场增长前景，成为互联网行业、学术界、政府等关注的焦点。谷歌在 2006 年首先提出了云计算的概念。对云计算的定义有多种说法，现阶段广为接受的是美国国家标准与技术研究院的定义，云计算是一种利用互联网实现随时随地、按需、便捷地访问共享资源池（如计算设备、存储设备、应用程序等）的计算模式[①]。云计算的特征主要有五点：第一，虚拟化，云计算为用户提供一条接入服务器的路径，用户可以通过网络获取服务。第二，规模化整合，云计算提供计算和网络存储服务。第三，动态伸缩，云计算服务器规模可以动态调整，对相关的物理和虚拟资源进行动态分配，因此能够为用户提供弹性资源服务。第四，按需服务，云计算利用虚拟机可以为多个用户提供服务，提供符合用户要求的服务和资源。第五，可计量性，云计算可以根据用户需求来计量云资源的使用情况，基于这一特性可以对云资源进行合理配置。

云计算的实现基于两种关键的基础技术，即虚拟化技术和分布式计算。虚拟化技术将物理资源虚拟化为逻辑对象，构建逻辑层，用户直接操作逻辑层对象。虚拟化对象有计算机、存储硬件、网络服务等硬件设备，以及操作系统和应用程序。这一技术屏蔽了底层软硬件操作的复杂性，让用户透明地使用 IT 资源。虚拟化技术是云计算的一大核心技术，它使用户专注于个人的应用，不必考虑底层硬件和软件，可以自由选择需要的资源，是云计算提供弹性资源的基础。

除了虚拟化技术，分布式计算也是云计算的核心技术，它能够有效平衡成本、效率以及扩展性。分布式计算能够有效地调度和利用地理上分布的计算资源，同时也为大数据应用提供解决方案。顾名思义，分布式计算就是把一个业务拆分成不同的子业务，调度不同的计算资源运行任务，然后通过合并各个子任务得到处理结果。Spark 平台、网格计算、微服务等都属于分布式计算，它们都是分布式计算思想衍生出来的应用。可以说，分布式计算是云计算的基础，而网格计算又曾是分布式计算的代表。网格计算是对基础 IT 资源联合共享模式的运

[①] 罗军舟，金嘉晖，宋爱波，等. 云计算：体系架构与关键技术[J]. 通信学报，2011，32(7)：3-21.

用,基本思想是通过资源调度将大规模的复杂计算和数据处理任务分解到互联网中闲置的、分散的资源上进行处理,这些资源逻辑上是一个整体。网格计算也是一种互联网级别的分布式计算方式,技术专注点在于整合利用互联网上分散的闲置资源进行任务处理。云计算借鉴了网格计算的思想,为资源调度提供了更强大的计算能力,但云计算是采用集群来存储和管理数据资源的,更多的是一种商业模式,运行任务以数据为中心,不同的节点运行相同的程序去处理分切的数据再进行整合,而网格计算更多地以计算为中心。

同时,分布式计算也重新塑造了云计算环境下的应用形态和服务形态①。当前云计算和 AI、大数据深度结合,在 5G、区块链等新兴技术下可以有更多的应用,云、边、端协同的技术是大势所趋。

(2)"时移"例外概述

"时移"(time-shifting),即"改变观看时间"的意思,是指消费者可以任意回放过去时间的直播内容。目前许多电视产品也自带时移功能,观众可以暂停、后退电视节目,并且能快进到电视正在播放的节点。

"时移"例外是法律上的一个概念。用户以个人欣赏为目的的复制作品进行"时移"的行为均逐步被认定为属于合理使用,即"时移"例外。"时移"例外规则可以追溯到 1984 年美国最高法院判决的 Sony 案。在该案中,在家中录制电视节目的行为被裁定为"合理使用",因为该行为未使原告作品的潜在价值遭到重大损害。

然而,技术的发展使得消费者可以越来越轻松地在家庭中复制作品,因此版权人与消费者之间的矛盾也越来越激烈,具有"时移"功能的科技产品再次引起争议。1990 年,作曲家 Sammy Cahn 代表音乐版权人起诉索尼公司,要求其为制造和销售的数字录音机承担"帮助侵权责任"。该数字录音机可使唱片在复制时保持原有音质,从而对词曲作者和唱片公司的利益构成了显而易见的威胁②。为了平衡各方利益,1992 年美国通过了《家庭录音法》,该法仍然承认家庭录制属于"合理使用",但限制了消费者的复制能力,并且要求复制设备的制造和销售商与版权人分享利润③。在此之后,"时移"例外规则被逐渐确立并不断完善起来。

---

① 杨青峰.云计算时代关键技术预测与战略选择[J].中国科学院院刊,2015,30(2):148-161,169.

② 王迁."索尼案"二十年祭——回顾、反思与启示[J].科技与法律,2004(4):59-68.

③ 徐彦冰.从 Optus 案看云计算环境下版权法"时移"规则的变迁[J].暨南学报(哲学社会科学版),2014,36(1):36-42,161.

2.2.2.2 云计算引发的"时移"例外争端

"云计算"这一技术自出现以来,一直都是讨论的焦点。现阶段,各行各业均在探索和挖掘云计算技术的利用价值。

尽管社会各界对云计算尚无统一定义,但达成共识的是,云计算是一种新型运算模式,它基于网络将硬件、平台、软件等各种运算资源提供给用户,用户通过按需付费从中获取所需的资源。其中,业界通常将为用户提供各种资源的网络称为"云端"或"云"。

云计算具有按需自助服务、广泛的网络访问、快速灵活、计量付费服务等典型特征,突破了互联网终端的相对隔离性,将大量的信息资源和创作活动集中于"云"这个更加集约的资源群当中,为信息生产和传播提供了新的手段,也给现有的版权制度带来了挑战,合理使用制度"时移"规则即是其中之一。

在 1984 年的 Sony 案中,美国最高法院认为,用户在没有时间收看电视直播的情形下,使用录像机对电视节目进行录制,以方便其在空闲时间进行观看,并在观看过一次之后就删除录制品的行为属于合理使用,这是最早的对"时移"规则的解释。美国最高法院认定"时移"属于合理使用的主要原因在于:这种使用并不会对作品的潜在市场或者价值造成显著的损害[①]。随后,用户只要出于个人欣赏,以"时移"为目的复制作品的行为均逐步被认定为合理使用,最典型的手段就是用户在家中通过 VCR(video cassette recorder,盒式磁带录像机)或者 DVR(digital vedio recorder,数字视频录像机)进行节目录制。尽管有些新技术的出现让这一规则的适用性产生了较大争议,但最后都在适当调整规则的基础上,保留了"时移"例外。

云计算的出现,使得用户可以在将电视节目或其他作品进行录制后存储在"云端",以随时随地观看节目和作品。这种行为看似与"时移"规则相似,却存在本质不同。前文的"时移"规则强调的是将录制品存储在家庭本地的终端设备,而云计算环境下的"时移"则是将录制品转移到"云端",并非用户的家中。尤其是 Sony 案的裁决结果指出,家庭中的"时移"是合理使用[②]。云计算环境下的这种"时移"显然与传统"时移"存在差异,是否仍然可以被认定为合理使用还有待商榷。实际上,近年来,国外已有相关争议案件发生,以 2008 年美国法院作出裁决的 Cartoon Network v. CSC Holdings 案(卡通电视网诉 CSC 集团案)[③]和 2012 年澳大利亚法院作出裁决的 Singtel Optus Pty Ltd v. National Rugby

---

① Sony Corp. of Am. v. Universal City Studios,Inc. ,464 U. S. 417 (1984).

② 同上。

③ Cartoon Network LP v. CSC Holdings,Inc. (Cablevision II),536 F. 3d 121. (2d Cir. 2008).

League Investments Pty Ltd 案(澳大利亚电信公司 Optus 诉国家橄榄球联盟投资公司案)①为典型。

2.2.3 大数据与文本挖掘例外问题

在大数据时代,能够及时、高效、全面且有序地为用户提供定制信息的网络信息聚合服务日益受到用户青睐,成为现阶段网络信息资源组织和传播的主流模式之一。近年来,由于网络信息聚合服务利用数据挖掘技术对所定位的相关文本和数据进行复制甚至传播,在英国、美国、澳大利亚以及欧盟等国家和地区,已出现了不少追究网络信息聚合服务提供者版权侵权责任的司法判决。许多国家也已经完成或者正在进行相关版权法修订,以有效应对这一新问题。

2.2.3.1 大数据与文本挖掘概述

(1)大数据

尽管目前对"大数据"尚无统一定义,但已达成的共识是,大数据时代已经来临。大数据时代,数据量规模庞大,超出了常用硬件环境和软件工具在可接受的时间内为其用户收集、管理和处理数据的能力②。从狭义方面来说,大数据是指计量起始单位至少是 PB,EB 或 ZB 的数据规模,它不但包含结构化数据和半结构化数据,还包含非结构化数据。从广义方面来说,大数据既包括数据的结构形式和规模,也包括处理数据的技术,易言之,大数据既指数据本身,也指处理数据的能力③。在大数据时代,人们可以获得海量、多样的数据,而且基于计算机数据处理技术,人们可以利用大数据创造巨大的价值④。

大数据早期被应用于商业、金融领域,后来被用于交通、医疗和能源领域。在现代信息社会,每个人的活动都会留下一串数据,对这些数据的处理是万物互联互通的基础。数据时代不仅改变了我们对传统数据的认知,同时也催生出了一些新兴技术,如大型非关系型数据库等新型数据库的开发,应对互联网每天 EB 级数据的大规模存储设备的研制,云计算下的云存储服务方案的提出等。可以想象,人类社会的生活和生产方式将会在很大程度上被以大数据为代表的信息技术改变。

---

① Singtel Optus Pty Ltd v National Rugby League Investments Pty Ltd (No 2)[2012]FCA 34.
② FRANKS B. 驾驭大数据[M]. 黄海,车皓阳,王悦,等译. 北京:人民邮电出版社,2013.
③ 朱建平,章贵军,刘晓葳. 大数据时代下数据分析理念的辨析[J]. 统计研究,2014,31(2):10-19.
④ 维克托·迈尔-舍恩伯格,肯尼思·库克耶. 大数据时代——生活、工作与思维的大变革[M]. 盛杨燕,周涛,译. 杭州:浙江人民出版社,2013.

与传统数据相比,大数据的特征表现为 4 个 V:volume,velocity,variety,value。其中,volume 即体积,意指数据体量庞大,现在每年产生 ZB 级的数据,且每年高速增长;velocity 即速度,指信息处理速度快,这一点与传统数据挖掘有显著区别;variety 即种类,指数据格式多,包含行为数据、地理位置、音频等;value 即价值,主要指信息有高商业价值,少量数据或者单一数据本身并无太多的价值,但庞大的数据量累积就会产生很高的商业价值①。以上特征是对大数据的一些通用性描述,在具体的领域中对数据规模、用户量和计算准度要求有所不同。例如,在电商领域,个性化推荐需要实时分析和处理用户的浏览记录及购买行为,因此对大数据的实时性有一定的要求;而在医疗领域,由于关系人们的生命安全,对病人病情的诊断不容出现差池,大数据的精确度以及可信性就显得尤为重要②。

(2)文本挖掘

现如今,基于大数据技术的知识发现成为信息和知识传播的重要环节。所谓知识发现,是指从海量数据中提取有用的信息,并以人们可以理解的方式进行呈现。一般情形下,知识发现的过程包括数据准备、数据挖掘、结果解释与评价等,其中,关键环节是数据挖掘③。狭义范围的数据挖掘仅仅包括结构化数据处理,而广义范围的数据挖掘还包括无结构和半结构化的文本处理。因此,为了区别对结构化数据的处理,通常将对无结构和半结构化文本的处理称为文本挖掘。

文本挖掘技术以自然语言为分析对象,通过区分文本中包括事实、术语等语言形式的语法结构和可识别性要素,建立起包含文本中的能够由计算机处理的概念与关系类型。与狭义范围的数据挖掘不同,文本挖掘有一个文本的预处理过程,即需要将自然语言文本转化为结构性数据,使其能够由计算机处理。这一过程的主要目的在于抽取代表文本特征的元数据④;文本挖掘中的原始数据是自然语言文本,自然语言文本不能被计算机识别,因此需要先将其转化为可以被计算机识别的结构性数据,再由计算机进行处理,实现进一步的挖掘分析。⑤ 由此可见,文本挖掘是对经过预处理的元数据的挖掘,而非直接针对原始数据的挖掘。相较于传统数据挖掘技术,文本挖掘技术出现得更晚,也更为复杂,对其利

① 秦荣生.大数据、云计算技术对审计的影响研究[J].审计研究,2014(6):23-28.

② 彭宇,庞景月,刘大同,等.大数据:内涵、技术体系与展望[J].电子测量与仪器学报,2015,29(4):469-482.

③ 李钢.大数据时代文本挖掘的版权例外[J].图书馆工作与研究,2016,1(3):28-31.

④ 宋海艳,邵承瑾,顾立平,等.我国科研人员对机构知识库认知与使用的现状调查与分析[J].现代图书情报技术,2014(2):8-16.

⑤ 李大玲.学术机构知识库构建模式研究[M].上海:上海交通大学出版社,2009.

用也更有挑战性。也正因其挖掘的数据不仅仅局限于结构性数据,还包括自然语言文本,所以基于文本挖掘技术,可以将日常生活中的网页资源、书报刊文献、新闻报道等纳入可供挖掘的数据源范畴,为知识发现提供新的条件。

目前,文本挖掘技术已经广泛应用于科研、医疗、商业等众多领域,呈现出极大的应用价值和商业价值,多种多样的基于文本挖掘技术的服务纷纷出现。

2.2.3.2 大数据引发的文本挖掘例外争端

大数据时代,基于文本挖掘技术的知识发现呈现出如火如荼的景象,文本挖掘技术的应用价值和商业价值颇高。然而,其发展和应用也存在版权问题。

究其原因,主要与文本挖掘技术自身的特征有关。一方面,"文本"乃文本挖掘的对象,没有范围的限定,易言之,任何基于自然语言表达的文档都是文本挖掘的数据源,受版权保护的作品无疑也是其中一员;另一方面,文本挖掘技术源起于大数据理念深入发展之后,自带大数据分析的基本特征,更加关注数据集的规模,表明文本挖掘要求尽可能全面地选取文本。然而,这种尽可能全面挖掘文本的属性,导致文本挖掘的文本可能是受版权保护的作品,这无疑存在侵犯版权的风险。事实上,国内外已有大量争议案件发生,以 Paperboy 案、"谷歌新闻"案、Meltwater 案、Svensson 案和"今日头条"案为典型。

在此类案件中,网络信息聚合者往往以"合理使用"作为免除责任的抗辩理由之一。"合理使用"的例外是出于平衡版权人与社会公共利益的目的,在特定的条件下,法律允许他人自由使用版权作品而不必征得版权人的同意,也不必向版权人支付报酬。[①]"合理使用"作为一种能对版权进行限制的法律制度,得到了现代各国版权法的普遍认可。从各国版权法的规定看,对作品的使用如果具有批评、评论、新闻报道、教学、学术和研究等性质,则有被划定为"合理使用"的可能。[②] 易言之,版权法列举了一些特定的使用类型,网络信息聚合者的挖掘行为是否被涵盖在内并无依据。版权法学界认为,"合理使用"制度由英国判例法创立,那么,在处理网络信息聚合者的侵权案件中,首先应看看英国法院对这一制度的适用。

基于《欧盟信息社会版权指令》第 5 条第 3(c)、(d)款的"合理使用"原则,英国《1988 年版权、设计和专利法》第 30 条规定了"合理使用"的情形,包括"出于批评或者评论目的"或者"报道时事新闻目的"对作品的使用,同时,在这两种情形下的使用行为都必须具有"充分的说明"(sufficient acknowledgement),即标明原作者、作品名称等(作品属于匿名出版的除外)。易言之,只有在满足此条规

---

① 郑成思.版权法(上)[M].北京:中国人民大学出版社,2009.
② 王清.著作权限制制度比较研究[M].北京:人民出版社,2007.

定的所有条件下,"合理使用"的抗辩才能成立。在 Meltwater 案中,英国高等法院不同意有关"合理使用"的抗辩,认为"无论是针对文章还是摘要,终端用户都没有发挥批评能力,'融文资讯'的目的仅仅是让终端用户决定是否想看见文章的内容。无论怎样宽泛地解释'批评和评论',我都不认为终端用户的行为属于此类"①。英国上诉法院支持高等法院的观点,并对有关"融文资讯"为其客户提供的服务属于"报道时事新闻"的抗辩做出否定裁决。由此可见,英国高等法院和上诉法院均认为"融文资讯"使用出版商网站文章的行为不属于任何"合理"的情形。

此外,在 Copiepresse v. Google News 案(Copiepresse 诉谷歌新闻案,以下简称 Copiepresse 案)中,谷歌也试图将自己的行为归入比利时版权保护的例外情形。但是,布鲁塞尔上诉法院认为,引用他人受保护的作品必须是出于批评或者评论的目的,"谷歌新闻"服务仅仅是对原作品的片段加以汇集,并没有批评或者评论的成分,故不属于"合理使用"。同时,布鲁塞尔上诉法院根据版权的限制与例外必须满足"三步检验法"的规定,认为"谷歌新闻"服务影响了作品的正常使用,否决了其例外情形的抗辩。

世界各国现有的版权法并没有专门将网络信息聚合中涉及的挖掘行为纳入版权例外,只是借用出于"研究"和"私人目的"的非商业性使用的条款来考察其是否属于"合理使用"。然而,由于这类版权限制的使用范围特别狭窄,往往无法将挖掘行为纳入其中。从 Meltwater 案和 Copiepresse 案中,我们就能看出欧盟国家普遍认为网络信息聚合者的挖掘行为并不属于"合理使用"的范围,当这一行为直接或者间接具有商业属性时更是如此。

2.2.4　数字传播技术与视障者例外问题

2.2.4.1　视障者例外概述

鉴于先天、后天或事故等多种原因,有一部分人存在阅读障碍。其中,既包括盲人、视力低下者,又包括因身体残疾而无法正常阅读书籍者,本书将前一种群体统称为"视力障碍者",简称"视障者",后一种群体统称为其他阅读障碍者②。为了方便论述,本书遵循世界知识产权组织在讨论该问题时对这两种群体的简称,将他们统称为"视障者"。

---

① High Court of Justice. Newspaper Licensing Agency Limited v. Meltwater News UK Limited [OL]. [2020-08-16]. http://rpc. oxfordjournals. org/content/128/4/209. full. pdf.

② 王迁. 论《马拉喀什条约》及对我国著作权立法的影响[J]. 法学,2013(10):51-63.

出于方便视障者阅读,为其创造受教育和参与文化生活的机会的目的,有必要向他们提供"无障碍格式版"作品,包括大字号版、盲文版或有声读物等各种类型的作品。然而,这些不同类型的作品的制作,涉及受作品版权人专有权控制的行为,比如,将作品转换成任何形式的无障碍格式版作品均涉及复制行为,以出售或者赠与方式向视障者提供无障碍格式版作品的原件或者复制件是发行行为,通过信息网络向视障者交互式传播无障碍格式版作品则是信息网络传播行为。这些行为分别涉及版权人的复制权、发行权和信息网络传播权。

从保护版权人权利的角度来看,无障碍格式版作品的制作与提供,无疑需要获得权利人的授权和许可,并向权利人支付相应的授权和许可费用。然而,一般情形下,制作这类作品的成本通常很高,视障者无力购买无障碍格式版作品。正因如此,世界各国为视障者提供的无障碍格式版作品非常少。

鉴于此,联合国于 2006 年通过了《残疾人权利公约》(*Convention on the Rights of Persons with Disabilities*,CRPD)①,分别在该条约第三十条第一款、第二款和第三款做出了有关规定,为保障视障者与视力正常者享有同样使用作品的机会提供了可能,这是保障视障者人权的重要举措。第一款规定:"缔约方确认残疾人有权在与其他人平等的基础上参与文化生活,并应当采取一切适当措施,确保残疾人:(一)获得以无障碍模式提供的文化材料;(二)获得以无障碍模式提供的电视节目、电影、戏剧和其他文化活动……";第二款规定:"缔约方应当采取适当措施,使残疾人能够有机会为自身利益并为充实社会,发展和利用自己的创造、艺术和智力潜力。"第三款规定:"缔约方应当采取一切适当步骤,依照国际法的规定,确保保护知识产权的法律不构成不合理或歧视性障碍,阻碍残疾人获得文化材料。"目前,一些国家和地区已经在版权法中规定了适用于视障者的限制与例外。

2.2.4.2 数字传播技术引发的视障者例外争议

数字传播技术为视障者使用版权作品提供了前所未有的机遇。然而,受限于目前的版权法,世界各国还未能充分开发数字传播技术的这些潜能。国际社会、世界各国和各地区的版权法,普遍为帮助视障者的机构提供了使用版权作品的法定许可制度,允许这些机构为视障者提供版权作品的易读版本。但是,目前的法定许可和合理使用的范围有限,行政要求烦琐,而且许多国家都没有建立在线储存库以方便视障者获取版权作品。从版权法规定的针对个人的格式转换例

---

① United Nations. Convention on the rights of persons with disabilities (CRPD)[EB/OL]. [2021-07-25]. https://www. un. org/development/desa/disabilities/convention-on-the-rights-of-persons-with-disabilities. html.

外等合理使用情况来看,适用于视障者的范围也很有限。与此同时,数字传播技术保护措施方面的规范甚至还阻碍了视障者对版权作品的使用。

现如今,视障者获取文本的主要方式是盲文和录音。然而,世界各国出版的版权作品中可供视障者获取的文本仍然少之又少。比如,在澳大利亚,出版的图书中只有5%是以大型印刷、音频或盲文的格式存在的。① 在数字传播时代,视障者获取版权作品的机会增多,他们可以通过图书数字版本在线数据库获取版权作品;通过便携式 MP3 播放器听电影的音频描述;借助可携式扫描仪对已购买的版权作品进行格式化转换;通过数字盲文显示器读取电子文本,复制到便携式盲文笔记记录设备上或发送到凸纹机上制作印刷版盲文。此外,目前的屏幕访问技术还可以为视障者提供目录并允许其调整字体大小或颜色,或者借助电脑或智能手机内置的阅读软件阅读版权作品。虽然盲文和录音等较老的一些阅读手段依赖机构来创建可访问的格式,但是一些较新的技术手段使得视障者个人能够将版权材料转换为适合他们自己使用的格式。

然而,视障者并没有充分享受到数字化带来的好处,部分原因是目前的立法安排,另一部分原因是数字传播技术保护措施在数字材料特别是电子书上的广泛使用。制定数字传播技术保护措施的目的是阻止侵权复制品的生产,但它们也抑制了作品在屏幕阅读器上的使用和盲文版本的创造。

鉴于此,2013 年 6 月 27 日世界知识产权组织通过了旨在为盲人、视障者或其他印刷品阅读障碍者提供获取已出版作品的便利的《关于为盲人、视力障碍者或其他印刷品阅读障碍者获得已出版作品提供便利的马拉喀什条约》(*Marrakesh Treaty to Facilitate Access to Published Works for Persons Who Are Blind*,*Visually Impaired or Otherwise Print Disabled*,以下简称《马拉喀什条约》)②。该条约为方便视障者获取作品提供了一些版权例外。该条约要求缔约方提供版权例外情况,以促进用可访问格式提供版权作品。这些例外情况应允许机构(授权实体)和个人使用受版权保护的材料。

---

① Australian Law Reform Commission. Copyright and the digital economy:final report[EB/OL]. [2021-07-25]. https://www.alrc.gov.au/wp-content/uploads/2019/08/final_report_alrc_122_2nd_december_2013_.pdf.

② World Intellectual Property Organization. Marrakesh treaty to facilitate access to published works for persons who are blind,visually impaired,or otherwise print disabled[EB/OL].[2021-07-23]. http://www.wipo.int/meetings/en/doc_details.jsp? doc_id=245323.

2.2.5 图书馆等文化机构例外问题

2.2.5.1 图书馆等文化机构例外概述

众所周知,图书馆、档案馆、美术馆、博物馆、纪念馆以及文化馆等文化机构承担着维护公共利益的职责。为了促进公益事业的发展,版权法通常会赋予此类机构合理使用版权作品的权利,即规定图书馆、档案馆、美术馆、博物馆、纪念馆以及文化馆等文化机构的版权例外条款。基于这些条款,图书馆、档案馆、美术馆、博物馆、纪念馆以及文化馆等文化机构可以在法律允许的范围内复制和传播版权作品,无须获得版权人许可。

图书馆、档案馆、美术馆、博物馆、纪念馆以及文化馆等文化机构使用作品的形式多种多样,但并非都属于版权法规定的例外情形。考察现有法律制度,虽然不同国家对这些例外的具体规定或条款存在不同,但是大多数国家规定的属于版权例外的特殊情形基本类似,都是为了积极发挥图书馆、档案馆、美术馆、博物馆、纪念馆以及文化馆等文化机构的社会作用。图书馆、档案馆、美术馆、博物馆、纪念馆以及文化馆等文化机构只有在为保存孤本而复制、复制绝版资料、使用馆藏书制作和提供复制品、特殊情况下作为替代资料复制等特定情形下使用版权作品才属于版权例外。

例如,澳大利亚《1968 年版权法》第 3 编第 5 章"图书馆和档案馆作品的复制"[①],英国《1988 年版权、设计和专利法》第 3 章"作品相关许可行为"中第 37 条至第 44 条规定,设在"图书馆和档案馆"条目下[②]。美国版权法第 1 章"版权的保护对象和范围"中第 108 条"专有权的限制:图书馆和档案馆的复制"[③],日本《著作权法》第 2 章"作者的权利"第三部分第 5 节"版权的限制"第 31 条"从图书馆等机构复制"中均规定了相关版权例外[④]。我国现行《著作权法》第二十四条第一款第八项规定了"图书馆、档案馆、纪念馆、博物馆、美术馆、文化馆等为陈列

[①] WIPO Lex. Copyright act 1968 (consolidated as of January 1, 2019)[EB/OL]. [2021-07-23]. https://wipolex. wipo. int/en/text/501165.

[②] WIPO Lex. The copyright, designs and patents act 1988 (chapter 48, updated up to November 26, 2020)[EB/OL]. [2021-07-23]. https://wipolex. wipo. int/en/text/580475.

[③] U. S. Copyright Office. Chapter 1: subject matter and scope of copyright. [EB/OL]. [2021-07-23]. https://www. copyright. gov/title17/92chap1. html.

[④] WIPO Lex. Copyright act (act No. 48 of May 6, 1970, as amended 2020)[EB/OL]. [2021-07-10]. https://wipolex. wipo. int/en/text/578251.

或者保存版本的需要,复制本馆收藏的作品"①属于版权例外。

2.2.5.2　数字传播技术引发的图书馆等文化机构例外争议

随着大数据、云计算、人工智能等新技术的出现,图书馆、档案馆、美术馆、博物馆、纪念馆以及文化馆等文化机构在新技术环境下也需要借助各种新方式来复制和传播作品,保存作品并提供给社会公众,以实现其文化保护和传承的公益价值②。图书馆、档案馆、美术馆、博物馆、纪念馆以及文化馆等文化机构的版权例外也受到了严重挑战。传统版权法对图书馆、档案馆、美术馆、博物馆、纪念馆以及文化馆版权例外的规定过于简单,难以满足图书馆等文化机构公益事业发展的需求,也没能很好地适应数字技术的挑战③。比如,澳大利亚法律改革委员会进行版权法改革讨论时,就考虑了修订图书馆和档案馆使用的现有版权例外规定,认为需要引入一个新的合理使用版权例外,并将图书馆和档案馆的使用作为规定的目的。此外,基于公众利益和减少不必要的交易成本的目的,澳大利亚法律改革委员会还建议保留现有的存档复制和出于研究目的提供文件等相关版权例外情况,并做一些修正,主要考虑到这些版权例外不应限制合理使用的行为,或新的合理使用例外④。在我国,相较于 2010 年版《著作权法》规定的"图书馆、档案馆、纪念馆、博物馆、美术馆"的版权例外,2020 年通过的新《著作权法》将版权例外的适用范围扩大到"文化馆"遵循相关原则使用作品的行为。

(1)数字传播环境下的图书馆等文化机构

一直以来,图书馆、档案馆、美术馆、博物馆、纪念馆以及文化馆等文化机构在维护馆藏和向公众提供获取文化历史知识的途径方面发挥着重要的公益作用。数字环境改变了文化机构创作、存储、保护和出版版权材料的方式,世界各国政府都很重视藏品的数字化,比如澳大利亚政府的报告《创意澳大利亚:国家文化政策》(*Creative Australia：National Cultural Policy*)就强调了这一点,该报告指出,其与国家馆藏机构的馆藏打交道的方式将发生重大变化,这些机构馆藏的数字化和在线参与的增加,将成倍地增加澳大利亚藏品在讲述国家故事方面的价值和作用。⑤

---

① 中国人大网. 中华人民共和国著作权法[EB/OL]. [2021-05-10]. http://www.npc.gov.cn/npc/c30834/202011/848e73f58d4e4c5b82f69d25d46048c6.shtml.

② 万勇.《著作权法》图书馆例外条款修改建议[J]. 中国图书馆学报,2014,40(2):13-18.

③ 陈杰. 美国版权法图书馆例外条款的借鉴[J]. 图书馆,2017(9):55-60.

④ Australian Law Reform Commission. Copyright and the digital economy:final report[EB/OL]. [2021-07-25]. https://www.alrc.gov.au/wp-content/uploads/2019/08/final_report_alrc_122_2nd_december_2013_.pdf.

⑤ 同上。

目前,许多文化机构都在寻求版权法改革,希望获得更多的自由和灵活性来使用版权作品。具体体现在以下使用作品的行为中:①常规的馆藏资料数字化;②未出版资料的数字化及提供查阅途径(例如,在博物馆网站上);③构成政府记录的一部分版权材料的数字化和传播;④捕获和存档网站内容;⑤大规模数字化内容;⑥孤儿作品的使用。事实上,许多国家的版权法改革也都在考虑这一问题,包括讨论现有的合理使用制度是否完善,以及是否要修改现有的合理使用制度的形式。

(2)现有图书馆等文化机构例外条款的争议

考察世界各国有关图书馆、档案馆、美术馆、博物馆、纪念馆以及文化馆等文化机构的版权例外条款,普遍认可的观点是,文化机构使用受版权保护的材料,如果属于以下情形,则不构成侵权:①由图书馆或档案管理机构或其代表做出的;②为维持或运营图书馆或档案馆而制作的;③不是为组织获得商业利益或利润而制作的。只有在文化机构的使用行为不属于其他例外或法定许可的情况下,这些版权例外才可适用。此外,需要强调的是,这些例外的适用,一般情况下都需要遵守《与贸易有关的知识产权协定》中的三步检验法,即使用受版权保护的材料必须属于特殊情况;与作品或主题的正常使用不冲突;不得不合理地损害版权所有人的合法利益。

然而,现有的版权制度相关规定并没有为文化机构提供预期的使用受版权保护材料的自由和权益。许多文化机构视这些版权例外为无效之举,而且许多机构从未依赖过这些版权例外。主要原因在于:三步检验法固有的不确定语言。特别是,利益相关者认为,围绕"特殊情况""与正常使用的冲突"以及"不合理地损害版权所有人的合法利益"等含义的不确定性并没有使人们对使用该条款产生信心。有些人认为语言的不确定性把三步检验变成了六步或八步检验。学者们甚至指出,不清楚世界贸易组织专家小组对该条款的狭隘和限制性解读如何适用于图书馆、档案馆或教育机构。鉴于此,许多文化机构认为现有的版权例外需要向开放式合理使用例外或新的合理使用例外迈进,从而在尊重作者版权和创造性的同时,能够进一步实现公共利益。

(3)合理使用适用于图书馆等文化机构的范围

近年来,新型数字传播技术为图书馆、档案馆、美术馆、博物馆、纪念馆以及文化馆等文化机构使用版权作品创造了前所未有的机会。一些新型使用作品的行为是否构成版权例外也引起了一系列讨论。

①大规模数字化(mass digitisation)。

在某些情况下,合理使用制度有助于图书馆、档案馆、美术馆、博物馆、纪念馆以及文化馆等文化机构开展大规模的数字化项目。例如,在 Authors Guild

v. HathiTrust 案(美国作家协会诉 HathiTrust 案)中,美国纽约南区地方法院认为,被告大规模数字化作品,并允许其成员在所有数字化集合作品中进行全文搜索,从而允许视障者访问这些集合作品,属于合理使用。从这一案件中人们发现,大规模数字化这一使用版权材料的行为具有变革性,因为它为无法使用印刷材料的人提供了途径,而原始作品无法达到这一目的。这种为视障者提供接触版权作品机会的行为并没有对版权作品市场产生重大影响。然而,并非所有类型的大规模数字化项目都属于合理使用,只有在促进研究和学习、具有变革性、使用公共领域的材料或出于非商业目的的情况下开展的大规模数字化项目,才更有可能属于合理使用。

②延伸性集体许可(extended collective licensing)。

为了帮助图书馆、档案馆、美术馆、博物馆、纪念馆以及文化馆等文化机构参与大规模数字化项目,许多人建议采用自愿延长集体许可制度,即采用延伸性集体许可制度,来推进大规模数字化项目。然而,许多文化机构却对该制度表示反对,主要原因在于:一些文化机构认为,他们寻求的数字化材料(如战争日记、政府记录、个人与政府的通信)可能几乎没有经济价值,但是基于延伸性集体许可制度,使用这些材料仍然需要授权是不合理的;另有一些文化机构还担心延伸性集体许可制度会削弱版权人直接授权许可的能力。此外,一些版权许可机构也指出,延伸性集体许可制度不一定是解决大规模数字化问题的灵丹妙药,主要原因在于:在确定数字馆藏的用途、使用费用以及为防止对创意产业造成损害而施加的限制时,都需要更充分地讨论和更深入地了解使用者的需要和意图。另外,也有些人认为,如果引入延伸性集体许可制度,就需要考虑对版权所有者的适当保护,包括版权所有者选择退出的能力。

③未发表作品的数字化及传播。

一些利益相关者呼吁缩短版权期限,以便允许未发表作品的数字化和传播。许多国家的图书馆都收藏有大量未发表的作品,使用这些作品将有助于社会公众获得、使用促进教育、研究和文化的内容并与之互动。也有许多人在考虑对未发表作品的合理使用问题,主要原因在于作品未发表的事实并不排除合理使用的可能,使用是否合理将由合理因素决定,包括使用的性质、复制的数量,以及对版权材料潜在市场的影响。

④捕获网络内容。

关于图书馆、档案馆、美术馆、博物馆、纪念馆以及文化馆等文化机构收集和保存网络内容是否构成特殊例外的问题,世界各国也引起了一些争议。比如,澳大利亚法律改革委员会在全面改革版权法时,于 2013 年 11 月 29 日公布的名为

《版权与数字经济》(*Copyright and the Digital Economy*)①的最终报告显示,在澳大利亚,尽管没有相关例外可以依赖,但其国家图书馆自 2005 年以来,每年都会收集澳大利亚网络上的材料,截至报告公布时间已经收集了 50 亿份文件和 200 万亿字节的数据②。在捕获网络材料时,国家图书馆在潘多拉网站上为网站所有者发布补充信息,并根据目标服务器的请求在网络捕获机器人中放置捕获通知的链接。易言之,在捕获网络材料之前,图书馆不会与版权人联系。只有在完成网站材料捕获时,才会向版权人发送通知。澳大利亚国家图书馆发现,来自网站所有者的回应非常少。尽管如此,澳大利亚国家图书馆指出,因为其在没有获得版权人许可的情况下有效地复制了网络材料的内容,所以其不允许公众访问这些数据。根据澳大利亚国家图书馆的说法,国家图书馆很少收到删除请求,这可能表明版权人认为这样的捕获是合理使用。结合合理因素,允许出于非商业目的的访问,或允许对网页进行数据挖掘,也可能是合理使用。许多国家在进行版权法修订时,也在讨论为了促进此种活动是否可以适用合理使用的问题。

2.3　网络服务提供者侵权责任争端

2.3.1　网络服务提供者侵权问题概述

截至 2021 年 12 月,我国网民规模达 10.32 亿,较 2020 年 12 月增长 4296 万,互联网普及率达 73.0%。③ 网民数量不断激增的同时,网络服务提供者也大量涌现,它的出现为作品提供了一种全新的传播方式,使作品的传播速度和广度达到了空前的高度。在网络空间中,网络服务提供者被称为网络信息传播的中枢,扮演着重要的信息传播媒介的角色。其从一开始的工具性、中立性的位置逐渐成为网络信息传播的掌控者以及网络社会重要的主体类型之一。随着网络犯

---

① Australian Law Reform Commission. Copyright and the dgital economy:final report[EB/OL]. [2021-07-25]. https://www.alrc.gov.au/wp-content/uploads/2019/08/final_report_alrc_122_2nd_december_2013_.pdf.

② 同①。

③ 中国互联网络信息中心. 第 49 次《中国互联网络发展状况统计报告》[EB/OL]. [2022-02-25]. https://www.cnnic.net.cn/hlwfzyj/hlwxzbg/hlwtjbg/202202/t20220225_71727.htm.

罪愈演愈烈,网络服务提供者侵权问题引发了越来越多的关注,对此问题的研究也愈发重要。

2.3.1.1 网络服务提供者的界定

目前对"网络服务提供者"(Internet Service Provider,ISP)这一概念的定义尚不统一。在计算机领域,对网络服务提供者这一概念的界定十分宽泛,谢希仁在《计算机网络》一书中,将网络服务提供者分为主干、地区和本地三级,他认为某个用户一旦接入互联网,就可以被看作是一个网络服务提供者。在刑法学界,有学者提出了二分法,将网络服务提供者分为网络连线服务商和网络内容提供服务商,不论是在 IT 界还是在刑法学界,对这一概念的定义都极为宽泛[①]。

从国际惯例和立法实践的视角来看,不同的机构、国家和地区对网络服务提供者的称谓均有不同的表述。2005 年,世界知识产权组织在"版权与互联网媒介研讨会"上将网络服务提供商称作"互联网媒介"(Internet Intermediaries)。美国在《数字千年版权法》中将网络服务提供者定义为"为用户指定的终端提供数字在线通信连接、用户所选择材料的传输或传送,且对发送或接收的资料内容不做任何修改的法律主体"或"包括以上在内的,提供在线服务或网络访问或设施操作服务的法律主体"。欧盟在《欧盟电子商务指令》第 2 条中,将"网络服务提供者"定义为提供信息社会服务的任何自然人或者法人。我国在《信息网络传播权保护条例》中对"网络服务提供者"这一概念的定义并不明确,但根据相关条款规定可以看出,该条例将网络服务提供者划分为四类:提供网络自动接入或自动传输服务的网络服务提供者、提供自动存储服务的网络服务提供者、提供信息存储空间服务的网络服务提供者、提供搜索或者链接服务的网络服务提供者。

不论是在学术界还是在实务界,对网络服务提供者的内涵和分类,意见都不统一。学者郑成思认为对网络服务提供者进行分类通常应当考虑以下四点:①网络服务提供者是公开传播内容还是仅提供内容的服务接口;②网络服务提供者提供的内容是主动提供还是源自第三方;③网络服务提供者是否知道或应当知道侵权内容的存在;④网络服务提供者在技术上是否可以合理阻断对内容的访问[②]。中国人民大学张新宝教授认为网络服务提供者是提供多种服务类型的中间商,包括提供传输主机、信息主机、交流服务和交易便利服务等服务[③]。中国人民大学杨立新教授所持观点为:网络服务提供者包含三类,即网络联机信

---

① 王华伟.网络服务提供者的刑法责任比较研究[J].环球法律评论,2016,38(4):41-56.

② 郑成思.知识产权文丛(第 11 卷)[M].北京:中国方正出版社,2004.

③ 张新宝."普遍免费＋个别付费":个人信息保护的一个新思维[J].比较法研究,2018(5):1-15.

息服务供应者、网络接入服务提供者和网络平台供应者①。由此可见,每一位学者都有自己的见解和看法,判断依据不同,各有道理,尚无统一界定。

综上所述,可以看出目前对网络服务提供者的界定并不明确。本书将对这一概念持开放性的态度,着重分析和探讨其提供的服务类型和服务的行为特点,从而针对不同情况提出相应的建议和规定,以丰富其实践意义。

2.3.1.2 网络服务提供者的侵权行为判定

在数字传播环境下,对网络服务提供者的侵权行为进行正确判定,有利于保障被侵权人的正当、合法权益,更好地发挥数字传播的作用。但从世界范围来看,不论是在行为事实层面还是在法律层面,都存在操作和判定上的困难②。不同的网络服务提供者,提供的服务,所处的领域,拥有的资金、技术和实际控制能力各有不同。对于不同的网络服务提供者,如果一刀切地要求其承担相同程度的刑事责任,会导致对刑事责任的判断不精确。因此,如何判定网络服务提供者的侵权行为及其边界,仍然是个值得讨论的问题。

"侵权行为"对应英语中的"tort"一词,原本是"扭曲"和"弯曲"之意,后来在使用中逐渐衍生为"过错"(wrong)的意思。在欧洲大陆国家的语言中,"过错"也含有侵权行为之意。在我国,该词最早出现在清末编定的《大清民律》草案中,此后开始被应用于我国法学领域③。

英美法系和大陆法系国家的立法对侵权行为均有规定,然而对侵权行为概念的界定仍然不明确,由此也产生了较多的争议。有学者对侵权行为的概念进行了总结,得出"过错行为说""违反法定义务说""过错责任说"以及"不法侵害他人权益说"是关于侵权行为争论的主要内容的结论,显然世界各国对侵权行为的立法规定也各有不同。2020年5月28日,十三届全国人大三次会议表决通过了《中华人民共和国民法典》(以下简称《民法典》),对《中华人民共和国民法总则》《中华人民共和国物权法》《中华人民共和国合同法》《中华人民共和国婚姻法》《中华人民共和国继承法》《中华人民共和国侵权责任法》等民事单行法律予以法典化整合。其中,第七编侵权责任第一千一百六十五条规定:"行为人因过错侵害他人民事权益造成损害的,应当承担侵权责任。""依照法律规定推定行为人有过错,其不能证明自己没有过错的,应当承担侵权责任。"第一千一百六十六条规定:"行为人造成他人民事权益损害,不论行为人有无过错,法律规定应当承

---

① 杨立新.网络服务提供者在网络侵权避风港规则中的地位和义务[J].福建师范大学学报(哲学社会科学版),2020(5):139-147,172.

② 魏求月.网络服务提供者侵权责任的障碍与解构[J].中国高校社会科学,2020(2):125-134,160.

③ 张玲玲.网络服务提供者侵犯著作权责任问题研究[M].北京:中国人民大学出版社,2019.

担侵权责任的,依照其规定。"但是,《民法典》没有对侵权行为进行详细界定,先前的《中华人民共和国侵权责任法》将"侵权行为"定义为侵害他人合法权益的行为。英美法系国家用"infringement"取代"tort"一词,认为对知识产权侵权行为的判断是指判定涉案行为是否进入知识产权所控制的范围。"tort"相对于"infringement"而言,所涵盖的范围更加广泛。

由此可见,我们可以从以下三个方面来判断侵权行为。

第一,明确权利范围。据我国现行法律法规,如现行《著作权法》第十条第一款的规定,作品的版权人享有人身权和财产权等共 16 项具体权利和一项兜底性权利。这些权利在互联网环境下同样适用。无论是网络用户还是网络服务提供者,只要其行为侵犯了《著作权法》规定的作品版权人享有的上述权利,都应该承担侵犯版权的责任。

第二,明晰责任归属。网络服务提供者的侵权行为如果仅由个人实施,则构成"单独侵权行为";如果是与其他网络用户一起实施,则构成"共同侵权责任"。但是,"共同侵权"如何界定,要视情况而定。

第三,明了侵权形式。侵权行为有"直接侵权"和"间接侵权"之分。在未经版权人许可的情况下,网络服务提供者若将享有版权的作品上传、转载等,则构成直接侵犯版权的行为;但如果其网络技术服务本身并不涉及对享有版权的作品的上传、转载等行为,仅仅是提供信息搜索、交流和服务,一般不应当承担直接侵权责任。

此外,如若网络服务提供者已知侵权行为发生,却不立即采取相应措施保障"他人的合法权益",也算未尽到保护义务而理应被认定为侵权行为。

2.3.1.3 网络服务提供者侵权责任的归责原则

所谓归责,就是指依据某项标准来追究侵权人需要承担的法律责任。归责原则(也称为归责事由)作为侵权行为法的核心,是规定侵权人承担责任的依据。

在数字传播环境下,网络服务提供者侵权责任的归责原则主要有两种:过错责任原则和无过错责任原则。

过错责任原则,是指当事人的主观过错是构成侵权行为的必备要件的归责原则。我国《民法典》第一千一百六十五条规定:"行为人因过错侵害他人民事权益造成损害的,应当承担侵权责任。""依照法律规定推定行为人有过错,其不能证明自己没有过错的,应当承担侵权责任。"此条是适用于民事侵权行为的过错责任原则。

无过错责任原则,是指无论行为人有无过错,法律规定应当承担责任的,行为人应当对其行为所造成的损害承担民事责任。我国《民法典》第一千一百六十六条规定:"行为人造成他人民事权益损害,不论行为人有无过错,法律规定应当承担侵权责任的,依照其规定。"这一条款规定在某些法律规定的情形下,民事侵权行为适用于无过错责任原则。

此外,我国《民法典》第一千一百九十四条、第一千一百九十五条第二款、第一千一百九十七条对网络服务提供者的侵权责任的归责原则做了详细规定。第一千一百九十四条对网络用户、网络服务提供者利用网络侵害他人民事权益的侵权行为进行了笼统规定,认为此种行为应当承担侵权责任。同时,该条规定指出法律另有规定的依照相关规定来执行。第一千一百九十五条第二款、第一千一百九十七条对网络服务提供者因网络用户侵权行为需要承担的相关责任进行了规范,并指出在某些情形下,需要采用必要措施阻止侵权行为发生;如果不采取必要措施,就需要与该网络用户承担连带责任。

2.3.1.4 网络服务提供者侵权责任的限制与反限制

在数字传播环境下,网络侵权行为泛滥并呈现出多样化的态势,加之网络空间的虚拟特性及用户量庞大,若要追究侵权责任,可谓困难重重。因此,新时代背景下涌现的网络服务提供者就成为众矢之的,权利人纷纷要求网络服务提供者承担相应的侵权责任。然而,物极必反,如若将过重的法律责任施加于网络服务提供者,势必会影响网络产业的健康发展。只有协调好权利人、网络服务提供者和网络用户三者之间的权益,对网络服务提供者的侵权责任进行限制与反限制,才能实现权利人、网络服务提供者和网络用户的合作共赢,达到规范互联网秩序、促进文化繁荣、促进经济和社会和谐发展的目的。

(1)网络服务提供者侵权责任的限制

许多国家和地区都在网络立法中充分体现了对网络服务提供者的侵权责任进行限制的规定。美国于 1998 年在《数字千年版权法》中率先制定了"免责条款",指出在某些情况下网络服务提供者不必对侵犯版权的行为负责,如临时数字网络传输、系统自动存取、依用户指令在系统或网络中存储信息和提供信息搜索工具等。德国的《多媒体法》对网络服务提供者侵权责任从提供内容和提供技术两方面进行了规定,认为提供内容的网络服务提供者要对自己所提供的内容负责,而在只提供技术不提供内容的情况下,不用负责。欧盟在《欧盟电子商务指令》中较多地借鉴了《数字千年版权法》的规定,并在第 12 条至第 15 条规定了网络服务提供者的免责及义务承担责任。①

(2)网络服务提供者侵权责任的反限制

为了促进网络产业发展和信息产业变革,进入信息时代较早的美国提出了

---

① 刘庆辉.网络服务提供者间接侵害知识产权之责任制度研究[M].北京:知识产权出版社,2018.

著名的"避风港原则",其核心是"通知＋移除"。易言之,"避风港原则"是指网络服务提供者在接收到被侵权者的通知后,应及时采取必要措施防止继续侵权,这样就不必为侵权行为负责。否则,即被视为侵权并要承担相应的法律责任。避风港原则限制了网络服务提供者的侵权责任,但也在一定程度上损害了版权人的利益。为了寻求版权人和网络产业的平衡发展,仍需对网络服务提供者侵权责任的适用进行反限制,从而保障各方主体的共同利益,推进版权产业良性发展和循环。

为了避免避风港规则被滥用,《数字千年版权法》和《欧盟电子商务指令》都设计了"红旗标准"。"红旗标准"是指处于相同或者类似情况下的理性管理者已明显感知侵权行为时,应当遵循网络服务提供者"应当知晓"的原则。易言之,当侵权行为的事实已经像鲜红的旗帜一样在网络服务提供者面前显而易见时,作为理性管理者的网络服务提供者选择视而不见,不采取积极的行为制止侵权行为的持续发生,则属于主观上明知侵权行为的存在①。红旗标准意味着网络版权法政策性倾斜的结束以及政府对版权保护的决心。

另外一种反限制规则体现在允许标准技术措施的采用中,即允许任何人以合理的条件非歧视地将标准技术措施加入版权作品,通过积极的事先预防措施和及时的事后补救措施有效避免侵权行为的发生,以此维护版权人的利益、保护版权人的作品。

2.3.2 数字传播技术引发的网络服务提供者侵权责任争端

在网络平台上,作品的生产与传播离不开网络服务提供者的参与。正因为网络服务提供者的积极推动,才大大提升了作品传播的速度,让作品传播的方式呈现多样化的发展趋势。在作品从被提供到被接收的整个过程中,涉及多方利益主体,包括作品提供者、技术支持提供者、中介服务提供者、网络安全与秩序维护者、作品使用者等,传播渠道和传播过程中的任何一个中间环节出现问题,都会对作品的创作与传播产生影响。其中,网络服务提供者是作品的传输者,在作品的整个传播渠道和传播过程中起着至关重要的作用。

从 Napster 案开始,一些未授权的 P2P 文件共享服务均被发现实际上或潜在地对其用户的版权侵权行为负有法律责任,即它们鼓励其用户侵权或从其用户侵权中获利,却没有采取措施加以控制。在 Grokster 案中,美国最高法院在2005 年 6 月确认 Grokster 存在侵犯版权的诱因,认为 Grokster 应该因传播以

---

① 王晋.网络服务提供者著作权侵权责任研究[M].北京:知识产权出版社,2016.

促进其使用为目的的侵犯版权的设备而承担责任,正如其为促进侵权而采取的明确的表达或其他肯定的措施所显示的那样。

在美国,法院对其他类型的在线服务商也提出了间接侵权责任索赔,这些在线服务商包括视频托管网站、bt 网站、Usenet. com 等。在法院已就间接侵权责任问题作出裁决的案件中,根据对具体事实的调查,如有证据表明被告鼓励、促进用户的版权侵权行为或为其提供便利,并从中获利,则应负赔偿责任。

在其他司法管辖区,基于适用间接侵权责任理论,在类似的事实基础上也得到了类似的结果。比如,在澳大利亚 Sharman 案、日本 Heisei 案、韩国 Soribada 案、瑞典 Pirate Bay 案、芬兰 Finreactor 案、荷兰 XS Networks 案、英国 Newzbin 案、俄罗斯 VKontakte 案中,版权所有者在针对 P2P 文件共享服务的诉讼中均胜诉。

在我国,法院认定间接侵权的主要标准为平台对用户的侵权行为是否具有主观过错,此外,《信息网络传播权保护条例》第 22 条中的"避风港规则"也会被用来判断平台是否间接侵权。如在上海新梨视网络科技有限公司诉优酷信息技术有限公司(以下简称优酷公司)案中,由于优酷公司采取了预防侵权的合理措施且及时履行了"通知-删除"义务,法院判决优酷公司不具有主观过错,不构成间接侵权。而在爱奇艺诉今日头条案中,法院认为由于被告曾收到过国家版权局发布的预警通知而不作为,且未尽到对热播剧高度注意的义务,未及时采取预防侵权的合理措施,即使事后履行了"通知-删除"义务,依然具有主观过错,需要承担间接侵权的责任①。在新一轮技术变革浪潮下,网络平台的版权侵权行为频发,网络服务提供者作为重要参与者,不可避免地成为涉嫌侵权行为人。大多数情形下,网络服务的使用者和用户是直接侵权行为人,网络服务提供者因提供平台或者网络服务,成为间接侵权行为人,存在是否需要承担间接侵权责任的问题②。网络服务提供者的版权侵权责任是指网络服务提供者因违反了版权法相关规定,理应承担的民事责任。③ 易言之,网络服务提供者需要尽到合理的注意义务,维持作品网络传播的正常运作,否则,就要根据具体情况,承担相应的民事责任④。由此可见,厘清网络服务提供者的行为规则与特点,明确网络服务提供者的版权侵权责任,是作品网络传播的重要保障。

---

① 周书环.我国短视频著作权纠纷的现状、问题及其完善建议——兼评近两年的司法案例[J].大连理工大学学报(社会科学版),2021,42(4):77-83.

② 姜昕. 网络服务提供者间接侵权责任研究[D]. 长春:吉林大学,2016.

③ 丛立先.论网络服务提供者的版权侵权责任[J].时代法学,2008,6(1):61-70.

④ 徐伟.网络服务提供者侵权责任理论基础研究[D]. 长春:吉林大学,2013.

随着新型网络服务提供者的出现,传统版权法规范网络服务提供者行为的缺陷日益暴露,表现为施加在网络服务提供者身上的义务过于沉重,且无法有效应对新型版权侵权行为。鉴于此,许多国家都在积极讨论对此责任重新进行调整。

2.4 技术措施陷入困境

2.4.1 技术措施概述

在数字传播时代,披上技术外衣的各种侵权行为不断涌现。虽然在各种"技术措施"的庇护下,版权人的合法利益得到了一定保障,但"规避技术措施"的产生也让侵权变得更为复杂。在数字传播时代,为了对版权人利益进行有效保护,我们需要对技术措施这一概念有较为全面的了解。

2.4.1.1 技术措施的界定、分类及版权保护历史

"技术措施"一词源自英文"technological measure",也可称为"技术保护措施"(technological protection measure)。单纯从技术角度看,任何能够保护版权人权益的技术性手段和方法都可以被称为"技术措施";从版权法的角度看,它必须用于作品、表演和录音制品等版权法中的特定客体,并防止未经许可以复制、传播等方式对这些客体加以利用,或者防止未经许可以阅读、欣赏或运行等方式对这些客体进行"接触"①。

在应用上,技术措施有多种表现形式,既可以在版权作品中植入某个软件或程序,也可以通过口令、密码等技术手段设置对版权作品的访问权限。经常运用的技术措施主要包括加密技术、数字水印技术、数字签名技术、指纹技术等。技术措施根据其具体功能、作用方式及性质的不同有不同的划分。根据作用方式及性质,可以将技术措施分为防御性的技术措施和攻击性的技术措施。前者主要是通过控制对版权作品的访问、使用以及传播来进行被动防御;后者则是通过追踪、识别来主动保护版权作品。根据具体功能,可以将技术措施划分为控制访问的技术措施和控制使用的技术措施。纵览各国版权立法的相关规定,大多数

---

① 王迁.版权法对技术措施的保护与规制研究[M].北京:中国人民大学出版社,2018.

国家采用基于具体功能的划分原则。如美国的《数字千年版权法》提到"控制访问的技术措施"和"控制使用的技术措施"。我国学者王迁也将技术措施划分为"接触控制措施"和"版权保护措施"两大类,虽然说法不一,但本质上是一样的[1]。

随着技术的不断革新,版权法受到深刻影响,也直接导致在法律层面上技术措施被纳入版权法的保护范围,这一发展结果也是对版权人维护自身合法利益的有效回应。技术措施被纳入版权保护之前,一些发达国家如德国、澳大利亚、加拿大等已经率先为技术措施提供了一定程度的保护。1996年,《世界知识产权组织版权条约》和《世界知识产权组织表演及录音制品条约》两个条约缔结,"WIPO互联网条约"正式诞生,两个条约明确规定对技术措施要进行适当的法律保护和有效的法律补救。鉴于此,"WIPO互联网条约"的诞生表明了在国际版权法范围内,技术措施以国际条约的形式受到了保护。在此之后,美国、欧盟、澳大利亚、中国等国家和地区也开始在自己的版权法中增加技术措施保护的相关内容。至此,在各国主要的版权法中,技术措施的版权法保护占有了一席之地。

2.4.1.2 技术措施受版权法保护的条件

前文已经谈到,技术措施已经被纳入版权法保护范围,但是在这个快节奏的数字传播时代中,技术措施不受版权法保护的情况仍然有可能出现。鉴于此,国际条约和各国版权立法纷纷直接或者间接规定了技术措施受版权法保护的条件,这些条件可归纳为以下三点。

第一,技术措施用于受版权法保护的作品或相关客体。易言之,超过版权法保护期限的作品或相关客体不受版权法保护,任何人对该客体不再享有"版权法上的正当利益",该客体应为社会公众所共享。此时使用技术性手段阻止人们对超出保护期的作品进行使用,则不具有版权法所规定的正当性。此外,技术措施保护的作品不在版权法保护范围内,该技术措施也不具有版权法所规定的正当性。例如,在美国 Lexmark International v. Static Control Components 案中,法院认为,《数字千年版权法》有关规避"接触控制措施"的所有条款都要求原告证明其技术措施"控制接触受版权法保护的作品"。以此为依据,法院认为不能保护该技术措施,因为涉案的技术措施所控制的客体不受版权法保护[2]。

第二,技术措施由版权人及相关利益人所使用。这在国内外的法律规定中均有体现,《世界知识产权组织版权条约》第11条和《世界知识产权组织表演及

---

① 王迁.版权法保护技术措施的正当性[J].法学研究,2011,33(4):86-103.

② 王迁.版权法对技术措施的保护与规制研究[M].北京:中国人民大学出版社,2018.

录音制品条约》第18条均指出技术措施应由版权人及相关利益人所使用。我国现行《著作权法》增设的第四十九条第一款明确规定:"为保护著作权和与著作权有关的权利,权利人可以采取技术措施。"增设的第四十九条第二款也规定:"未经权利人许可,任何组织或者个人不得故意避开或者破坏技术措施……"。此外,第五十三条第六款规定:"未经著作权人或者与著作权有关的权利人许可,故意避开或者破坏技术措施的,故意制造、进口或者向他人提供主要用于避开、破坏技术措施的装置或者部件的,或者故意为他人避开或者破坏技术措施提供技术服务的"①,应承担法律责任。由此可见,受版权法保护的技术措施应当由版权人及相关利益人所使用。

第三,只有"有效"的技术措施才受到版权法保护。《世界知识产权组织版权条约》和《世界知识产权组织表演及录音制品条约》均将技术措施的"有效性"作为保护的前提,《数字千年版权法》也规定只有"有效"的技术措施才能受到保护。欧盟在其《欧盟信息社会版权指令》中对"有效性"也进行了规定:权利人通过应用接触控制或保护手段能够保护作品和相关客体时,应被视为"有效的"技术措施。我国现行《著作权法》第四十九条第三款规定:"本法所称的技术措施,是指用于防止、限制未经权利人许可浏览、欣赏作品、表演、录音录像制品或者通过信息网络向公众提供作品、表演、录音录像制品的有效技术、装置或者部件。"②此条款对技术措施进行了界定,也突出了版权法保护的是"有效"技术措施。由此可见,在处理相关侵权案件时,法院应该对技术措施的具体行为进行合理判断,才能最终判定其是否具有"有效性"。

2.4.1.3 技术措施受版权法保护的范围及正当性

从立法目的角度出发,我们所在的社会强烈需要对技术措施加以保护,更需要一个有关保护技术措施的良性法律机制③。

在世界范围内,保护技术措施也受到了重视,具体体现为在一些立法文件中对"技术措施"保护范围的界定。《世界知识产权组织版权条约》第11条规定了对作品有效技术措施的保护,《世界知识产权组织表演及录音制品条约》第18条规定了对表演和录音制品范围内技术措施的保护。早在1988年,英国的版权法就规定:对于版权人向公众发行的,以电子形式存储,并使用了"防复制机制"的作品,制造、进口和以销售等方式提供破解设备或其他手段的行为构成违法。欧

---

① 中国人大网. 中华人民共和国著作权法[EB/OL]. [2021-05-10]. http://www.npc.gov.cn/npc/c30834/202011/848e73f58d4e4c5b82f69d25d46048c6.shtml.
② 同上.
③ 文碧青. 论著作权中技术保护措施的规制[D]. 济南:山东大学,2017.

盟在《欧盟信息社会版权指令》中将受保护的"技术措施"定义为：任何技术、装置或组件，其被设计用于在其正常运行时，能够防止或限制那些未经版权人或相关权人授权而对作品或相关客体实施的行为[1]。同样，新西兰在 2008 年的版权法中将"技术措施"定义为：任何方法、处理过程、机制、设备或系统，其在正常运行过程中阻止或抑制对受其保护作品的版权侵权行为。

各国立法保护"技术措施"的行为并未引起广泛的质疑，说明版权法保护"技术措施"保护了版权人的利益，具有明显的正当性。从技术措施的角度而言，其保护的对象本身就是权利人的专有权利，而这一权利在版权法中也被明确规定；从版权法的角度而言，对"技术措施"的保护实际上是对这一自力保护手段的认可[2]。

在传统版权法中，版权人为了保障自己的合法权益只能采取措施来控制他人对自有权利（如"复制权""信息网络传播权"等专有权利）的侵犯，这也是版权人维护自己合法权益的常用手段。然而，在数字传播时代，侵权成本大大降低，而版权人维权成本高昂，且追责过程漫长，沉没成本耗尽版权人的精力和耐心，陷入追责困境。即使事后对版权人的合法权益进行补偿以及追究侵权责任，侵权行为所造成的伤害很可能也无法挽回。但是，"技术措施"的正当性和合法性却可以切实保障版权人的合法权利，通过预见侵害的发生将伤害降到最低。我国《信息网络传播权保护条例》的起草者指出："在网络环境下，作为预防侵权行为发生的事前措施，技术措施能够……有效地保护权利人的经济权利"[3]。

综上所述，保护"技术措施"的正当性显而易见，不仅是因为其本身就是保护版权专有权利的手段，还在于保护"技术措施"就是在间接保护版权专有权利。尽管如此，我们还需要注意，世界各国对"接触控制措施"这一类技术措施受保护的正当性仍然存在较大争议。

2.4.1.4　技术措施的版权保护手段

目前，大多数国家采取在版权法中增加反规避条款的方法来保护技术措施，但关于技术措施版权保护的具体手段这一问题，各国之间仍然存在异议，争议主要表现在以下三个方面。

首先，反规避条款是仅仅提供规避手段还是直接规避行为。两者有所不同，

---

① Eur-lex. Directive 2001/29/EC of the European Parliament and of the Council of 22 May 2001 on the harmonisation of certain aspects of copyright and related rights in the information society[EB/OL]. [2021-07-16]. https://eur-lex. europa. eu/legal-content/EN/TXT/PDF/? uri＝CELEX：02001L0029-20190606&qid＝1628736814303&from＝EN.

② 王迁. 版权法保护技术措施的正当性[J]. 法学研究,2011,33(4):86-103.

③ 张建华. 信息网络传播权保护条例释义[M]. 北京:中国法制出版社,2006.

"提供规避手段"与"直接规避行为"的区别在于前者禁止提供规避行为,后者禁止实施规避技术措施。前者的主要代表为澳大利亚版权法和新西兰版权法。后者的主要代表为欧盟《欧盟信息社会版权指令》、加拿大版权法和美国《数字千年版权法》。

其次,如果禁止直接规避行为,是只禁止规避"版权保护措施",还是禁止规避"接触控制措施"。不同的国家对此规定有所不同,欧盟和加拿大对上述两种规避行为均加以禁止,欧盟在《欧盟信息社会版权指令》中明确规定,在行为人明知或有合理的理由知道自己正在实施规避行为的情况下,成员国应对有效的技术措施予以法律保护,制止规避行为。而美国《数字千年版权法》只是指出依据涉及的技术措施类型而有所区别。因此,在对技术措施的保护方面,加拿大与欧盟相当,而不同于美国。

最后,对于直接规避行为或提供规避手段的违法行为,是仅提供民事救济还是要进行刑事制裁,各国的规定也有所不同。《世界知识产权组织版权条约》和《世界知识产权组织表演及录音制品条约》中要求缔约方就规避技术措施的行为,向权利人提供"有效的法律救济",然而并未明确界定何为"有效的法律救济"。日本《著作权法》对提供规避手段的行为,只规定了刑事责任。然而,包括欧盟成员国在内的许多国家既规定了刑事制裁,也规定了民事救济,我国亦是如此。

2.4.2 数字传播技术引发的技术措施争议

20 世纪 90 年代以来,随着数字与网络技术的发展,对作品进行低成本和不限数量的复制成为可能,随时随地上传、下载作品也更为方便,版权人的权利深受威胁。鉴于法律制度本身所具有的滞后性特征,版权人开始寻求法律之外的技术保护措施来维护自身合法权益。随着新技术不断涌现,技术保护措施更加多种多样,包括多硬件环境相关技术、加密认证相关技术、数字水印相关技术、内容比对相关技术、内容访问控制相关技术、区块链相关技术①等,而且在每一大类相关技术下,都有对应细分种类的技术保护措施。比如,多硬件环境相关技术包括多硬件环境下的自适应绑定技术、多硬件环境设备标识技术;加密认证相关技术包括密钥安全传输技术、密钥管理技术、视频加密技术、数字内容作品密钥分发与安全传输技术、光全息水印加解密技术、密码服务技术、证书认证技术、加密技术、密钥与硬件绑定技术等;数字水印相关技术包括数字水印比对技术、数

---

① 张耕.略论版权的技术保护措施[J].现代法学,2004,26(2):119-124.

字水印标识技术、图像水印技术、视频水印技术、文本水印嵌入和提取技术、光全息数字图像水印嵌入提取技术、自适应多媒体水印关键技术、光全息文本水印嵌入提取技术等;内容比对相关技术包括中文分词技术、文本相似特征提取及内容查重技术、海量数据索引和匹配比对技术、媒体指纹近似拷贝检测技术、纸质文件可识别与可追踪技术、元数据比对技术、媒体指纹识别提取与匹配技术等;内容访问控制相关技术包括数字内容作品授权控制和内容下载技术、访问控制技术、数字内容分段控制技术、ePub 分段保护技术、按需印刷授权数量合理控制技术、防截屏技术、细粒度控制技术、内容管理技术、切分混淆技术、内容授权技术、可信计数规范技术、授权管理技术、超级分发授权控制及新授权申请技术、反追踪技术等;区块链相关技术包括基于区块链的数字内容作品交易追踪技术、分布式注册技术、分布式网络爬虫技术、侵权证据链构建技术等。[1] 当然,尽管在新型数字传播技术的推动下,版权保护技术措施得到了前所未有的发展,但是大致来看,这些新型技术措施仍然可以基于前文提到的两种分类方法分别归入相关类别。易言之,根据新型技术措施的作用方式及性质的不同,可以分别归类为防御性技术措施或攻击性技术措施;根据新型技术措施的具体功能不同,可以分别归类为控制访问的技术措施或控制使用的技术措施。然而,版权人在探索技术保护措施的同时,盗版者也在积极开拓破解技术措施的方法,以规避技术措施对作品的保护。

鉴于此,为保护版权人合法权利、打击规避技术措施的行为,美国 1992 年《家庭录音法》首先对数字录音保护技术措施予以保护。随后,世界知识产权组织于 1996 年通过的《世界知识产权组织版权条约》和《世界知识产权组织表演和录音制品条约》对技术措施保护予以规定,分别体现在《世界知识产权组织版权条约》第 11 条和《世界知识产权组织表演和录音制品条约》第 18 条。之后,美国、日本、新加坡、澳大利亚以及我国的版权法修订中也增加了反规避技术措施的条款。

从广义上来看,技术保护措施包括四大类:保护排他性权利的技术保护措施、控制接触的技术保护措施、标记与识别功能的技术保护措施以及电子权利管理系统措施。从狭义上来看,技术保护措施指的是前两种,是指权利人通过对作品的接触控制、复制控制或者其他控制等来实现控制作品的使用的技术措施[2]。比如,我国《信息网络传播权保护条例》第二十六条将技术措施定义为:"用于防

---

① 张立,张凤杰,王瑶,等. 全球数字版权保护技术跨世纪追踪与分析(1994—2017)(上、下册)[M]. 北京:社会科学文献出版社,2019.

② 吴伟光. 数字技术环境下的版权法——危机与对策[D]. 北京:中国社会科学院,2008.

止、限制未经权利人许可浏览、欣赏作品、表演、录音录像制品的或者通过信息网络向公众提供作品、表演、录音录像制品的有效技术、装置或者部件。"①。而后两种通常被称为权利管理信息。《世界知识产权组织版权条约》规定,权利管理信息是"识别作品、作品的作者、对作品拥有任何权利的所有人的信息,或有关作品使用的条款和条件的信息,和代表此种信息的任何数字或代码,各该项信息均附于作品的每件复制品上或在作品向公众进行传播时出现"②。《欧盟信息社会版权指令》将"权利管理信息"定义为:"由权利人提供的任何被用来识别本指令所指的或《第96/9/EC号指令》第三章规定的特殊权利所包含的作品或其他客体、作者或任何其他权利人的信息,或有关作品或其他客体使用期限和条件的信息,以及代表这些信息的任何数字或代码。"③在纸媒环境下,权利管理信息就已经存在,最典型的就是关于版权归属和权利人的信息,因此其并不是在数字传播技术出现之后才特有的。但是,其重要价值则在数字传播技术环境下更加凸显。

技术保护措施是一把双刃剑,其在保护版权人合法权利的同时,很容易被版权人滥用,阻碍社会公众对公有领域信息的获取,最终妨碍信息自由流动。数字与网络环境下,技术措施本身是无法区别对待专有领域和公有领域的,规制不合理便会妨碍信息自由和知识共享。在新一轮技术革命浪潮下,这一问题引发的争议更为激烈。

2.5　版权许可使用遭遇瓶颈

2.5.1　版权许可使用概述

版权许可是版权人利用版权并获得经济利益的基本形式,使用受版权保护

---

① 中华人民共和国国家互联网信息办公室.信息网络传播权保护条例[EB/OL].[2021-07-22].ht-tp://www.cac.gov.cn/2013-02/18/c_126468776.htm.

② WIPO Lex. 世界知识产权组织版权条约.[EB/OL].[2021-07-16]. https://wipolex.wipo.int/en/text/295438.

③ Eur-lex. Directive 2001/29/EC of the European Parliament and of the Council of 22 May 2001 on the harmonisation of certain aspects of copyright and related rights in the information society[EB/OL].[2021-07-16]. https://eur-lex.europa.eu/legal-content/EN/TXT/PDF/? uri = CELEX: 02001L0029-20190606&qid=1628736814303&from=EN.

的作品应该取得版权人的许可,否则就构成侵犯版权的行为。根据版权许可使用的权利性质不同,可将其分为专有许可和非专有许可。前者是指被许可人获得在合同约定的时间和地域范围内对作品享有排他的使用权;后者是指被许可人在合同规定的时间和地域范围内享有对作品的使用权,但无权阻止版权人自己或者授权他人以相同的方式使用该作品。①

此外,在现实生活中,版权人经常利用他人对版权知识的缺乏而故意将版权转让合同与版权许可使用合同相混淆,所以合同双方一定要区分清楚版权许可使用和版权转让之间的区别。与版权许可使用不同,版权转让是指版权人将版权中的全部或部分权利在合同约定范围内转让给他人所有,同时自己丧失相应权利。版权许可使用获得的是一定时期内的使用权,版权人并不丧失所有权。版权转让中的版权不具有时间限制,权利主体变更,属于不可逆的权利。

在数字传播技术的冲击下,现有的版权许可模式已不能满足行业需要,版权交易市场失灵,为推动数字交易市场的发展与完善,亟须更多新型且有效的许可模式。其中出现的一些问题仅仅需要通过审查直接许可、微型许可、自愿集体许可,以及私人和公共登记系统的完善就可以解决,并不需要借助立法。但是,针对另外一些情形,政府部门则需要考虑立法,建立适当的新型许可制度。例如,更新强制许可制度,或者废除某些情形下的强制许可制度,或者实施延伸性集体管理制度模式,等等。

与版权许可使用制度尤为密切的改革体现在与音乐有关的制度改革中。经过多年的发展,音乐作品的机械复制许可已经在该行业根植。考虑到垄断问题已不再令人担忧,不少学者建议废除该许可。由于音乐出版商对此持有异议,因此目前这种许可依然存在,但其可行性存在广泛质疑。

综合来看,在版权许可使用机制的完善方面,目前关注最多的主要包括孤儿作品的管理、数字版权交易平台的建设、版权集体管理制度的完善等。

2.5.2 孤儿作品的管理问题

2.5.2.1 孤儿作品概述

"孤儿作品"(orphan works)一词起源于美国。美国版权局于 2006 年公布了《关于孤儿作品的报告》(*Report on Orphan Works*)②,该报告明确了孤儿作品

---

① 梅术文.著作权法:原理、规范和实例[M].北京:知识产权出版社,2014.

② U. S. Copyright Office. Report on orphan works[EB/OL]. [2021-07-25]. https://www.copy-right.gov/orphan/orphan-report-full.pdf.

的定义,即处于版权保护期限内,版权人身份不明或者无法联系的作品。在此基础上,欧洲议会与理事会于2012年公布了《2012年10月25日欧洲议会与理事会关于允许某些孤儿作品使用行为的第2012/28/EU号指令》(*Directive 2012/ 28/EU of the European Parliament and of the Council of 25 October 2012 on Certain Permitted Uses of Orphan Works*)[①],进一步明确了孤儿作品的使用者以及孤儿作品的范围,"使用者出于公共利益,使用书本期刊、报纸、视听作品、录音制品等仍处于版权保护期内的作品,经过勤勉检索并将检索情况记录在案,而无法确定版权人身份或无法找到其人,则该作品为孤儿作品"。随后,不少国家在改革版权法的过程中,引入了孤儿作品的定义,开始关注孤儿作品的版权问题。[②] 比如,2014年,英国知识产权局在修改《1988年版权、设计和专利法》时,引入了孤儿作品制度。

2.5.2.2 数字传播技术引发的孤儿作品管理争议

新型数字传播技术的迅速发展使得孤儿作品管理问题愈演愈烈。在新技术环境下,作者基于网络平台的创作与传播极为普遍,网络文学、网络视频、网络动漫产业等蓬勃发展,这些产业已经成为我国数字出版产业的重要组成部分。然而,蓬勃发展的网络传播背后,也隐藏着更为严峻的孤儿作品问题。因为在网络平台上,作品创作者的身份相较于传统作品作者身份更为隐匿,作者更倾向于署假名或者匿名创作。而且,相较于传统纸质传播方式,网络传播具有容易复制、快速传播等特点,作品在经过多次转载后,原作者的身份信息往往被修改甚至删除,导致作品使用者很难找到原作者,甚至无法找到原作者以获得版权许可,给孤儿作品的使用带来了极大的困难。

孤儿作品是享有版权,但是没有版权所有者或者无法追踪版权所有者的作品。世界各国都在进行相应改革,以促进孤儿作品的使用,使其价值能够在数字经济中充分发挥出来,同时也不会对版权所有者造成伤害。

现如今,孤儿作品管理问题在全世界都是一个严重的问题,Hargreaves在《数字机遇:知识产权与增长的评论》中认为这是版权制度应对新技术环境时最大的失败。[③] 对用户和版权所有者而言,不能使用孤儿作品意味着孤儿作品的

---

① EUR-Lex. Directive 2012/28/EU of the European Parliament and of the Council of 25 October 2012 on certain permitted uses of orphan works[EB/OL]. [2021-07-25]. https://eur-lex. europa. eu/legal-content/EN/TXT/? uri=CELEX%3A32012L0028&qid=1629449717616.

② 陈嘉敏. 论孤儿作品的利用与保护[J]. 法制与社会,2018(20):244-246.

③ Hargreaves I. Digital opportunity: review of intellectual property and growth[EB/OL]. [2021-07-06]. https://www. gov. uk/government/uploads/system/uploads/attachment_data/file/32563/ipreview-finalreport. pdf.

价值会丧失。孤儿作品的使用有助于科学研究、教育、文化及其他出于转换性目的而使用作品的行为,同时也有助于他人出于商业目的使用作品,从而带动版权产业发展,为世界各国创造更多的经济效益。此外,推动孤儿作品在数字环境中使用的举措,还可能会扩大技术所带来的其他有益社会的用途,包括数据和文本挖掘、作品数字化和其他用途。

孤儿作品给文化机构带来了特殊的问题,许多文化机构都不允许将其收藏的孤儿作品数字化,也不允许出于研究、教育和获取文化遗产的目的使用孤儿作品。只要这种情况继续存在,旧格式的档案(比如胶片和录音带等)的数量会继续减少,进一步延迟数字化意味着其中的一些档案材料将会永远丢失。这就导致公众、历史学家和研究人员实际上看不到一些收藏的孤儿作品,造成知识上的重大空白,阻碍学术研究。

尽管孤儿作品问题的严重程度还没有被量化,然而,从利益相关者那里收集到的证据表明,这一问题是真实存在的。澳大利亚法律改革委员会公布的《版权与数字经济》最终报告显示,澳大利亚国家图书馆估计其藏品中有大量未发表的作品,其中很大一部分是孤儿作品。澳大利亚数字联盟和澳大利亚图书馆版权委员会成员的一项调查结果表明,国家图书馆收藏的未出版的孤儿作品的占比高达70%。此外,一些博物馆也表示,它们的藏品中包含了大量的孤儿作品。

美国广播公司和英国广播公司等公共广播机构都注意到了在衍生作品中使用孤儿作品的问题。澳大利亚广播公司指出,它经常遇到需要对孤儿作品进行版权许可的情况,特别是与文学作品有关的情况。澳大利亚免费电视(Free TV Australia)还注意到,广播公司在使用视听片段或照片等档案材料时也经常会遇到问题——找不到版权所有者。由于版权信息被删除,照片在数字环境中很容易成为孤儿作品。因此,许多学者认为解决该问题极为必要。

在 2005—2007 年期间,大英图书馆开展了一项计划,将超过 4000 小时的录音数字化,并将它们提供给研究人员在线使用。该计划中的一部分包括对 20 世纪 80 年代末爵士乐音乐家和推广者的 220 份口述历史录音进行数字化。在 2005—2006 年度,大英图书馆追踪了 200 个全部可识别的未完成版权许可,但有 53 个无法追踪,另有 13 个版权人已经去世。

目前,为孤儿作品设定一个确定的价值是比较困难的,但是也不能仅仅因为这些作品没有出版,就想当然地认为它们的价值很低。英国电影协会(British Film Institute)指出,如果法律规定允许其买卖孤儿作品,那么协会每年可能为自己带来 50 多万美元的额外收入。而且可以确定的是,新一代的创作者将会以全新的方式诠释孤儿作品,就像由《罗密欧与朱丽叶》改编成的《西区故事》以及其他许多改编作品,创造了一些新的经济价值。Hargreaves 在《数字机遇:知识产权与增长的评论》中指出,开放孤儿作品是一种对国家经济没有负面影响的举措。[①]

2.5.3 数字版权交易平台的建设问题

2.5.3.1 数字版权交易平台概述

伴随着文化产业的发展,版权交易平台纷纷出现,并成为促进版权交易、推动文化创新产品走向市场的重要工具[②],它承担着传播版权保护理念的职责。在数字传播环境下,交易数字化的产品必须有一个载体,这就为版权交易平台的搭建创造了新的条件,各种类型的数字版权交易平台(实质上也就是各种服务于数字版权交易的网站)纷纷出现。它的产生依赖于传统媒体的转型升级以及新兴技术的蓬勃兴起,也为版权制度的发展提供了良好的契机。在传统媒体背景下,版权制度离不开行业规范、商业利益以及人才队伍,一旦打破平衡,就会产生版权争论。在复杂的数字传播环境下,版权交易平台的主体性、海量性、多元性不断得到增强,对版权制度的发展更是提出了新的要求。

目前我国较有影响的专门数字版权交易平台主要包括重庆数字版权云端服务平台、天津海泰数字版权交易服务中心以及华视网聚等,但它们的运营模式以及业务范围各不相同。重庆数字版权云端服务平台采用事业单位运作模式,侧重于版权登记及版权证据固化;天津海泰数字版权交易服务中心采用公益性的民办非企业单位运作模式,侧重于动漫游戏版权交易;华视网聚则采用营利性的公司化运作模式,侧重于影视作品版权交易[③]。无论是哪种类型的数字版权交易平台,其功能主要包括以下四种:①数字版权交易服务功能;②数字版权代理登记服务功能;③信息查询服务功能;④版权评估服务功能。在新型数字传播技术的推动下,数字版权交易平台充分发挥自身优势和特色功能,成为构建数字版权交易模式、推进版权商品良性循环流通的重要工具。

然而,数字版权交易平台在为作品交易提供便利的同时,也使得盗版的传播更为便捷,版权人的维权成本和难度进一步提高,随之而来的数字版权交易纠纷不断[④]。

---

① Hargreaves I. Digital opportunity: review of intellectual property and growth[EB/OL]. [2021-07-06]. https://www. gov. uk/government/uploads/system/uploads/attachment_data/file/32563/ipreview-finalreport. pdf.

② 延静. 版权交易平台建设风险与控制[J]. 中国版权,2013(5):57-60.

③ 丁丽柏,颜梅林. 探析统一化数字版权交易平台的价值定位与运作机制[J]. 出版发行研究,2018(11):44-47.

④ 焦阳. 我国数字版权交易平台建设研究[D]. 保定:河北大学,2017.

2.5.3.2　数字传播技术引发的版权交易平台建设问题

近年来,数字作品数量日益增多,而数字版权交易平台的授权模式却过于单一,无法满足市场海量授权的需求,这就对数字版权交易平台建设提出了更高的要求,具体到法律制度层面,就是规范权利授予和选择授权模式的问题。

从法律制度层面来看,授权许可的划分方式有两种。第一种,根据授权方式,授权许可可划分为直接授权、间接授权、默示许可等多种方式。第二种,根据与权利人意志的关系,授权许可又可以划分为自愿授权许可与强制授权许可两种形式。通常情形下,作品授权采取的是自愿授权许可形式,具体包括三种模式:第一种,直接授权许可模式,易言之,版权人直接将作品的版权授予出版者;第二种,间接授权许可模式,在这种模式下,版权人通过第三方机构将自己作品的版权授权给出版者使用;第三种,默示许可模式,基于该模式,出版者可以在未经权利人直接授权的情形下,将稿酬予以公告,同时表明作品权利人可以据此获取报酬,以此方式使用版权人的作品①。

由此可见,数字版权授权模式概念清晰,授权形式多种多样。然而,在实践过程中,能够有效传播作品、保护版权人合法权益的数字版权交易平台却有待进一步完善,尤其是前述授权模式本身固有的缺陷有待进一步解决,需要通过其他措施弥补现有授权模式的不足。版权授权机制的不通畅也使得需求方难以快速、低成本地获得正版授权。在创作者、传播平台和消费者之间,缺乏公平、权威、通畅和有效的版权授权平台,保障版权确权的真实性、授权规则的准确性。相关部门和企业应通过创新技术手段和管理运营模式,完善授权交易保障机制和信用机制,疏通网络版权交易渠道、明晰授权规则,从而破解作品数字版权交易遭遇的瓶颈。

2.5.4　版权集体管理制度问题

2.5.4.1　版权集体管理制度概述

版权集体管理的内涵可以概括为:成立合法集体管理组织来保障权利人的利益并以自己的名义代替版权人管理作品和行使权利,具体包括集中进行作品授权许可、收取分配报酬、处理纠纷等活动②。其中,版权集体管理组织是对版权进行集体管理的社会团体。

版权集体管理制度可以追溯到 1851 年,法国成立了世界上第一个版权集体

---

① 谢国敏.我国数字出版法律问题研究[D].北京:中国政法大学,2012.

② 邱迁惠.数字化时代我国著作权集体管理制度研究[D].桂林:广西师范大学,2019.

管理组织。随后,其他国家也开始相继设立版权集体管理组织,我国于1992年才建立第一个版权集体管理组织,即中国音乐版权集体管理协会。由于文化差异,不同国家的版权集体管理组织形式也有所不同。在资本主义国家,版权集体管理组织一般是民间私立组织,自由度较高,但是,政府也会在一定程度上进行干预。在社会主义国家,版权集体管理组织一般由国家组织成立并进行统一管理。但是,需要强调的是,我国的版权集体管理组织是非官方组织[①]。

到目前为止,版权集体管理制度已经形成了较为成熟的运作机制。在成本和效率方面,相较于个人管理,版权集体管理有着天然的优势,能够使版权人从作品中获取更多收益,并为作品使用者接触作品提供更多的有效途径,尤其是在作品数量以及使用者数量众多的情形[②]下。随着版权集体管理制度的不断发展,版权人的作品能够被更好地保护和传播,从而产生最大化的经济效益和社会效益。版权集体管理制度的优势主要在于能够有效提高作品的利用收益,在帮助使用者解决作品授权问题的同时降低版权人的维权成本,通过解决版权纠纷降低社会交易成本和社会治理成本[③]。一方面能够减轻权益人的负担,形成聚合优势;另一方面能够促进国际版权交流与合作,提供版权公共服务,从而为产业健康发展营造一个良好的社会氛围。

版权集体管理制度有其明显的优势,但也存在一些问题,包括如何界定版权集体管理制度、制度发挥什么样的功能、各利益主体之间的法律关系如何调整、制度如何运作等,均没有统一解决。鉴于政治环境、社会经济因素、法律制度建设水平等多方面的不同,世界各国的版权集体管理制度也各有特色。

2.5.4.2　数字传播技术引发的版权集体管理制度争议

新型数字传播技术的迅速发展也给版权集体管理制度带来了极大的挑战。版权集体管理组织在版权资源配置与维权等方面的功能呈现出弱化的趋势,具体体现在:创作主体逐步多元化,使得基于集体管理的单一化认定模式很难确定版权归属;复制和传播作品的方式发生了巨大的变化,数字化的复制手段和便捷化的传播方式导致版权集体管理组织基于传统模式认定侵权的有效性遭受挑战。同时,个人授权模式回归在一定程度上颠覆了版权集体管理制度的价值。版权集体管理制度产生的原因之一就是版权人个人授权面临版权人与作品使用者沟通不畅而妨碍交易顺利进行的困境。然而,新技术的出现使得版权人可以基于网络平台与作品使用者进行沟通协商,达成合作协议,顺利实现作品的授权

①　国家版权局版权管理司. 著作权法执行实务指南[M].北京:法律出版社,2013.
②　王华.我国著作权集体管理制度的困境与出路[D].武汉:武汉大学,2013.
③　张洪波.我国著作权集体管理制度的建立与发展[J].中国出版,2020(21):17-22.

使用,增强了版权人对作品的控制力。但是,与版权集体管理制度相比,在个人授权模式下,版权人可以精准掌控每件作品的使用情况,对作品使用费的分配和收取可以更加合理和精准,在一定程度上动摇了版权集体管理组织的地位。在新技术环境下,重新审视传统版权集体管理制度实为必要。

版权集体管理组织在版权许可市场中发挥了重要作用,通过集体许可的方式可以减少交易成本。但是,这种许可模式也会对竞争产生一定的影响,因为其实际上是一种自然垄断。版权集体管理组织在某些方面(至少对被许可方而言)管理着监管成本,例如,通过向教育机构收取复制作品的费用,或者向工作场所、酒吧和餐馆收取播放音乐的费用等。

在许多国家和地区,版权集体管理组织在维护版权许可程序中扮演着重要角色,以确保其成员相信他们的利益得到了有效、负责任和透明的管理。如果版权集体管理组织被要求透明地运作和采用共同的标准,版权集体管理组织的潜在有害影响将得以减轻。目前,一些版权集体管理组织正在逐步完善自身建设,朝着透明化和标准化方向发展,甚至有的国家在积极推进相关政策的制定,比如英国版权委员会已经为这些规范提出了一套原则,以保障版权集体管理组织的正常运作。我国现行《著作权法》也对版权集体管理组织的权利和义务进行了修订,相关条款相较于2010年修正版《著作权法》更为详细和具体,比如对第八条第一款进行了修正,规定版权集体管理组织被授权后,除了"可以作为当事人进行涉及著作权或者与著作权有关的权利的诉讼、仲裁活动"外,还可以进行"调解活动"。同时,现行《著作权法》第八条补充了第二款和第三款的规定,对版权集体管理组织根据授权向使用者收取的使用费的收取和分配、管理费的提取和使用标准进行了详细规定。

在数字传播环境下,许多国家正在讨论构建延伸性集体管理制度,使一些版权集体管理组织能够增加他们在某些市场上的活动,并能代替那些没有给予他们具体版权授权的权利人进行版权授权。鉴于此,更需要进一步完善版权集体管理制度,推动版权集体管理组织遵守公认的实践标准和透明度。事实上,对版权使用者来说,建立更严格的管制和监管版权的许可制度,从整体来看是有利的。

2.6　版权执法面临新问题

版权制度改革离不开执法改革。在尊重法律的同时,版权制度改革还需要尊重技术完整性和互联网的表达能力。版权制度既需要尊重表达自由,还需要确保程序公正,更离不开知识产权保护。正如美国最高法院所言,"制宪者希望版权本身成为表达自由的引擎。"①

近年来,在版权执法方面,美国、英国、法国、德国等在数字化方面起步较早的国家已配套建立了一系列新型保障机制。其中,最具代表性的版权制度是"三振出局"(three strikes)制度,这一制度的雏形诞生于美国,此后被法国、英国、新西兰、韩国、爱尔兰等国家采用。三振出局制度属于渐进式惩戒机制,它的教育属性大于惩罚属性,通过多次警告提醒使侵权用户主动意识到自己行为的违法性从而停止侵权行为,直到多次警告无效才会对侵权用户进行惩罚。韩国是第一个正式通过包含三振出局制度的法律的国家,三振出局制度在韩国的版权法中带有体系化的特点,另外韩国还采取了三级版权行政管理体系与法律政策相配合的措施。法国的《促进互联网创造保护及传播法》(*Loi Favorisant la Diffusion et la Protection de la Création sur Internet*,简称 HADOPI 法)是三振出局制度的标志性法律②,同时法国还成立了互联网作品传播及权利保护高级公署配合该法的实施与执行。由此可见,三振出局这种新型执法措施为反盗版带来了新的机遇,然而,需要指出的是,其也存在一些明显的问题,比如版权保护与用户隐私权、获取信息自由权利等基本权利维护的利益平衡问题,加强基于三振出局制度的反盗版效果及提高效率的问题等。

在我国,版权制度起步较晚,中国共产党第十七届中央委员会第六次全体会议通过的《中共中央关于深化文化体制改革 推动社会主义文化大发展大繁荣若干重大问题的决定》从"激发文化创作生产活力,提高文化产品质量,为人民提供更好更多的精神食粮"方面为版权制度的发展指明了新方向③;2008 年国务院颁布的《国家知识产权战略纲要》为增强我国的自主创新能力、建设创新型国家提供了制度保障和政策基础。特别是党的十八大以来,知识产权战线以习近平总书记关于知识产权工作重要讲话和指示精神为根本遵循,知识产权强国建设步伐明显加快。2020 年 11 月 30 日,就加强我国知识产权保护工作举行的第二十五次集体学习中,习近平总书记指出,当前我国正在从知识产权引进大国向知识产权创造大国转变,知识产权工作正在从追求数量向提高质量转变④,为我们指

① Harper & Row Pubs.,Inc. v. Nation Enters.,471 U.S. 539,558 (1985).

② 夏劲钢.从"三振出局"到"六振警告":美国版权保护路径选择对我国的启示[J].科技与出版,2018(10):96-102.

③ 中国青年报.中共中央关于深化文化体制改革 推动社会主义文化大发展大繁荣若干重大问题的决定[EB/OL].[2021-7-10].http://zqb.cyol.com/html/2011-10/26/nw.D110000zgqnb_20111026_1-01.htm.

④ 中华人民共和国中央人民政府.习近平主持中央政治局第二十五次集体学习并讲话[EB/OL].[2020-12-10].http://www.gov.cn/xinwen/2020-12/01/content_5566183.htm.

明了版权事业发展的历史方位和奋斗方向。一系列政策和文件的提出表明知识产权工作需要加大力度,以确保知识产权得到有效保护。

随着技术的不断创新和发展,人们对版权作品的使用也愈发广泛。近年来,我国网络版权产业实现了整体的平稳快速发展。2021 年 6 月 1 日,"2021 中国网络版权保护与发展大会"召开,国家版权局网络版权产业研究基地发布的《中国网络版权产业发展报告(2020)》显示,2020 年中国网络版权产业市场规模达11847.3 亿元,首次突破 1 万亿元大关,同比增长23.6%;相比 2016 年的 5003.9亿元,"十三五"期间我国网络版权产业市场规模增长超过一倍,年复合增长率近25%;中国网络版权产业核心业态趋于稳定,新业态显示出巨大潜力,产业结构更加多元。网络版权产业的盈利模式主要包括广告及其他收入、用户付费和版权运营三大类。其中,盈利占比最大的是广告及其他收入,盈利高达 6079.0 亿元,占总盈利的 51.3%;盈利占比排在第二位的是用户付费,比广告及其他收入占比略小,盈利为 5659.2 亿元,占 47.8%;版权运营收入占比最少,只有 109.1亿元,占总盈利的 0.9%。① 然而,在技术的加持下,版权的生存环境开始变得复杂,在推动经济高质量发展的同时,不可避免地受到了侵害,加大对版权的保护力度显得尤为重要。

进入 21 世纪以来,版权保护力度从立法、执法到社会保护层面均实现了较大突破。在立法层面,2001 年修正的《著作权法》明确了信息网络传播权;同年发布的《计算机软件保护条例》对计算机软件版权做了更为详细和具体的规范;2005 年颁布的《互联网著作权行政保护办法》重点规范了网络服务运营商的版权行政责任;2006 年颁布了文化领域第一个互联网的行政法规——《信息网络传播权保护条例》;2019 年 11 月知识产权保护工作的纲领性文件——《关于强化知识产权保护的意见》出台;2020 年通过、2021 年施行了第三次修正的《著作权法》;2020 年 4 月 28 日《视听表演北京条约》生效;2020 年 5 月 28 日通过了《民法典》;2020 年 12 月 26 日通过了《中华人民共和国刑法修正案(十一)》,这些法律的制定和完善为加强网络版权保护工作提供了基础制度遵循,为版权保护监管提供了切实的衡量尺度。

在执法层面,与其他国家不同,我国网络版权保护实行的是行政执法与刑事司法并行的"双轨制"。"双轨制"保护可以兼顾司法保护基础性、主导性强和行政执法快捷、高效等优势,对国内的网络版权保护起到了积极作用②。近年来,成效显著的代表为国家版权局主导开展的打击网络侵权盗版专项治理"剑网行

① 国家版权局.中国网络版权产业发展报告(2020)[EB/OL].[2021-07-25].http://www.ncac.gov.cn/chinacopyright/upload/files/2021/6/9205f5df4b67ed4.pdf.
② 陈前进,代永生.新时代网络版权执法监管的新挑战[J].出版广角,2018(15):18-21.

动",该行动自 2005 年开始连续开展 17 年,在规范重点领域网络版权秩序方面取得了良好效果。比如,在"剑网 2021"行动期间,共删除侵权盗版链接 119.7 万条,关闭侵权盗版网站、App 1066 个,查办网络侵权盗版案件 1031 件,其中刑事案件 135 件,涉案金额 7.11 亿元。①。

从社会保护层面来看,各行业组织发起成立的中国网络版权产业联盟通过制定有效的行业规范,履行自身的职责和使命,不断破除当下版权遭遇的困境,良好的网络版权环境进一步形成。比如,2013 年 6 月 6 日,中国出版集团、央视网、北京电视台、百度、新浪、金山等 70 余家单位成立了首都版权产业联盟,旨在有效整合版权行业优势资源,保护广大会员单位的版权,并配合政府加强市场管理,推动首都版权产业健康、有序发展。2020 年 1 月 14 日,该联盟在第二次会员大会上,与北京版权保护协会合并,更名为"首都版权协会",声称会进一步努力提高服务能力,积极发挥作用,促进版权产业的繁荣和发展。2019 年 12 月 2 日,在成都国际数字版权交易博览会上,中国新闻出版传媒集团、北京快手科技、视觉中国、喜马拉雅、天府 TV 等多家单位成立了"中国数字版权产业联盟",旨在携手共建合作共赢新模式和新平台,从而推动我国数字版权产业健康、高效和可持续发展。

随着人工智能、大数据、云计算、区块链技术的迭代更新发展,传播载体、沟通方式都发生了巨大变化。传播速度快、侵权行为复杂化、鉴定方式不确定化、维权成本高且时间长等新态势,对网络版权执法提出了新的要求,我们要清醒地意识到版权执法工作将会进入一个艰难和持久的时期。在降低版权执法的难度、有效强化民众版权保护的意识和观念、严厉打击侵权职业化团伙、提高版权执法人才队伍素质方面采取有效的措施也成为强化我国版权执法的新机遇和挑战。

互联网技术的发展将通信资源与计算机信息相互融合,使得根植于传统版权制度的版权执法遭遇挑战,数字网络环境下的版权执法难度加大。例如,数字复制行为认定困难导致执法面临困境②。传统领域的复制行为均以有形物体为载体,非法复制行为发生后,在版权执法过程中可以较为容易地获取证据。然而,在数字与网络传播行为中,作品与作品之间、作品与载体之间的界限均模糊不清,使得执法困难重重。

随着网络版权立法不断推进,世界各国也在积极完善版权执法,以保障执法力度与立法进程协调一致,这既能起到激励版权人创作的作用,又能够促进数字网络作品的传播。

---

① 中华网."剑网 2021"行动期间查办网络侵权盗版案 1031 件[EB/OL].[2022-04-26].https://news.china.com/domesticzq/13004215/20220426/42122044.html.

② 陈丹.最优网络著作权执法研究[D].杭州:浙江大学,2012.

3 数字传播时代国外版权保护创新方略考察

在新一轮数字传播技术的冲击下,对版权法进行小修小补已经无法满足数字经济发展的需求。在 2010 年 11 月 4—5 日召开的"促进数字时代的文化普及——版权许可新模式世界知识产权组织全球会议"上,美国著名知识产权法教授劳伦斯·莱西格呼吁世界知识产权组织全面修订现行版权制度。随后,许多国家和地区已将彻底"检修"和全面调整版权法作为新一轮改革的目标。下文拟从国际社会已经完成或正在修订的版权法入手,概述各国和国际组织版权制度改革的趋势,以期为我国版权法律制度的完善修订工作提供借鉴。

3.1 国外版权制度改革动态概览

近年来,为了更好地应对新一轮数字传播技术带来的机遇和挑战,世界各国、各地区和国际组织的立法者与政策制定者都在积极调整与改革法律制度,探寻版权制度现代化之路。

3.1.1 美洲国家版权制度改革动态概览

3.1.1.1 美国版权制度改革动态概览

美国版权局与国会均在推动全面且彻底的版权法改革,为推进版权制度有效应对数字传播技术的发展做了大量工作,对版权生态系统中的各个方面都进行了讨论。

2013 年 3 月 20 日,时任美国版权局局长 Pallante 在美国众议院司法委员会作证时呼吁,为了制定"下一部伟大的版权法"而全面修订美国版权法。^① Pallante 认为,现行版权法已经过时,需要予以着重关注,建议美国国会在未来几年全面处理版权生态系统面临的问题,并对美国版权法总体框架进行大胆调整,展开更广泛的版权法修订工作。Pallante 指出,目前美国版权法修订需要考虑的问题很多,包括澄清独占权的范围,修改图书馆和档案馆限制和例外,解决孤儿作品问题,更新执法规定从而为法定赔偿提供指导,审查《数字千年版权法》的法律效力,更新有线和卫星传输框架,鼓励新型版权许可制度,以及改进版权登记和备案制度等^②。其中,Pallante 对美国版权法修订的几大关键问题进行了说明:首先,美国版权法修订的核心问题在于数字传播时代版权所有者控制版权的范围如何界定;其次,美国版权法修订面临的主要挑战之一在于把公众利益放在首位、实现整体版权法律制度框架利益平衡的问题,包括如何界定公众利益以及谁可以为公众利益辩护的问题;最后,美国版权局的主要目标是加强美国版权局自身组织机构建设。在数字传播时代,美国版权局需要进一步完善自身职能建设,包括解决小额版权索赔问题,以及提供仲裁或调解服务,同时对相关版权问题发表咨询意见等。

鉴于此,2013 年 4 月 24 日,美国众议院司法委员会主席 Bob Goodlatte 正式宣布启动对版权法的全面审查,审查的目的在于确定版权法在数字时代是否仍然有助于激励创造和创新。^③ 随后,该委员会共举行了包括 100 名证人证词在内的 20 场听证会,听证会主题涉及"构建共识的案例研究:版权原则项目"(A Case Study for Consensus Building:The Copyright Principles Project)^④、"美国的创新:版权的作用"(Innovation in America:The Role of Copyrights)^⑤、"美国

---

① Pallante M. The next great copyright act[EB/OL].[2021-07-10]. https://www.copyright.gov/docs/next_great_copyright_act.pdf.

② Pallante M. The next great copyright act[EB/OL].[2019-03-10]. http://copyright.gov/docs/next_great_copyright_act.pdf.

③ House of Representatives Judiciary Committee. US copyright law review[EB/OL].[2021-08-10]. https://republicans-judiciary.house.gov/us-copyright-law-review/.

④ The House Judiciary Committee. A case study for consensus building:the copyright principles project[EB/OL].[2021-08-10]. https://docs.house.gov/meetings/JU/JU03/20130516/100830/HHRG-113-JU03-Transcript-20130516.PDF.

⑤ House of Representatives Judiciary Committee. Innovation in America:the role of copyrights[EB/OL].[2021-08-10]. https://republicans-judiciary.house.gov/wp-content/uploads/2016/02/113-47-82157-1.pdf.

的创新：技术的作用"(Innovation in America：The Role of Technology)①、"美国知识产权制度中自愿协议的作用"(The Role of Voluntary Agreements in the U. S. Intellectual Property System)②、"创新商业模式的崛起：数字时代的内容交付方法"(The Rise of Innovative Business Models：Content Delivery Methods in the Digital Age)③、"版权保护的范围"(The Scope of Copyright Protection)④、"合理使用的范围"(The Scope of Fair Use)⑤、"版权作品的保存与再利用"(Preservation and Reuse of Copyrighted Works)⑥、"精神权利、终止权、转售版税与版权保护期"(Moral Rights，Termination Rights，Resale Royalty，and Copyright Term)⑦、"版权的救济"(Copyright Remedies)⑧、"美国版权局：功能与资源"(The U. S. Copyright Office：Its Functions and Resources)⑨与"版权局局长关于版权审查的观点"(The Register's Perspective on Copyright Review)⑩等。在这些听证会之后，美国众议院司法委员会主席 Bob Goodlatte 和高级成员 John Conyers 邀请了委员会版权审查听证会的所有证人和其他感兴

---

① House of Representatives Judiciary Committee. Innovation in America：the role of technology[EB/OL]. [2021-08-10]. https://republicans-judiciary. house. gov/wp-content/uploads/2016/02/113-47-82157-1. pdf.

② House of Representatives Judiciary Committee. The role of voluntary agreements in the U. S. intellectual property system[EB/OL]. [2021-08-10]. https://republicans-judiciary. house. gov/wp-content/uploads/2016/02/113-49-82846. pdf.

③ House of Representatives Judiciary Committee. The rise of innovative business models：content delivery methods in the digital age[EB/OL]. [2021-08-10]. https://republicans-judiciary. house. gov/wp-content/uploads/2016/02/113-74-85600. pdf.

④ U. S. House of Representatives. The scope of copyright protection[EB/OL]. [2021-08-10]. https://docs. house. gov/Committee/Calendar/ByEvent. aspx? EventID=101642.

⑤ House of Representatives Judiciary Committee. The scope of fair use[EB/OL]. [2021-08-10]. https://republicans-judiciary. house. gov/wp-content/uploads/2016/02/113-82-86454-. pdf.

⑥ House of Representatives Judiciary Committee. Preservation and reuse of copyrighted works[EB/OL]. [2021-08-10]. https://republicans-judiciary. house. gov/wp-content/uploads/2016/02/113-88-87423. pdf.

⑦ House of Representatives Judiciary Committee. Moral rights，termination rights，resale royalty，and copyright term[EB/OL]. [2021-08-10]. https://republicans-judiciary. house. gov/wp-content/uploads/2016/02/113-103-88722. pdf.

⑧ House of Representatives Judiciary Committee. Copyright remedies[EB/OL]. [2021-08-10]. https://republicans-judiciary. house. gov/wp-content/uploads/2016/02/113-107-88815. pdf.

⑨ House of Representatives Judiciary Committee. The U. S. copyright office：its functions and resources[EB/OL]. [2021-08-10]. https://republicans-judiciary. house. gov/wp-content/uploads/2016/02/114-4_93529. pdf.

⑩ U. S. House of Representatives. The register's perspective on copyright review[EB/OL]. [2021-08-10]. https://docs. house. gov/Committee/Calendar/ByEvent. aspx? EventID=103385.

趣的利益攸关方与委员会工作人员会面,就美国版权政策问题提供更多的意见。此外,美国众议院司法委员会还在纳什维尔、硅谷和洛杉矶举行了会议,以听取创作者、创新者、技术专业人士和版权作品使用者的意见。2016 年 12 月,美国众议院司法委员会主席 Goodlatte 和高级成员 Conyers 发布了美国众议院司法委员会审查美国版权法的第一份政策提案。2017 年 3 月 23 日,Goodlatte 主席和高级成员 Conyers 介绍了《版权局局长的选择和问责法》(*Register of Copyrights Selection and Accountability Act*)。

与此同时,美国版权局于 2013 年 12 月 30 日将名为《版权小额诉请》(*Copyright Small Claims*)①的报告提交至美国众议院司法委员会,建议创设一个由美国版权局管理的自愿裁决制度。随后,体现版权小额诉请解决方案的立法建议多次在国会讨论中被提出。2020 年 12 月 27 日,《2020 年小额诉请中的版权选择实施法》(*Copyright Alternative in Small-claims Enforcement Act of 2020*)获得通过,成为美国版权法的组成部分之一。此外,美国版权局还分别针对"追续权"②、"音乐市场版权保护"③、"孤儿作品和大数据"④、"向公众传播权"⑤、"图书馆和档案的版权例外"⑥、"视觉作品版权保护"⑦、"人身权"⑧等问题进行全面研讨。截至本书截稿时,这些研讨都取得了一定成果。比如,针对"孤儿作品"的研究,美国版权局于 2015 年 6 月 4 日发布了名为《孤儿作品与大规模数字化:版权局的报告》(*Orphan Works and Mass Digitization:A Report of the Register of Copyrights*)⑨;针对"向公众提供权"的研究,美国版权局于 2016

---

① U. S. Copyright Office. Remedies for copyright small claims[EB/OL]. [2019-03-10]. http://www. copyright. gov/docs/smallclaims/.

② U. S. Copyright Office. Resale royalties:an updated analysis[EB/OL]. [2019-03-10]. http://www. copyright. gov/docs/resaleroyalty/usco-resaleroyalty. pdf.

③ U. S. Copyright Office. Copyright and the music marketplace[EB/OL]. [2019-03-10]. http://www. copyright. gov/policy/musiclicensingstudy/copyright-and-the-music-marketplace. pdf.

④ U. S. Copyright Office. Orphan works and mass digitization[EB/OL]. [2019-03-06]. http://copyright. gov/orphan/reports/orphan-works2015. pdf.

⑤ U. S. Copyright Office. The making available right in the United States[EB/OL]. [2019-03-10]. http://www. copyright. gov/docs/making_available/making-available-right. pdf.

⑥ U. S. Copyright Office. Revising section 108:copyright exceptions for libraries and archives[EB/OL]. [2021-08-10]. https://www. copyright. gov/policy/section108/.

⑦ U. S. Copyright Office. Copyright and visual works:the legal landscape of opportunities and challenges[EB/OL]. [2021-08-10]. https://www. copyright. gov/policy/visualworks/.

⑧ U. S. Copyright Office. Authors,attribution,and integrity:examining moral rights in the United States[EB/OL]. [2021-08-10]. https://www. copyright. gov/policy/moralrights/.

⑨ U. S. Copyright Office. Orphan works and mass digitization:a report of the register of copyrights[EB/OL]. [2021-08-10]. https://www. copyright. gov/orphan/reports/orphan-works2015. pdf.

年 2 月 23 日发布了《美国的向公众提供权：版权局的报告》(*The Making Available Right in the United States：A Report of the Register of Copyrights*)①。

2016 年 12 月 1 日,《数字千年版权法》中一项有关在线服务提供商责任豁免的新规定生效,即要求所有在线服务提供商于 2017 年 12 月 31 日前填写新表格,更新其在版权局的注册信息,才能豁免侵权责任②。

在美国版权局和相关音乐产业主体的共同推动下,2017 年 12 月 21 日,美国国会议员提出了一项《2017 年音乐现代化法案》(*Music Modernization Act of 2017*)③,试图改变音乐版权许可的基础框架,该法案从根本上改变了美国版权法中第 115 条有关非戏剧性音乐作品或电影、电视节目和戏剧之外的歌曲的强制许可的规定,旨在使美国的音乐版权许可制度全面适应数字时代的需要,并使美国音乐产业各环节的参与者都能普适性地分享版权收益④。2018 年 10 月 11 日,该法由总统签署生效,由此美国升级了已有 116 年历史的音乐作品法定许可制度。

2020 年 6 月 22 日,美国版权局修订了相关规定,为网络短文学作品设立了新的注册选项。新规定于 2020 年 8 月 17 日生效,是美国版权局对团体注册政策的重要补充。美国版权局已经允许对期刊、照片、报纸、连载作品、数据库更新和某些未发表的作品进行团体注册,但这种方式并不一定适用于在线短篇作品的作者,他们中的许多人可能是通过社交媒体或博客平台自行发表作品的。实质上,自 2018 年 12 月以来,在几家代表作家的知名组织的联名请愿下,美国版权局一直在考虑这一新规定。这一规定是为了解决博客文章、社交媒体帖子和文章、诗歌和短篇小说等篇幅较小的在线作品激增引发的问题。在之前美国版权局的规定中,诸如博客作者等可以每周或每月发布多个独特的、受保护的帖子,但要想注册这些帖子,则需要为每个帖子单独申请,并支付单独的申请费。美国版权局为团体注册设立了这一新程序,大大降低了网络短篇作品作者的经济和时间成本:现在,一份申请最多可提交 50 部此类作品,而且只需缴纳一笔申请费。这项新规定将使更多的在线作者能够获得版权注册以及版权注册带来的

① U. S. Copyright Office. The making available right in the United States：a report of the register of copyrights[EB/OL]. [2021-08-10]. https://www. copyright. gov/docs/making_available/making-available-right. pdf.

② 中国保护知识产权网. 美国在线服务提供商需重新注册才可享受免责[EB/OL]. [2018-09-10]. http://www. ipr. gov. cn/article/gjxw/gbhj/bmz/mg/201804/1919785. html.

③ Congress. H. R. 4706 - music modernization act of 2017. [EB/OL]. [2021-08-10]. https://www. congress. gov/115/bills/hr4706/BILLS-115hr4706ih. pdf.

④ 周春慧. 美国音乐许可制度的现代化进程——以美国《音乐现代化法案》为视角[J]. 出版发行研究,2019(1):75-79.

显著好处①。

3.1.1.2 加拿大版权制度改革动态概览

2012 年 6 月，加拿大政府完成了全面的版权制度改革，《版权现代化法》（*Copyright Modernization Act*）②获得通过。该法大部分条款于 2012 年 11 月开始生效，要求网络服务提供者承担"通知—通知"义务的条款于 2015 年 1 月正式生效。《版权现代化法》的通过是加拿大自 1997 年成为《世界知识产权组织版权条约》和《世界知识产权组织表演与录音制品条约》的签署国以来，几次版权改革尝试的结果。该法比较全面地解决了多种类型的版权问题，比如时间转移和格式转换、合理使用的扩张、符合《世界知识产权组织版权条约》和《世界知识产权组织表演与录音制品条约》规定的技术保护措施的保护（如"数字锁"和权利管理信息）、版权作品非商业用途的使用、互联网服务提供商和搜索引擎的侵权责任等。

为了确保加拿大版权法能够有效应对新型数字传播技术的进一步发展，加拿大政府在全面完成版权法改革之后，还注重持续推进版权法的现代化进程。

2016 年 6 月 22 日，《修改版权法 C-11 法案（为感知障碍人士提供版权作品）》[*Bill C-11, An Act to Amend the Copyright Act（Access to Copyrighted Works or Other Subject-matter for Persons with Perceptual Disabilities*）]③获得通过，将《马拉喀什条约》纳入加拿大法律，为印刷品阅读障碍人士使用作品提供便利。在加拿大，超过 80 万人存在视觉障碍，大约 300 万人存在理解障碍（比如孤独症）或无法拿起、控制一本书（比如帕金森症）④。《马拉喀什条约》是一部旨在为印刷品视觉障碍者提供版权例外的国际条约，在 2013 年获得了通过。加拿大是第一批加入该国际条约的国家。该条约在加拿大得到了许多利益相关方的支持，如加拿大研究图书馆协会、加拿大图书馆协会、加拿大盲人理事会、加拿大大学教师协会、加拿大国家盲人协会、加拿大盲人联盟、加拿大城市图书馆理事会等。

2019 年 6 月 3 日，加拿大产业科学与技术常委会经过对加拿大版权法一年

---

① IP Alert: U. S. Copyright office creates new group registration process for short online works [EB/OL]. [2020-06-23]. https://www. lathropgpm. com/newsletter-72575. html.

② Elizabeth II. Copyright modernization act[EB/OL]. [2019-06-23]. http://laws-lois. justice. gc. ca/eng/annualstatutes/2012_20/page-1. html.

③ Government of Canada. The marrakesh treaty. [EB/OL]. [2021-08-10]. https://www. canada. ca/en/innovation-science-economic-development/news/2016/03/the-marrakesh-treaty. html.

④ 中国保护知识产权网. 加拿大修改版权法为印刷品阅读障碍人士提供便利[EB/OL]. [2021-08-10]. http://www. ipr. gov. cn/article/gjxw/gbhj/bmz/jnd/201607/1892997. html.

的审查之后，发布了《版权法法定审查》(*Statutory Review of the Copyright Act*)①报告，进一步审查了"避风港"制度，并且讨论了网络屏蔽制度的问题。针对"避风港"制度，该报告指出，法院有责任裁决网络服务提供者是否适用"避风港"制度，并且视具体情况发出法院令。同时，该报告号召加拿大政府部门要及时对相关版权措施进行评估，呼吁法院对有意的网络侵权行为发放禁令。该报告认为应继续实施"避风港"制度，网络服务提供者对第三方通过其服务实施的版权侵权行为只需要承担有限责任。为了有效减少网络侵权行为，加拿大的一些行业联合组织要求立法限制网络平台、搜索引擎等对"避风港"制度的滥用。公共利益维护中心的 John Lauford 称，采用网站屏蔽制度对网络盗版并没有明显作用，而且在实施过程中有可能会过犹不及。加拿大谷歌公司强烈反对限制"避风港"制度的提案，他们认为开放平台没有理由对用户的行为负责。最终，加拿大产业科学与技术常委会认为"避风港"制度的修订提议不能通过②。

2021 年 7 月 16 日，加拿大创新、科学和经济发展部部长 Francois-Philipe 以及加拿大文化遗产部部长 Stephen Gilbeau，就人工智能和物联网相关版权问题发起了公众咨询，公布了名为《人工智能和物联网的现代版权框架咨询》(*A Consultation on a Modern Copyright Framework for Artificial Intelligence and the Internet of Things*)③的报告，向社会公众广泛征求意见，此项咨询的截止日期为 2021 年 9 月 17 日。该咨询涉及多个主题，包括文本和数据挖掘、人工智能作品的作者和所有权、人工智能侵权和责任、技术保护措施相关问题等。加拿大政府表示，试图通过此项咨询为政府的政策发展广泛收集意见，确保加拿大的人工智能和物联网相关版权框架能够应对不断发展变化的数字世界。

3.1.2　欧洲国家版权制度改革动态概览

3.1.2.1　欧盟版权制度改革动态概览

为了应对数字传播技术引发的新问题，欧盟发起了"许可欧洲"项目以及侵权程序处理方面的讨论，并于 2012 年 10 月 27 日公布了《2012 年 10 月 25 日欧

---

① Parliament of Canada. Statutory review of the copyright act. [EB/OL]. [2021-08-10]. https://www. ourcommons. ca/DocumentViewer/en/42-1/INDU/report-16/.

② 中国保护知识产权网. 加拿大产业科学与技术常委会反对网站屏蔽提案[EB/OL]. [2021-08-10]. http://ipr. mofcom. gov. cn/article/gjxw/lfdt/mj/bqmj/201906/1937487. html,2019-6-12.

③ Government of Canada. A consultation on a modern copyright framework for artificial intelligence and the internet of things[EB/OL]. [2021-08-10]. https://www. ic. gc. ca/eic/site/693. nsf/eng/00316. html.

洲议会与理事会关于允许某些孤儿作品使用行为的第 2012/28/EU 号指令》（*Directive 2012/28/EU of the European Parliament and of the Council of 25 October 2012 on Certain Permitted Uses of Orphan Works*）①。2013 年 12 月 5 日，欧盟委员会就欧盟版权规则的审查公开征求意见②，开始针对版权制度各方面的内容进行讨论。2014 年 3 月 20 日，欧盟公布了《2014 年 2 月 26 日欧洲议会和理事会关于版权、有关权以及欧盟内部市场音乐作品网络使用的跨区域许可权的集体管理的第 2014/26/EU 号指令》（*Directive 2014/26/EU of the European Parliament and of the Council of 26 February 2014 on Collective Management of Copyright and Related Rights and Multiterritorial Licensing of Rights in Musical Works for Online Use in the Internal Market*，以下简称《欧盟集体权利管理指令》）③。2015 年 8 月 24 日，根据《2015 年欧盟数字单一市场策略》的提议，欧盟委员会就《1993 年 9 月 27 日理事会关于协调某些涉及版权和有关卫星广播和有线转播适用版权的权利的规则的第 93/83/EEC 号指令》（*Directive 93/83/EEC of 27 September 1993 on the Coordination of Certain Rules Concerning Copyright and Rights Related to Copyright Applicable to Satellite Broadcasting and Cable Retransmission*）的审查公开征求意见④，旨在评估数字环境下适用现有规则是否仍然能够实现最初确立该规则的目的，同时考察该指令中的条款是否应该扩展至利用卫星之外的其他形式进行的电视或广播节目的传播以及利用有线之外的其他形式的转播，主要是为了明确指令规则是否应该被用于规范电视和广播节目的网络提供者的行为。

2018 年 9 月 12 日，欧洲议会、欧盟委员会以及欧洲理事会协商决定，以 438

---

① EUR-Lex. Directive 2012/28/EU of the European Parliament and of the Council of 25 October 2012 on certain permitted uses of orphan works[EB/OL]. [2021-07-25]. https://eur-lex. europa. eu/legal-content/EN/TXT/? uri＝CELEX％3A32012L0028&-qid＝1629449717616.

② The European Commission. Public consultation on the review of EU copyright rules[EB/OL]. [2019-03-10]. http://ec. europa. eu/internal_market/consultations/2013/copyright-rules/docs/consultation-document_en. pdf.

③ EUR-Lex. Directive 2014/26/EU of the European Parliament and of the Council of 26 February 2014 on collective management of copyright and related rights and multiterritorial licensing of rights in musical works for online use in the internal market[EB/OL]. [2021-07-25]. https://eur-lex. europa. eu/legal-content/EN/TXT/HTML/? uri＝CELEX：32014L0026&-from＝ET.

④ The European Commission. Consultation on the review of the EU satellite and cable directive[EB/OL]. [2021-08-10]. https://digital-strategy. ec. europa. eu/en/consultations/consultation-review-eu-satellite-and-cable-directive.

票赞成、226 票反对的结果初步通过了《欧盟数字单一市场版权指令》①。赋予新闻出版机构一种新型的邻接权，并加重了互联网网站对平台内容是否侵犯版权的审查义务②。2019 年 4 月 15 日，欧洲理事会再次对该指令进行投票表决，这一备受争议的欧盟版权指令最终获得通过，正式成为欧盟数字版权监管中一项严苛的法律。这项法律的通过，旨在解决当前数字传播环境下面临的新型版权问题，从而更好地服务数字经济和版权产业。由于该指令是对欧盟施行近 20 年的版权法进行的首次修订，所以媒体在进行报道时，大多通俗地将其称为欧盟新版权法。

对于《欧盟数字单一市场版权指令》，人们持两种不同的观点。支持者认为，这项法律有望缓解内容创作者与互联网巨头的矛盾，能更大限度地保护创作者的权益；而反对者认为，该法律权责划定不够清晰，执行困难的同时还有损害言论自由的风险。这项法律中争议最大且最核心的两项条款分别为第 15 条以及第 17 条。

第 15 条赋予新闻出版机构一种新型的邻接权，指出新闻出版机构有权与新闻聚合者（如互联网公司、搜索引擎、社交媒体等）进行授权许可谈判，内容原创者有权分享新链接所产生的额外收入③，俗称"链接税"。在此条款规范下，Facebook、谷歌、亚马逊等互联网巨头需要与新闻出版机构等版权所有者事先签订版权许可合同，在获得许可后才能使用其版权作品。同时，作品被使用的音乐家、表演者、作家、记者等内容原创者有权向谷歌和 Facebook 等网站主张要求合理的报酬。

第 17 条规定了互联网网站对平台内容具有更为严格的审查义务，即互联网企业需要自行使用过滤器检查其网站上的内容是否构成侵权，如若没有及时采取有效措施，就要对侵权行为负责。在此条款规范下，互联网平台必须使用网络过滤器，以过滤涉嫌侵权的内容资源。虽然多个互联网巨头竭力反对此项规定，但是最终敌不过欧洲大体量的内容原创产业的支持。《欧洲观察家》评论，欧盟新版权法是欧洲版权法改革历程中的一座重要的里程碑，对数字传播时代如何

① EUR-Lex. Directive (EU) 2019/790 of the European Parliament and of the Council of 17 April 2019 on copyright and related rights in the digital single market and amending directives 96/9/EC and 2001/29/EC[EB/OL]. [2021-07-25]. https://eur-lex. europa. eu/legal-content/EN/TXT/PDF/? uri＝CELEX:32019L0790&from＝EN.

② 新华网. 欧洲议会版权法案限制互联网公司权利[EB/OL]. [2021-08-10]. http://www. xinhua-net.com/world/2018-09/13/c_1123424488. htm.

③ 彭桂兵，陈煜帆. 取道竞争法：我国新闻聚合平台的规制路径——欧盟《数字版权指令》争议条款的启示[J]. 新闻与传播研究，2019,26(4):62-84,127.

保护内容创作者权益的探索有着重要的历史意义①。英国《金融时报》认为,互联网巨头利用平台技术优势获取大量免费内容资源,并且获得巨额利益,欧盟新版权法作为一项必要的数字监管措施能够对互联网巨头进行法律约束。鉴于此条款争议较大,欧洲委员会于 2021 年 6 月 4 日发布了《欧盟委员会、欧洲议会和理事会关于数字单一市场版权第 2019/790 号指令第 17 条的指导意见》(*Communication form the Commission to the European Parliament and the Council Guidance on Article 17 of Directive 2019/790 on Copyright in the Digital Single Market*)②,用于指导该条款的具体应用。

需要强调的是,尽管《欧盟数字单一市场版权指令》第 29 条第 1 款规定,欧盟成员国需要在 2021 年 6 月 7 日之前将这些条款纳入国内法。然而,大多数欧盟成员国并没有在截止日期之前将这些条款纳入国内法,导致欧盟委员会对这些欧盟成员国发起了侵权诉讼。③

此外,2021 年 5 月 19 日,欧洲议会通过了一项有关体育赛事主办机构在数字技术环境下所面临挑战的决议。该决议旨在考察现有欧盟法律框架,从而为直播体育赛事的权利提供适当和有效的法律保护,比如采取有效措施打击网上非法直播体育赛事的行为、改进和提高执法措施的效率等。④

3.1.2.2 英国版权制度改革动态概览

英国政府于 2011 年 12 月启动了公开征求版权改革建议的工作,以实施 Hargreaves 在《数字机遇:知识产权与增长的评论》⑤这一报告中提出的各项版权法改革建议,预期实现的目标是促使英国版权法成为强有力的和灵活的现代化法律制度。2012 年 7 月,英国商业创新技能部公布《现代化版权以强化对创

---

① 人民网. 欧盟新版权法正式出台 强化数字版权保护力度[EB/OL].[2021-08-20]. http://media. people. com. cn/n1/2019/0418/c40606-31035798. html.

② European Commission. Communication form the commission to the European Parliament and the Council guidance on article 17 of directive 2019/790 on copyright in the digital single market. [EB/OL]. [2021-08-20]. https://eur-lex. europa. eu/legal-content/EN/TXT/PDF/? uri = CELEX: 52021DC0288&from=EN.

③ Kluwer Copyright Blog. EU copyright law round up-second trimester of 2021. [EB/OL].[2021-08-20]. http://copyrightblog. kluweriplaw. com/2021/08/16/eu-copyright-law-round-up-second-trimester-of-2021/? print=pdf.

④ European Parliament. European Parliament resolution of 19 May 2021 with recommendations to the Commission on challenges of sports events organisers in the digital environment.[EB/OL].[2021-08-20]. https://www. europarl. europa. eu/doceo/document/TA-9-2021-0236_EN. html#title1.

⑤ Ian Hargreaves. Digital opportunity: review of intellectual property and growth[EB/OL].[2019-03-06]. https://www. gov. uk/government/uploads/system/uploads/attachment _ data/file/32563/ipreview-finalreport. pdf.

新的贡献》的政策声明,着手修订《企业与规制改革法》中与版权有关的条款。2013 年 4 月,英国议会通过了《2013 年企业与规制改革法》(*Enterprise and Regulatory Reform Act* 2013)①。同年 5 月,英国议会开始制定《知识产权法》,对包括版权在内的知识产权体系进行调整。2014 年 5 月,《2014 年知识产权法》(*Intellectual Property Act* 2014)②获得批准。此外,英国政府还通过次级立法,先后对《1988 年版权、外观设计和专利法》中有关版权例外的相关章节进行了修订,并增加了孤儿作品、延伸性集体管理相关规定。其中,《2014 年版权与表演权(残疾)条例》[*The Copyright and Rights in Performances(Disability)Regulations* 2014]③、《2014 年版权与表演权(研究、教育、图书馆与档案馆)条例》[*The Copyright and Rights in Performances(Research,Education,Libraries and Archives)Regulations* 2014]④、《2014 年版权与表演权(公共管理)条例》[*The Copyright(Public Administration)Regulations* 2014]⑤于 2014 年 6 月生效,《2014 年版权与表演权(引用与戏仿)条例》[*The Copyright and Rights in Performances(Quotation and Parody)Regulations* 2014]⑥、《2014 年版权与表演权(私人使用的个人复制)条例》[*The Copyright and Rights in Performances(Personal Copies for Private Use)Regulations* 2014]⑦、《2014 年版权与表演权(延伸性集体许可)条例》[*The Copyright and Rights in Performances(Extended Collective Licensing)Regulations* 2014]⑧、《2014 年版权

---

① The Parliament of United Kingdom. Enterprise and regulatory reform act 2013[EB/OL]. [2019-03-10]. http://www. legislation. gov. uk/ukpga/2013/24/contents.

② The Parliament of United Kingdom. Intellectual property act 2014[EB/OL]. [2019-03-06]. http://www. legislation. gov. uk/ukpga/2014/18/contents.

③ The Secretary of State. The copyright and rights in performances (disability) regulations 2014 [EB/OL]. [2019-03-06]. http://www. legislation. gov. uk/uksi/2014/1384/contents/made.

④ The Secretary of State. The copyright and rights in performances (research,education,libraries and archives) regulations 2014[EB/OL]. [2019-03-06]. http://www. legislation. gov. uk/uksi/2014/1372/contents/made.

⑤ The Secretary of State. The copyright (public administration) regulations 2014[EB/OL]. [2019-06-23]. http://www. legislation. gov. uk/uksi/2014/1385/contents/made.

⑥ The Secretary of State. The copyright and rights in performances (quotation and parody) regulations 2014[EB/OL]. [2019-06-23]. http://www. legislation. gov. uk/uksi/2014/2356/contents/made.

⑦ The Secretary of State. The copyright and rights in performances (personal copies for private use) regulations 2014[EB/OL]. [2019-06-23]. http://www. legislation. gov. uk/uksi/2014/2361/introduction/made.

⑧ The Secretary of State. The copyright and rights in performances (extended collective licensing) regulations 2014[EB/OL]. [2019-06-23]. http://www. legislation. gov. uk/uksi/2014/2588/contents/made.

与表演权（孤儿作品许可）条例》[The Copyright and Rights in Performances (Licensing of Orphan Works) Regulations 2014]①于 2014 年 10 月生效。2015 年 7 月 17 日，法官 Nicholas Green 颁布的一项裁决中，撤销了英国《1988 年版权、设计和专利法》中有关 CD 购买者将 CD 上的音乐转移到笔记本电脑或 MP3 播放器的行为属于私人复制例外的规定。2016 年 2 月 24 日，英国政府发布《2016 年版权集体管理（欧盟指令）条例》[The Collective Management of Copyright (EU Directive) Regulations 2016]②，用于指导《欧盟集体权利管理指令》在英国实施，该条例于 2016 年 4 月 10 日开始实施，其宗旨是确保版税支付及时且准确，同时极大提高欧洲集体管理组织的透明度并完善管理。2017 年 4 月 27 日，英国《2017 年数字经济法》（Digital Economy Act 2017)③获得皇室批准。政府颁布此法的目的是建立更好的数字化基础设施并为使用数字化服务的公民提供保护。该法第 34 条废除了《1988 年版权、设计和专利法》中的某些条款，这些条款规定通过有线电视转播节目不属于版权侵权行为。第 32 条将针对在线版权侵权的最长刑期由 2 年延长至 10 年。

2018 年 9 月 11 日，英国制定了《2018 年版权及有关权（马拉喀什条约等）（修订）条例》[The Copyright and Related Rights (Marrakesh Treaty etc.) (Amendment) Regulations 2018]④，将《马拉喀什条约》纳入英国法律。该条例于 2018 年 10 月 11 日生效，对《1988 年版权、设计和专利法》中的向公众发行复制品的侵权行为、残疾人个人使用作品的复制或录音行为、有效技术措施阻止许可行为的救济措施等条款进行了修订，对《1997 年数据库版权及相关权条例》（Copyright and Rights in Databases Regulations 1997）中的数据库权利例外等条款进行了修订等。

根据 2017 年英国与欧盟达成的协议，英国会在 2019 年 3 月 29 日正式"脱欧"，但是因为受到多种因素的制约，英国在 2020 年 1 月 31 日才正式退出欧盟。尽管如此，英国政府早就在法律制度方面为"脱欧"做了相关准备工作。在版权

---

① The Secretary of State. The copyright and rights in performances (licensing of orphan works) regulations 2014[EB/OL]. [2019-06-23]. http://www. legislation. gov. uk/uksi/2014/2863/introduction/made.

② Legislation. gov. uk. The collective management of copyright (EU directive) regulations 2016 [EB/OL]. [2021-08-10]. https://www. legislation. gov. uk/uksi/2016/221/contents/made.

③ Legislation. gov. uk. Digital economy act 2017[EB/OL]. [2021-08-10]. https://www. legislation. gov. uk/ukpga/2017/30/contents/enacted.

④ Legislation. gov. uk. The copyright and related rights (marrakesh treaty etc.) (amendment) regulations 2018 [EB/OL]. [2021-08-10]. https://www. legislation. gov. uk/uksi/2018/995/pdfs/uksi_20180995_en. pdf? view=extent.

制度方面,英国政府于 2019 年 3 月 19 日制定了《2019 年知识产权(版权及有关权)(修正案)(退出欧盟)条例》[*The Intellectual Property (Copyright and Related Rights) (Amendment) (EU Exit) Regulations 2019*]①,随后,英国政府又于 2020 年 9 月 28 日制定了《2020 年知识产权(修订等)(退出欧盟)条例》[*The Intellectual Property (Amendment etc.) (EU Exit) Regulations 2020*]②,对《2019 年知识产权(版权及有关权)(修正案)(退出欧盟)条例》进行了修订。修订后的条例于 2020 年 12 月 30 日生效,并从 2021 年 1 月 1 日起实施。该条例对英国十余项与版权相关的法律制度进行了修订,包括《1988 年版权、设计和专利法》《1997 年数据库版权及相关权条例》《2014 年版权与表演权(延伸性集体许可)条例》《2014 年版权与表演权(孤儿作品许可)条例》《2016 年版权集体管理(欧盟指令)条例》《2018 年版权及有关权(马拉喀什条约等)(修订)条例》等,同时废止了《2017 年 6 月 14 日欧洲议会和理事会关于内部市场在线内容服务的跨境可移植性的法规(欧盟)第 2017/1128 号指令》[*Regulation (EU) 2017/1128 of the European Parliament and of the Council of 14 June 2017 on Cross-border Portability of Online Content Services in the Internal Market*]③《2018 年在线内容服务的可移植性规定》(*The Portability of Online Content Services Regulations 2018*)④,旨在确保保留的欧盟法律可做适当的参考,而不需要以欧盟成员国身份为前提。

近年来,人工智能的发展使版权保护的目的和范围领域出现了新的研究课题。比如,人工智能学习系统学习受版权保护的数据或者作品是否侵权,人工智能生成物、人工智能系统的软件代码是否可受版权保护,以及在这些领域中如何合理运用版权法。同时,需要着重考察的是,如何对待人工智能系统创造的作品和使用作品的行为,以及目前的处理方法是否正确。鉴于此,2020 年 9 月 7 日,英国知识产权局发布了一项《人工智能和知识产权:呼吁意见》(*Artificial In-*

---

① Legislation. gov. uk. The intellectual property (copyright and related rights) (amendment) (EU exit) regulations 2019[EB/OL]. [2021-08-10]. https://www. legislation. gov. uk/uksi/2019/605/introduction.

② WIPO Lex. The intellectual property (amendment etc.) (EU exit) regulations 2020. [EB/OL]. [2021-08-10]. https://wipolex. wipo. int/en/text/579997.

③ WIPO Lex. Regulation (EU) 2017/1128 of the European parliament and of the Council of 14 June 2017 on cross-border portability of online content services in the internal market. [EB/OL]. [2021-08-10]. https://wipolex. wipo. int/en/text/181686.

④ WIPO Lex. The portability of online content services regulations 2018. [EB/OL]. [2021-08-10]. https://wipolex. wipo. int/en/text/581018.

telligence Call for Views：Copyright and Related Rights)①咨询文件，该文件向社会公众咨询的问题主要集中在两个方面：一是对当前有关人工智能的知识产权框架的思考，二是对人工智能和知识产权政策的未来探索。这份咨询文件主要包括五个部分，分别是：专利、版权和相关权利、外观设计、商标、商业秘密。英国知识产权局试图通过此次咨询来了解法律如何处理人工智能对版权作品的使用、存储、创作等问题，也希望政府的人工智能政策能够提供一个更好的环境来开发和使用人工智能。

英国政府之所以会针对这些问题展开咨询，是因为人工智能技术的发展使其与版权保护的目标之间出现紧张关系，政府亟须找到一个平衡点，保障版权作品所有者和使用者同时受益。此外，英国政府也希望英国成为全球人工智能和数据驱动创新中心，提高人工智能的普及程度，具体体现为充分利用人工智能技术服务社会公众，同时推动英国创造出开发和使用人工智能的最佳环境。在此背景下，英国知识产权局《人工智能和知识产权：呼吁意见》主要从三个方面研究与人工智能相关的版权问题：一是人工智能系统使用版权作品和数据的问题；二是人工智能作品是否存在版权以及版权归属的认定问题；三是人工智能软件的版权保护问题。该咨询文件也收到了来自社会各界的广泛意见，比如特许专利代理人协会委员会除了对人工智能引发的专利问题提出意见之外，还建议英国议院和英国知识产权局积极关注欧洲各国的版权改革政策，寻求与其他主要知识产权局的合作，共同探索人工智能的版权问题。

2021 年 5 月 26 日，英国政府发布了《2021 年版权和表演权(适用于其他国家)(修订)规则》[The Copyright and Performances (Application to Other Countries) (Amendment) Order 2021]②。该规则于 2021 年 6 月 26 日生效，对《2016 年版权和表演权(适用于其他国家)规则》中的相关条款可应用的国家范围等内容进行了修订。

3.1.2.3　德国版权制度改革动态概览

2013 年 3 月 22 日，《德国著作权法第八次修正案》(Achtes Gesetz zur nde-

---

① Intellectual Property Office. Artificial intelligence call for views：copyright and related rights[EB/OL]. [2019-02-22]. https://www.gov.uk/government/consultations/artificial-intelligence-and-intellectual-property-call-for-views/artificial-intelligence-call-for-views-copyright-and-related-rights.

② Legislation.gov.uk. The copyright and performances (application to other countries) (amendment) order 2021[EB/OL]. [2021-08-10]. https://www.legislation.gov.uk/uksi/2021/636/introduction/made.

rung des Urheberrechtsgesetzes)①获得通过,并于同年 8 月 1 日正式生效。该法为德国版权法新增了第 87f、第 87g 与第 87h 条②,为德国的报纸出版商创设了一项专有权,以控制新闻聚合服务提供者与搜索引擎挖掘并展示其享有版权的报纸内容摘要的行为。为了执行《欧盟集体权利管理指令》,德国政府于 2016 年 5 月 24 日通过了《著作权及有关权集体管理法》(Gesetz über die Wahrnehmung von Urheberrechten und verwandten Schutzrechten durch Verwertungsgesellschaften)③,该法通过规定集体管理组织、独立和非独立管理实体的行为来规范版权和相关权利的管理。同年 12 月 20 日,德国通过了《作者和表演者权利获得适当报酬的实施规则及有关出版商参与问题规则完善的法律》(Gesetz zur verbesserten Durchsetzung des Anspruchs der Urheber und ausübenden Künstler auf angemessene Vergütung und zur Regelung von Fragen der Verlegerbeteiligung)④。2017 年,德国联邦议会通过了新的《知识产权与知识经济法》,主要改革了在教研活动中使用有版权的文献作品时的相关规定,于 2018 年 3 月 1 日正式执行。

2020 年 9 月 8 日,德国司法部和消费者保护部举办了一次"数据经济学、人工智慧和知识产权"在线会议。德国司法部部长 Christina Lambrecht 指出:首先,德国政府应该建立一个正确的平台,能够提供有价值的信息让所有人受益。其次,对于人工智能和知识产权,德国政府需要为创新和竞争创造一个良好的法律、经济和社会框架。消费者保护部部长 Steerri Breton 认为:"我们看到数字技术在应对公共卫生挑战方面可以发挥关键作用。为了抓住这些机会,并确保欧洲数字主权,我们的公民以及公司必须能够基于一个可靠的基础设施拥有、控制、使用和存储他们的数据。这将在我们的欧洲数据战略和未来的数据管理实践中实现。"同时,此次会议讨论了从科学角度对版权体系监管所面临的挑战以

---

① Der Bundestag. Achtes Gesetz zur nderung des urheberrechtsgesetzes[EB/OL]. [2019-02-22]. http://www. bundesgerichtshof. de/SharedDocs/Downloads/DE/Bibliothek/Gesetzesmaterialien/17_wp/Urheberr _Presseverlage_Leistungsschutzrecht/bgbl. pdf;jsessionid=844C2126DA3560EA14A8B14F94C00E12. 2_cid354? _blob=publicationFile.

② 王清,唐伶俐. 国际版权法律改革动态概览[J]. 电子知识产权,2014(5):56-63.

③ WIPO Lex. Gesetz über die Wahrnehmung von Urheberrechten und verwandten Schutzrechten durch Verwertungsgesellschaften (Verwertungsgesellschaftengesetz - VGG) (zuletzt ge? ndert durch das Gesetz vom 1. Juni 2017)[EB/OL]. [2021-08-10]. https://wipolex. wipo. int/en/text/461344.

④ WIPO Lex. Gesetz zur verbesserten Durchsetzung des Anspruchs der Urheber und ausübenden Künstler auf angemessene Vergütung und zur Regelung von Fragen der Verlegerbeteiligung[EB/OL]. [2021-08-10]. https://wipolex. wipo. int/en/text/462481.

及如何加强信息分享和数字化世界中受保护的内容元数据①。

3.1.2.4　欧洲其他国家版权制度改革动态概览

爱尔兰版权评论委员会于 2013 年 10 月 29 日公布了名为《版权现代化》（*Modernising Copyright*）②的报告，并起草了《2013 年版权与有关权（改革）（修正）案》[*Copyright and Related Rights*（*Innovation*）（*Amendment*）*Bill* 2013]。2016 年，爱尔兰政府批准起草新版权法，讨论《版权现代化》中的相关建议。2019 年 12 月 2 日，爱尔兰《2019 年版权和其他知识产权法规定法》（*Copyright and Other Intellectual Property Law Provisions Act* 2019）开始实施。新法允许知识产权所有者在地区法院和巡回法院寻求低成本的知识产权侵权索赔，以便研究人员能更容易地使用文本和数据挖掘工具。

2014 年 2 月 21 日，西班牙知识产权法修订建议公布，决定紧随德国之后通过修订法律为报纸出版商创设相应的新邻接权。根据国外媒体的报道，西班牙还表示将以更严厉的惩罚措施惩处提供非法链接的行为，包括对提供非法链接者处以 3 万至 30 万欧元的罚款，通过修改刑法增设了非法链接罪，提供非法链接者最高判处 4 年有期徒刑。③ 2018 年 4 月 13 日，西班牙第 2/2018 号皇家法令修正了知识产权法合并本，调整、澄清和统一可适用的法律规定，以纳入国家版权法，即《欧盟集体权利管理指令》和欧盟第 2017/1564 号指令中，关于版权的集体管理和为盲人、视力障碍者或其他印刷品阅读障碍者授权使用作品的相关规定。

2020 年 5 月 11 日，荷兰成为第一个正式向议会提交在国内落实《欧盟数字单一市场版权指令》申请的国家，将通过在荷兰《版权法》（*Dutch Copyright Act*）中新增第 29c-e 条以及在荷兰《邻接权法》（*Dutch Neighboring Rights Act*）中新增第 19b 条来实施该指令的第 17 条。

俄罗斯《联邦知识产权执行机构审议和解决行政纠纷条例》于 2020 年 9 月 6 日生效。该条例优化了争议处理程序，包括缩短诉讼程序时间、扩大争议双方权利，同时加强俄罗斯知识产权局与争议双方的电子沟通协作，主要通过俄罗斯联邦知识产权局官方网站实现，当事方可通过官方网站提交相关申请。

---

① Bundesministerium der Justiz und für Verbraucherschutz. Hochrangige Konferenz zur Daten? konomie，künstlicher Intelligenz und geistigem Eigentum mit Thierry Breton und Christine Lambrecht. [EB/OL]. [2021-08-10]. https：//www. bmjv. de/DE/Themen/FokusThemen/EU2020/Presse/090820_Konferenz_Datenoekonomie. html；jsessionid＝E3CC1D5BA30712CDE181ED723A7ADBDD. 1_cid334.

② Copyright Review Committee. Modernising copyright [EB/OL]. [2021-07-23]. http：//www. cearta. ie/wp-content/uploads/2013/10/CRC-Report. pdf.

③ 王清，唐伶俐. 国际版权法律改革动态概览[J]. 电子知识产权，2014(5)：56-63.

3.1.3　亚洲与大洋洲国家版权制度改革动态概览

3.1.3.1　韩国版权制度改革动态概览

2009 年 4 月,韩国启动新一轮的版权法修订工作,赋予韩国文化体育观光部与韩国版权委员会实施打击重复网络版权侵权行为的权力,开始实施"三振出局"政策。2011 年 12 月 2 日,韩国将与美国类似的合理使用制度引入版权法。鉴于 2009 年版权修正法引发了社会公众的巨大争议,韩国国会议员与韩国国家人权委员会先后于 2013 年 1 月和 3 月提议重新审查该修正法。[①]

经过多年的制度和法律探索,韩国已基本建成三级版权行政管理体系:首先,韩国文化体育观光部(版权保护科)的主要职责是制定并执行关于版权保护的综合计划;设置网络特别警察处理网络侵权案件;对特殊类型网络服务提供者处以罚金;停止传输或直接删除盗版物、发出警告、封停账户等。其次,韩国版权保护中心接受版权所有人的委托,要求网络服务提供者删除其侵权内容;搜集针对特殊类型网络服务提供者处以罚金的证据资料;坚决取缔盗版物的离线供应及流通。同时,韩国版权委员会主要负责处理网络侵权举报;尽可能全面登记国内外的版权信息;提供版权信息检索服务;发出停止传输盗版物劝告,警告盗版物传播者,封停盗版者账户等;向文化体育观光部提出纠正命令申请;支持在线-离线版权搜查技术;建立数字证据资料搜集及分析体系,进行版权取证。[②]除此之外,韩国版权委员会还建立有纠正劝告纠正命令审议系统和版权取证系统。

近年来,韩国在保护内容创意产业的发展方面做出了颇多努力。比如,创造新的音乐租赁形式;模仿股票发行的方式出售版权,根据持股比例获得版权付费;重新修订韩国《著作权法》,从法律层面为创作者争取更多权益……韩国政府在法律层面引领公众达成版权付费的社会共识。比如,在修订的韩国《著作权法》中,规定版权所有者可以向使用其作品的客户收取合理费用,还重新规范了信托机构的权利与责任,针对音源传输使用,将信托机构征收费用的标准中权利方的比例上升到了 65%。

---

① Centre for Law and Democracy. Republic of Korea: copyright act and proposed 2013 reforms[EB/OL]. [2019-03-10]. http://www. law-democracy. org/live/wp-content/uploads/2013/06/Korea. Copyright. pdf.

② 刘小丹.《韩国版权法》中的"三振出局"制度研究及启示[J]. 河南工程学院学报(社会科学版),2018,33(4):31-36.

3.1.3.2 日本版权制度改革动态概览

2016 年 5 月 9 日,日本政府通过了 2016 年知识产权促进计划,一大亮点在于为人工智能作品构建版权保护法律体系。[①] 2018 年 2 月 23 日,日本在内阁会议上通过了《著作权法》修正案。2018 年 5 月,日本参议院全体会议最终表决通过了该修正案[②],旨在扩大作品的网络使用。

该修正案的主要内容之一是放宽了版权作品数字化的条件,允许互联网平台即使没有获得版权人授权也可以把书籍全文数据化,并提供关键词搜索服务,方便用户通过网络平台搜索含特定词汇的文章——该行为没有获得版权人许可也不构成侵权。而在该修正案通过之前,互联网平台等将作品数据化需事先获得版权人许可。

该修正案的主要内容之二是拓宽了版权限制与例外的范围。出于教育目的使用作品时,允许在学校支付补偿金的情形下,教师在校授课中使用电脑等电子设备借助网络平台向学生客户端发送用作教材的书籍和图片,且不需要事先获得版权人许可。在艺术展览会等场景中,如果需要用电子显示设备进行介绍,也可以在某些特定情形和范围内使用作品的电子图片。在书籍的有声化方面,一些面向特殊人群的作品使用行为可以被纳入版权例外,比如,针对视觉障碍人群、因残障存在阅读障碍的人群的书籍,在有声化过程中不需要事先获取版权所有者的许可。

2019 年 1 月 1 日,该修正案正式生效,此次修正实质上进一步扩大了部分豁免条款(在未经版权人同意的情况下也可以使用其版权作品)的适用范围。[③]有人将该豁免条款与美国的合理使用条款类比。不同的是,该豁免条款的适用范围仍要小于美国的合理使用条款。修正案中的豁免条款主要适用于以下三种情形:①对于使用版权作品不知情。修正案中规定,企业可以将版权作品记录(复制)在其数据库中,从而使用该数据来进行人工智能开发。需要强调的是,这种使用仅适用于人工智能在无人类意识干预的情况下使用版权作品进行机器学习的情形。②企业还可以出于电脑的缓存与备份的需要复制版权作品。③将版权作品用于计算机处理服务中无关紧要的使用情形,包括互联网检索服务。为了能够同时尽可能包含更多的计算机处理服务,该条款模糊了其适用范围。只

---

① 中国保护知识产权网. 日本保护人工智能创作产品的"版权"[EB/OL]. [2021-08-10]. http://ipr. mofcom. gov. cn/article/gjxw/gbhj/yzqt/rb/201605/1889815. html.

② 环球网. 日本国会通过新《著作权法》书籍数据化降低搜索门槛[EB/OL]. [2021-08-10]. https://world. huanqiu. com/article/9CaKrnK8Eqk.

③ 中国保护知识产权网. 日本《版权法》修正案提出作品使用的豁免条款[EB/OL]. [2021-08-10]. http://ipr. mofcom. gov. cn/article/gjxw/gbhj/yzqt/rb/201903/1934193. html.

要在使用版权作品时不会以不正当手段损害版权人权益,就视作适用此豁免条款。此外,该修正案还针对特殊场景的版权作品使用做了豁免规定,比如帮助残障人士更便捷地获取和使用版权作品;在特定版权作品的使用上,博物馆和图书馆等具有公共教育性质的机构相比其他机构拥有更多自由;对于孤儿作品,政府拥有更多的自由来使用此类作品。

3.1.3.3　印度版权制度改革动态概览

2012 年 6 月 8 日,印度《2012 年版权(修正)法》[①]正式生效。该修正法新增了第 14 条 d 款(ii)项、e 款(ii)项与第 2 条第(ff)款,扩大了发行权和向公众传播权的范围。2018 年 7 月 4 日,印度联邦内阁批准了加入《世界知识产权组织版权条约》与《世界知识产权组织表演和录音制品条约》的议案,将正式遵守全球知识产权领域的通用规则[②]。

近年来,印度电影盗版乱象频仍,导演英德拉·库马尔将盗版侵权行为定义为"一种必须治疗的疾病",印度制片人阿南德·潘迪特也表示,普遍存在的影院偷录和内容泄露等问题阻碍了印度电影产业的发展。2019 年,印度通过新的版权法修正案,规定电影盗版者将面临三年监禁或罚款 1000 万卢比的处罚。此次修订得到了印地语电影联合会、印度制片人协会、印度制片人和导演等版权协会、版权人的广泛认可和支持,他们普遍认为,此次修订为内容创作者和版权人提供了法律保障;有望根除盗版威胁,从而保护制片人的创造力和股东的财产;能够有效震慑毫无节制的盗版者。

为了进一步推动电影产业的发展,打击电影盗版行为,2021 年 6 月 18 日,印度信息与广播部公布了名为《就〈2021 年电影(修正)法案〉征询公众意见》[*Public comments sought on the Cinematograph(Amendment)Bill 2021*][③]的文件,针对《2021 年电影(修正)法案》[*Cinematograph(Amendment)Bill 2021*]向社会公开征求意见,旨在消除盗版对电影的威胁[④]。这部最新的修正法案遭到业界专家的强烈反对,理由是其中一项条款使中央政府享有修正权(re-

---

① Ministry of Law and Justice. The copyright(amendment)act,2012 No. 27 of 2012[EB/OL]. [2019-03-10]. http://www. wipo. int/edocs/lexdocs/laws/en/in/in066en. pdf.

② 中国保护知识产权网. 印度同意加入《WIPO 版权条约》与《WIPO 表演和录音制品条约[EB/OL]. [2021-08-10]. http://ipr. mofcom. gov. cn/article/gjxw/gjzzh/sjzscqzz/201807/1924235. html

③ Ministry of Information and Broadcasting. Public comments sought on the Cinematograph(Amendment)bill 2021[EB/OL]. [2021-08-10]. https://mib. gov. in/sites/default/files/Public%20comments%20sought%20on%20Cinematograph%20%28Amendment%29%20Bill%202021. pdf.

④ Law Wallet. Cinematograph(amendment)bill,2021[EB/OL]. [2021-08-10]. https://lawwallet. in/cinematograph-amendment-bill-2021/.

visionary power)。这实际上意味着即使一部电影获得了适当认证,政府也能重新指示电影审查中央委员会的主席进行再次审查。另外,一些附加条款似乎与印度《1957 年版权法》规定的反盗版条款不符。①

3.1.3.4　澳大利亚版权制度改革动态概览

澳大利亚法律改革委员会于 2013 年 11 月 29 日公布了名为《版权与数字经济》(*Copyright and the Digital Economy*)②的最终报告,全面改革版权法。报告首先强调了版权制度改革的五大基本原则:一是尊重作者和创作者的权利;二是保持激励创作和作品传播;三是促进内容的公平获取;四是提供灵活、清晰且适应性强的规则;五是提供与国际义务协调一致的规则。接着,该报告介绍了版权制度改革的背景,着重分析了合理使用问题,并对网络服务提供者应当承担的责任、法定许可、引用、文本数据挖掘、临时复制、孤儿作品、残疾人获取作品等相关的版权问题进行了详细讨论。

2018 年 11 月 28 日,澳大利亚议会两院表决通过了《2018 年版权法修正案(网络侵权)》[*Copyright Amendment*(*Online Infringement*)*Act* 2018]③,并于 12 月 10 日经签署之后生效。该修正案重新修订了《1968 年版权法》中的第 115A 条,该条规定版权人有权向联邦法院申请禁令,同时有权要求澳大利亚网络接入服务商(CSP)采取合理措施阻止其用户在澳大利亚境外实施侵犯版权的行为,或阻止用户访问为版权侵权提供协助措施的在线访问地点④。此项修正案的内容主要包括三个方面:①修改对境外在线访问地点的检验标准;②增加可推翻的证据推定并扩大禁令的适用范围;③为禁令的颁布与主体排除提供更多的便利。基于这三个方面,澳大利亚议会具体做了以下三个方面的修订工作。

首先,修订检验标准。该修正案将批准版权人申请禁令的检验标准变更为:澳大利亚境外访问地点的所在方或运营商是否构成侵权行为或其行为是否帮助侵权,以及是否以侵犯版权或帮助侵犯版权为主要目的或主要效果,无论是否在澳大利亚境外。"主要效果"这个标准是相对比较客观、可衡量的,能够降低版权

---

① 中国保护知识产权网. 印度《2021 年电影(修正)法案》:权利与盗版之争[EB/OL].[2021-08-10]. http://ipr. mofcom. gov. cn/article/gjxw/gbhj/yzqt/yd/202108/1963977. html.

② Australian Law Reform Commission. Copyright and the digital economy. Final report[EB/OL].[2021-08-10]. https://www. alrc. gov. au/wp-content/uploads/2019/08/final_report_alrc_122_2nd_december_2013_. pdf.

③ WIPO Lex. Copyright amendment(online infringement)act 2018[EB/OL].[2021-08-10]. https://wipolex. wipo. int/en/text/501945.

④ 中国保护知识产权网. 澳大利亚修法加大网络侵权打击力度[EB/OL].[2021-08-10]. http://ipr. mofcom. gov. cn/article/gjxw/gbhj/dyz/adly/201903/1934142. html.

人向法院申请禁令时的举证难度。但在目前的运行体系下,很难确定一些协助实施侵权行为的境外访问地点的所有方或运营商的主要目的,此时利用主要目的来判断其是否在禁令约束范围内就具有较强的不确定性。这些访问地点包括在线文件管理平台,比如网络存储器等。在新的检验标准下,法院发出禁令的标准不再是考察网站运营者或使用者的行为目的,而是考量网站行为造成的实际影响。同时,新的检验标准可能会过滤一些出于合法经营目的但包含侵权内容的访问网址。

其次,增加证据推定。该修正案新增了以第115A条为诉讼依据的可推翻的证据推定,推定表明,在线访问地点被推定位于澳大利亚境外的,版权人即可向法院寻求禁令,除非有相反情况存在。此前,版权人向法院寻求禁令时,需要申请方自行证明涉嫌侵权的访问地点在境外。然而,由于通过使用代理服务器等方法来掩盖上网地点的真实位置非常容易,举证就变得困难。因此,举证责任的变更就非常有必要,同时举证责任的变更还可以简化诉讼程序并且降低维权成本。举证责任的变更在原则上与该法案的其他条款相一致,即允许在民事诉讼中通过证据推定来证明所有权问题。虽然举证责任发生了变更,但是仍然允许网络接入服务提供者、网络搜索引擎服务商、访问地点所有方或运营商在法庭上就其访问网址地点是否在澳大利亚境外为自己辩护。

最后,扩大禁令范围。该修正案允许版权人同时申请对网络接入服务者和搜索引擎服务商的禁令,可要求搜索引擎停止为客户提供不法的搜索结果。根据该修正案第115A(8B)条,搜索引擎方可以免于承担侵权责任。但是,搜索引擎等通常能为用户提供禁令约束范围内的访问地点的入口,这样一来禁令的效力就会被削弱。如果只有在网络接入服务提供者接收禁令之后才能继续向搜索引擎方发放禁令,那么这个禁令对于搜索引擎的作用也是有限的。但根据115A(7)条,申请方在获得针对网络接入服务提供者的法院禁令后,可以寻求包括针对网络搜索引擎方在内的其他禁令。需要强调的是,这一规定只适用于澳大利亚境内,因为第115A条的效力在于减小澳大利亚的用户浏览和获得侵权内容的可能性,如果超出了修正案的适用范围,联邦法院就无法发出禁令。该修正案第115A(2A)和(2B)条规定,法院可以在符合特定条件的情况下发出禁令。同时第115A(2A)条中说明,禁令可要求网络接入服务提供者或网络搜索引擎服务提供者采取合理措施,屏蔽或拒绝向用户提供搜索结果,搜索结果包括在线访问地点的获取途径、域名、URLs和IP地址,以及由版权人同网络接入服务提供者或网络搜索引擎服务提供者做出书面协议的"在禁令颁布后提供的"在线访问地点的域名、URLs和IP地址。此次修订能够有效防止在线访问地点的所有方或运营商通过改变域名、IP地址或URLs等方式回避禁令。由此可见,此次修订可以减轻版权人申请禁令救济时的举证负担,同时也意味着禁令的效力可以适用于新的当事人或新的情况,而无须经过进一步的司法监督。此外,该修正案中并没有明确规定版权人如何与网络接入服务提供者或搜索引擎服务提供者在禁令发放后达成协议。《解释性备忘录》中也仅仅指出双方可以在禁令条款和条件范围内自行商议。显而易见,该机制的调整主要是为了能获得对主要互联网搜索引擎服务提供者的禁令,原因在于这类运营商往往能够将互联网中的搜索结果导入含有侵权内容的在线访问地点。由此可见,仅仅凭借禁令制度并不能直接规范境外访问地点的侵权行为,其更多的是希望通过澳大利亚的网络接入服务提供者来间接管理进入澳大利亚访问地址的权限。正因如此,在该修正案获得通过之后,参议院建议有必要在两年内对版权法的第 115A 条进行有效性评估。[①]

3.2　国外版权制度改革的典型做法

在新一轮数字传播技术冲击下,版权制度亟待变革,以适应新环境。考察国外版权制度改革进程,无论是发达国家还是发展中国家,都已经对一些关键问题进行了探索,下文结合第二章分析的数字传播技术给版权保护带来的各种问题,选择具有代表意义的典型应对方略作详细论述。

3.2.1　重新界定专有权范围与创设新的权利

为使版权人的专有权有效覆盖数字传播领域,许多国家都将重新界定与数字传播有关的复制权、发行权和向公众传播权的范围,或者创设新的权利作为推进版权制度改革的首要步骤。

3.2.1.1　重新界定复制权范围

与复制权有关的改革主要涉及临时复制是否应纳入复制权范围。随着搜索引擎、网络信息聚合、云计算服务等依托缓存、索引技术的新传播方式的出现,用户浏览网页导致的电脑屏幕和计算机缓存对作品的临时复制是否侵犯复制权的问题引发了争议。在前述临时复制能否纳入版权法控制的复制权这一问题上,

---

① 中国保护知识产权网.澳大利亚修法加大网络侵权打击力度[EB/OL].[2021-08-10].http://ipr. mofcom.gov.cn/article/gjxw/gbhj/dyz/adly/201903/1934142.html.

欧盟、澳大利亚、加拿大、日本等均表明这类复制行为属于版权例外,不受版权人控制。

鉴于英国最高法院于 2013 年 6 月 27 日将前述问题提交给欧盟法院先予裁决①,欧盟委员会对这类"临时复制"行为的合法性进行了全面审查。具体体现在欧盟法院对《欧盟信息社会版权指令》第 5 条第 1 款的例外与限制条款进行了解释,认为不受复制权控制的"临时复制"行为必须满足其是暂时的、短暂的或偶然的、技术过程的必要或者本质部分、过程的唯一目的是使得作品或者其他受保护客体在网络中通过中间服务提供商在第三方之间传输成为可能、没有独立的经济意义。② 同时,欧盟法院还强调,"临时复制"行为只有同时具备前述要求,而且符合《欧盟信息社会版权指令》第 5 条第 5 款规定的"与作品的正常开发没有冲突,没有不合理的对权利人的利益产生损害"的特殊情形,才能属于第 5 条第 1 款的例外范畴。

根据欧盟法院对"临时复制"的解释③,爱尔兰版权评论委员会于 2013 年 10 月 29 日公布《版权现代化》,对版权法进行改革时,也建议不能将"用户浏览网页导致的电脑屏幕和计算机缓存对作品的临时复制"这类复制行为纳入复制权范围。澳大利亚法律改革委员会于 2013 年 11 月 29 日公布的名为《版权与数字经济》的最终报告中的建议也体现了同样的态度,提倡以更具有弹性的合理使用制度规范"临时复制"行为,甚至以新技术环境中的缓存复制可能不只复制一份且保存的时间可能无法满足"临时"为由,建议取消"临时复制"术语,而以"偶然的或技术性使用"代替,将搜索引擎的缓存、检索复制等涵盖在内。

此外,加拿大在 2012 年 6 月通过《版权现代化法》时,专门对"技术过程中的临时复制"(temporary reproductions for technological processes)进行了规范,也表明了前述临时复制行为不属于复制权控制的范围。具体体现为在原有版权法第 30.7 条后面补充了第 30.71 款,如果(a)复制是技术过程的重要组成部分;(b)复制的唯一目的是促进不侵犯版权的使用;(c)复制仅在技术过程期间存在,那么,这一复制作品或其他客体的行为不构成版权侵权。[It is not an infringement of copyright to make a reproduction of a work or other subject-matter if (a) the reproduction forms an essential part of a technological process; (b) the

---

① Case C-360/13,Public Relations Consultants Association Limited v. The Newspaper Licensing A-gency Limited and Others.

② European Court of Justice. Infopaq International A/S v. Danske Dagblades Forening[EB/OL]. [2020-08-16]. http://eur-lex. europa. eu/LexUriServ/LexUriServ. do? uri = CELEX:62010CO0302: EN:HTML.

③ Case C-5/08,Infopaq International A/S v Danske Dagblades Forening,para. 54.

reproduction's only purpose is to facilitate a use that is not an infringement of copyright; and (c) the reproduction exists only for the duration of the technological process.][1]日本于 2019 年 1 月 1 日生效的《著作权法》修正案,在进一步扩大部分豁免条款时也有一部分内容涉及临时复制例外,即企业可以出于电脑的缓存与备份需要复制版权作品。

3.2.1.2 重新界定发行权范围

有关发行权的调整与修订主要涉及以下两个方面:其一,新增条款以拓展已有发行权的范围;其二,考察"发行权穷竭(exhaustion of the distribution right)原则"能否适用于网络环境中的发行行为。

在应对新型数字传播技术的过程中,以加拿大、印度为代表的国家在修订版权法时,采取了新增条款的方式来拓展已有发行权的范围,对发行权范围进行重新界定。加拿大在 2012 年 6 月通过《版权现代化法》时,就已经新增了录音制品表演者的发行权[2]。该法对加拿大原有版权法第 15 条进行了修订,在第 15 条第(1)款后面补充了以下内容:"如果表演者的表演固定在有形物体形式的录音中,表演者也有权出售或以其他方式转让录音的所有权,并对其进行授权,只要所有权以前从未在加拿大境内或境外经表演者演出所有人授权转让。"[3]印度《2012 年版权(修正)法》也通过新增条款赋予电影作品和录音制品的版权人新的发行权,使其享有控制他人销售、商业性出租或者许诺销售、商业性出租其作品的权利[4]。

关于"发行权穷竭原则"能否适用于网络环境中的发行行为,欧盟委员会[5]和美国[6]均进行了讨论。目前,"发行权穷竭原则"不适用于网络环境是主流观点。欧盟委员会就欧盟版权规则的审查公开征求意见时,对欧盟适用于有形实体复制情形的发行权穷竭原则能否适用于无形数字复制情形展开了讨论。根据欧盟法律相关规定,发行权穷竭原则适用于有形实体复制情形,即版权人出售CD 或书籍等有形物品之后,不得阻止该有形物品的进一步分发。若将该原则

---

① WIPO LEX. Copyright modernization act[EB/OL]. [2021-10-11]. https://wipolex. wipo. int/en/text/279442.

② 参见《版权现代化法》第 15 条第 1.1 款(e)项.

③ WIPO LEX. Copyright modernization act[EB/OL]. [2021-10-11]. https://wipolex. wipo. int/en/text/279442.

④ 参见印度《2012 年版权(修正)法》第 14 条 d 款(ii)项、e 款(ii)项.

⑤ European Commission. Public consultation on the review of the EU copyright rules[EB/OL]. [2019-02-22]. http://ec. europa. eu/internal_market/consultations/2013/copyright-rules/index_en. htm.

⑥ The Department of Commerce. Copyright policy,creativity,and innovation in the digital economy [EB/OL]. [2019-02-22]. http://www. uspto. gov/news/publications/copyrightgreenpaper. pdf.

用于网络传播,就需要考虑一些实际应用的问题(如何避免转售者在"转售"作品后保留和使用该作品的副本,即"转发和删除"问题),同时也要考虑建立一个质量完美、永不变质的二手复制品市场的经济影响。在美国,"发行权穷竭原则"被称为"首次销售原则"(first sale doctrine)。美国商务部在《数字经济中的版权政策、创意和创新》(*Copyright Policy,Creativity,and Innovation in the Digital Economy*)中指出,美国版权法规定的"首次销售原则"("发行权穷竭原则")通过限制发行权的范围,允许作品有形实物副本的所有者在未经版权人同意的情形下转售或以其他方式处置该副本。这一理论起源于确保消费者对其有形财产的控制,使图书馆和二手市场得以存在。但是,在该原则下版权人其他的专有权,尤其是复制权并不受影响。因此,"首次销售原则"不适用于通过数字传播的作品发行,因为在这一过程中复制品的制作会影响复制权。与使用过的有形实体复制的不完美质量不同,数字传播创造了作品的完美复制件,对市场具有更大的潜在影响,也使得更多复制件容易扩散,增加了盗版风险。

3.2.1.3 重新界定向公众传播权范围

随着网络传播技术的飞速发展,向公众传播权(应对网络传播而新创设的权利)的重要性愈发凸显,有关纠纷也随之频仍[1]。为此,清晰界定其范围便显得日益紧要。

近年来,欧盟、印度等已有向公众提供权的国家均在重新界定向公众传播权的范围。欧盟委员会在2013年全面审查欧盟版权法时,认为《欧盟信息社会版权指令》中的向公众传播权以及所包含的向公众提供权存在范围界定缺陷,故提议重新审查此项权利,特别是考察提供链接是否构成向公众传播和向公众提供行为的问题。鉴于此,2019年4月15日,最终获得通过的《欧盟数字单一市场版权指令》为更有效地维护创作者利益而针对在线内容分享平台设定了"上传过滤"义务,将允许公众访问平台内容纳入"向公众传播"行为范畴,由此将平台责任从原本的次要责任转变为主要责任。印度《2012年版权(修正)法》将以任何方式向一个以上家庭或者居所(包括宾馆或者招待所的一个房间)的同时传播纳入向公众传播权的范畴[2]。

与此同时,许多未规定向公众提供权的国家要么已经新增向公众提供权,要么正在讨论是否新增此项权利。美国版权局提议将向公众传播权从发行权、公开表演权和公开展示权中分离。经过长期讨论之后,美国版权局于2016年2月23日发布了《美国的向公众提供权:版权局的报告》,对美国的向公众提供权进

① 王清,唐伶俐.国际版权法律改革动态概览[J].电子知识产权,2014(5):56-63.
② 参见《2012年版权(修正)法》第2条第(ff)款之"解释".

行了全面梳理。该报告分为五大部分,包括简介及研究历史、世界知识产权组织互联网条约及向公众提供权、美国实施向公众提供权的策略、其他条约伙伴的向公众提供权执行情况、结论和建议。在全面梳理向公众提供权之后,美国版权局认为在界定"向公众提供"行为中的"提供"一词时,需要根据公众是否"可以访问"一部作品来定义。根据这一理解评估美国法律,美国版权局认为,从国际条约的角度来看,目前无须进行任何法律变更,版权法第 106 条项下的专有权赋予了版权人提供在线作品访问的专有权,包括通过个性化点播传输。此外,美国版权局还简要地研究了如果法院在未来的情形中解释第 106 条与向公众提供义务不一致,美国国会可以考虑的各种版权法修订方案,包括狭义的定义澄清、动摇现有权利结构的根本性重组方案。其中,在这种重组方案下,美国版权法某些现有的专有权将被合并为与其他国家类似的一般性向公众传播权。如果国会只希望解决法院目前存在分歧的这一问题,国会可以通过在版权法第 101 条中扩充"发行"的定义来实现,即将"提供"纳入"发行"范围。如果国会还希望澄清公开表演权和展示权包括向公众提供的权利,国会可以考虑修改"传输条款",规定向公众传输或以其他方式传达表演或展示,满足"公开"表演或展示作品的定义。国会也可以考虑一个更基本的解释性修订,即在第 106 条中补充一个声明,规定"一个版权人的专有权包括向公众提供权,包括公众可在自己选择的地点和时间访问作品的方式"。此外,美国版权局还讨论了另外一种情形,即重组现有的专有权。美国版权局认为,国会可以脱离美国传统历史上实施多项排他性权利的实践,转而采取一项一般性的向公众提供权,包括提供按需获取。这种方式可以采取多种形式实现,但根据《世界知识产权组织版权条约》的规定,"传播"一词意味着向不在传播起源地的公众进行传播。如果国会遵循这一模式,现有的发行权、公开表演权和公开展示权很可能会被归入"向公众传播权",因为这些权利涵盖了向远程地点的传播。单独列举的发行权、公开表演权、公开展示权将被保留在法律中,但可能仅限于未来的实物或面对面交流。但是,美国版权局也强调,这种方法将导致美国版权法的全面重组。几乎所有涉及发行权、公开表演权或公开展示权的现有条款都必须更新,以解决新结构下涉及的权利或其组合所带来的问题。这些变化会破坏现有的许可模式和基于当前权利框架的其他商业实践,从而给市场带来巨大的不确定性。为了避免打破版权法中目前的平衡,现有的限制和例外情况也可能需要更新并创建新的限制和例外。目前,关于这种调整带来的变化是否合理尚不清楚。鉴于此,美国版权局并不支持美国版权法采取这种重组形式进行调整。经过讨论后,美国版权局得出的结论是,美国法律满足"向公众提供"义务所需的全部保护范围。根据未来的司法发展或其他情况,国会决定澄清法律是可取的,美国版权局随时准备协助审议任何拟议的修改。①

　　加拿大在 2012 年 6 月通过《版权现代化法》时,就已经新增了版权人和表演者的向公众传播权。该法对加拿大原有版权法第 2.4 条进行了修订,授予版权人向公众传播权,具体体现为在该条第(1)款之后增加了第(1.1)项,即"就本法而言,通过电信向公众传播作品或其他客体的行为,包括通过电信向公众提供作品或其他客体,使公众成员可以在该公众成员个人选定的地点和时间获得该作品或客体。"(For the purposes of this act, communication of a work or other subject-matter to the public by telecommunication includes making it available to the public by telecommunication in a way that allows a member of the public to have access to it from a place and at a time individually chosen by that member of the public.)同样,就表演者的表演而言,该法对加拿大原有版权法第 15 条进行了修订,在第 15 条第(1)款后面补充了以下内容,"表演者被授予通过电信向公众提供适用表演的录音的专属权利,使得公众成员可以在其选定的地点和时间获取录音。"②

3.2.1.4　创设新型出版商邻接权

　　报纸内容主要包括文字作品和摄影作品,其版权通常归属于作为自然人的作者,而报纸出版商只能根据作者的转让或独占许可对报纸内容获得排他权。虽然报纸出版商对报纸内容的选取、审核、编辑、出版等投入了大量的人力和物力,但这些劳动成果大多难以达到版权法对作品所要求的独创性高度。随着数字传播时代的到来与迈进,报纸出版商难以使其投资得到足够的回报,报业中出现市场失灵的现象促使一些国家开始酝酿建立报纸出版商邻接权制度。随着"谷歌新闻"业务的问世,搜索引擎或新闻聚合服务提供商提供链接并摘录报纸内容是否侵犯报纸出版商的版权也引发了争议,巴西报纸出版商协会甚至宣布集体退出"谷歌新闻"服务。在此背景下,德国、比利时、法国、意大利、西班牙等欧盟国家决定通过修订法律为报纸出版商创设相应的新邻接权。

　　俗称"谷歌法"的德国版权法修正案率先修成正果:在经过四年的讨论之后,2013 年 3 月 22 日通过并于同年 8 月 1 日生效的《德国著作权与邻接权法》在第二章中为德国版权法新增了第 87(f)、第 87(g)、第 87(h)条。这三条为德国报纸

---

　　① U. S. Copyright Office. The making available right in the United States: a report of the register of copyrights[EB/OL]. [2021-08-10]. https://www. copyright. gov/docs/making_available/making-available-right. pdf.

　　② WIPO LEX. Copyright modernization act[EB/OL]. [2021-10-11]. https://wipolex. wipo. int/en/text/279442.

出版商创设了一项保护期为一年的独占权,以禁止搜索引擎和新闻聚合服务提供商在不支付费用的情况下展示其报纸内容摘要(展示单个单词或简短的文本片段不在此列)。第 87(f)条规定了报纸出版商邻接权的范围,即报纸出版商应享有出于商业目的,向公众传播报纸产品或其部分内容的排他性权利,除非其仅包括个别单词或短句。第 87(g)条规定了报纸出版商邻接权的可转让性、保护期(出版之后一年)以及权利限制(一是权利的行使不得损害作者或相关权利人的利益,二是权利所控制的对象仅限于搜索引擎的服务提供商或新闻聚合服务提供商)。第 87(h)条规定了作者应有权享有适当份额的报酬。[①] 紧随其后,西班牙在立法中增加了法定许可模式下的报纸出版商邻接权。2014 年修订的《西班牙著作权法》第 32 条第 2 款规定 :为了提供能产生公众舆论和娱乐的信息,数字服务商向公众提供报纸的内容聚合服务,无须获得授权(报纸中的摄影作品除外),但出版者和其他权利人有权向其收取合理的报酬,该权利具有不可放弃性,并交由集体管理组织实施。然而,德国和西班牙的立法改革至今没有产生应有的成效,两国的报纸出版商基本上未因此从网络服务提供商那里获得该邻接权的许可费。立法修订之后,谷歌公司拒绝与德国报纸出版商集团所建立的集体管理组织 VG 媒体集团进行谈判。不少德国报纸出版商自行与谷歌公司之间达成免费许可的协议,以此保障其内容继续在"谷歌新闻"中呈现。在西班牙,谷歌公司甚至关闭了"谷歌新闻"的业务。欧盟层面将立法改革的失败归结于,仅仅个别国家层面(而非欧盟层面)赋予邻接权难以提供足够的保护,现行制度下报纸出版商与网络服务提供商之间的谈判力差距仍悬殊,从而导致权利许可和权利行使困难。这在一定程度上催生了欧盟层面的出版商邻接权立法。

2016 年 9 月 14 日,欧盟委员会发布了《欧盟数字单一市场版权指令(提案)》(以下简称《提案》),其中,第 11 条规定了出版商邻接权。经过近三年的多轮激烈讨论和修改,出版商邻接权的条款基本上始终被保留在《提案》中。2019 年 2 月 13 日,在欧盟委员会、欧洲议会和理事会的三方会议上确定了《提案》的最终文本。出版商邻接权条款被列于《欧盟数字单一市场版权指令》的第 15 条,其实质内容与德国出版商邻接权的规定差异不大,主要存在两点区别 :①除了向公众提供权,《欧盟数字单一市场版权指令》对于出版商邻接权还规定了复制权这一权利;②《欧盟数字单一市场版权指令》规定出版商邻接权的截止保护

① 阮开欣.欧盟报刊出版者邻接权的成因及启示——以《数字化单一市场版权指令》为背景[J].出版科学,2020,28(4):32-38.

期为报纸出版后两年,起算时间为出版之日后一年的 1 月 1 日。①

3.2.2 调整合理使用制度的范围

随着新传播技术的出现,现有合理使用制度的弊病日益凸显,表现为版权人权利的扩张严重威胁社会公共利益。鉴于此,为实现合理使用制度的权利平衡功能,调整现有合理使用制度的范围便成为国际社会版权改革的重中之重。

3.2.2.1 考虑引入开放式合理使用制度

合理使用制度主要有三种立法模式:①开放式因素判断模式(如美国);②封闭式具体行为列举模式(如中国);③开放与封闭结合的混合模式(如英国、加拿大)。因其具有很强的现实针对性,以美国为典型代表的开放式模式已为菲律宾(1998)、新加坡(2006)、以色列(2007)的版权法所吸收。随着新的作品传播技术的发展,新的作品使用行为不断出现,封闭式合理使用制度在判断这些行为是否为合理使用方面显得不敷使用。因此,许多目前仍采用封闭式模式的国家正在考虑是否引入开放式模式。

近年来,韩国率先引入开放式合理使用制度。为实施《美韩自由贸易协议》,韩国 2012 年版权法新增了第 35-3 条:"除其他情形外,版权作品可以用于报道、批评、教育和研究目的",并列举了与美国版权法第 107 条非常相似的考察合理使用与否的因素。

与此同时,尽管英国的 Hargreaves 在《数字机遇:知识产权与增长的评论》中拒绝引入开放式合理使用制度,欧盟委员会在 2013 年启动全面版权制度改革时,却将开放式合理使用制度作为建立更富弹性的版权例外框架的备选方案。当然,需要强调的是,2019 年 4 月 15 日最终获得通过的《欧盟数字单一市场版权指令》并没有采纳这一备选方案,而是在原有的合理使用制度中新增了部分版权限制与例外情形。

爱尔兰版权评论委员会于 2013 年 10 月 29 日公布《版权现代化》的报告进行版权法改革时,也建议讨论"'合理使用'是否适用于爱尔兰法或欧盟法",在经过讨论之后,2019 年 12 月 2 日开始实施的《2019 年版权和其他知识产权法规定法》也并没有引入开放式合理使用制度,只是对已有的合理使用条款进行了调整。此外,澳大利亚法律改革委员会于 2013 年 11 月 29 日公布的《版权与数字经济》最终报告也对开放式合理使用制度青睐有加,并建议"以此替代现有的列

---

① 阮开欣.欧盟报刊出版者邻接权的成因及启示——以《数字化单一市场版权指令》为背景[J].出版科学,2020,28(4):32-38.

举式版权例外"。

值得说明的是,虽然加拿大《版权现代化法》最终拒绝引入完全开放式合理使用制度,却在混合其间的开放式部分新增了考察合理与否的目的范畴,即新增了"教育"和"戏仿或者讽刺"两个目的要素,这也是对开放式合理使用制度的肯定。

3.2.2.2 调整云计算以及非商业的私人复制例外范围

私人复制例外是目前版权法改革的重点考察对象。从已具备此项例外的国家来看,改革偏向于讨论利用"云服务"进行私人存储的行为是否合理,如澳大利亚法律改革委员会提议将私人复制例外扩展至"云计算"等新技术服务领域。

一些未设私人复制例外的国家也在推动将非商业的"私人复制"合法化,比如,加拿大《版权现代化法》新增例外包括进行"格式转换""时间转换""备份复制"以及出于戏仿和讽刺目的的私人复制行为。Hargreaves 在《数字机遇:知识产权与增长的评论》中指出英国的版权例外将私人复制和戏仿排除在外是不合理的。

爱尔兰版权评论委员会紧随其后于 2013 年 10 月 29 日公布《版权现代化》的报告进行版权法改革时,建议出于私人使用目的将作品复制在纸介质上、进行"格式转换"和"备份复制"的行为、戏仿和讽刺归为例外。2019 年 12 月 2 日开始实施的爱尔兰《2019 年版权和其他知识产权法规定法》将相关条款纳入版权法。比如对原有版权法《2000 年版权及有关权法》(*Copyright and Related Rights Act* 2000)第 52 条进行了修订,插入以下内容,即"出于讽刺、戏仿或者混杂等目的的合理使用某一作品,并不侵犯原作品的版权"(Fair dealing with a work for the purposes of caricature, parody or pastiche shall not infringe the copyright in that work),确立了出于讽刺、戏仿或者混杂等目的的合理使用例外。再比如在第 68 条之后插入一条内容,将图书管理员或档案管理员的"格式转换"纳入例外,即第 68A 条的两款规定,第 68A 条第(1)款规定,除了第(2)款另有规定外,以下行为并不侵犯本法赋予的权利:指定的图书馆或档案馆里的图书管理员或档案管理员用该图书馆或档案馆的永久馆藏作品制作或安排制作与该作品不同格式版本的副本,如果(a)图书管理员或档案管理员合法使用制作副本的方法;(b)副本仅用于保存或存档,这些目的既不是直接的也不是间接的商业目的。第 68A 条第(2)款规定,第(1)款不适用于以下情形:(a)被复制的作品为侵权复制品;(b)制作或安排制作该复制品的图书管理员或档案管理员没有合理理由相信该作品不是侵权复制品。[68A. (1) Subject to subsection (2), it is not an infringement of the rights conferred by this part where the librarian or archivist of a prescribed library or prescribed archive makes, or causes to be made,a copy of a work,in the permanent collection of the library or archive,in a different form to that which the copy takes if—(a) that librarian or archivist lawfully uses the means used to make the copy,and (b) the copy is made solely for preservation or archival purposes where those purposes are neither directly nor indirectly commercial. (2) Subsection (1) shall not apply where—(a) the work being copied is an infringing copy,and (b) the librarian or archivist making the copy,or causing it to be made,did not have reasonable grounds for believing that the work was not an infringing copy.]①

此外,许多国家还将非商业性"用户生成内容"作为私人复制例外。加拿大《版权现代化法》第 22 条不仅明确规定了私人复制例外,而且新设了该例外,为非商业性用户生成内容(如混录版音乐、混搭类视频或者以音乐作为背景的家庭自制影片等)的创作者提供了合法"避风港"。欧盟委员会也在"许可欧洲"项目中将"用户生成内容"作为重点讨论对象,然而,多次商讨后的结果并不乐观,甚至连其定义都很模糊。2019 年 4 月 15 日获得通过的《欧盟数字单一市场版权指令》也并没有将非商业性"用户生成内容"作为私人复制例外。

3.2.2.3 将文本和数据挖掘纳入例外范围

随着文本和数据挖掘技术的逐渐成熟,该技术被广泛应用于众多领域,包括医学研究、商业贸易、市场营销以及学术出版等,对自然科学、社会科学和人文科学研究均具有重要作用。首先,文本和数据挖掘技术有助于提升科学研究效率,节约科研工作者的时间成本,从而帮助科研工作者更快地获取信息。其次,文本和数据挖掘技术可以解锁隐藏的信息,即在大量文献中发现不同主题之间的潜在联系。最后,文本和数据挖掘技术可以改进研究方法和质量,特别是人文社会科学中采用的实证研究方法。② 鉴于其非凡价值,且为了提高此项技术的应用率,充分发挥其对科学研究的作用,已有不少国家支持将出于非商业研究目的的文本和数据挖掘纳入版权例外。

近年来,欧洲一些国家纷纷在国内立法中增加文本和数据挖掘例外。英国的 Hargreaves 在《数字机遇:知识产权与增长的评论》中最先提出此项建议。随后,英国政府率先据此引入一项例外,具体体现在 2014 年 5 月 19 日修订的《1988 年版权、设计和专利法》第 29A 条,允许已经访问到作品的个人(无论是否获得授权)出于非商业目的复制作品,只要该复制属于分析作品内容的技术过程

---

① ISB. Copyright and other intellectual property law provisions act 2019[EB/OL]. [2021-10-22]. https://www.irishstatutebook.ie/eli/2019/act/19/enacted/en/html.

② 阮开欣. 欧盟版权法下的文本与数据挖掘例外[J]. 图书馆论坛,2019,39(12):102-108.

的一部分。[①] 2016 年 10 月 7 日,法国也采纳了限于合法来源且出于非商业性研究目的下的文本和数据挖掘例外,《法国知识产权法典》第 L122-5 条和第 L342-3 条分别加入了针对作品版权和数据库权的文本和数据挖掘例外,其所适用的文本与数据仅限于与科学相关的文献。2017 年 1 月 1 日,爱沙尼亚的文本和数据挖掘例外开始生效,《爱沙尼亚版权法》第 19 条第 3 款规定的文本和数据挖掘例外并不以来源合法为条件,但要求使用人尽可能注明作品的作者和来源。德国的文本和数据挖掘例外在 2017 年 6 月 30 日获得通过,并于 2018 年 3 月 1 日生效,《德国著作权与邻接权法》第 60d 条规定的文本和数据挖掘例外也不存在来源合法要件,且其所针对的数据使用行为不限于复制,还包括两种特定的传播行为:①为了合作进行科学研究而传播至特定群体;②为了监督科学研究的质量而传播至独立第三方。需要强调的是,欧洲这些国家的文本和数据挖掘例外的适用条件和范围不一,使得欧盟层面亟须引入统一的文本和数据挖掘例外,以促进数字化单一市场的和谐发展。

鉴于此,欧盟在《欧盟数字单一市场版权指令》中引入了文本和数据挖掘例外。欧盟委员会在 2016 年发布的《欧盟数字单一市场版权指令(提案)》第 3 条规定了"科研目的下的文本和数据挖掘例外",即对作品或其他客体享有合法接触权的科研机构出于科学研究的目的执行文本和数据挖掘而实施的复制和撷取行为不侵犯版权或数据库权。最终生效的《欧盟数字单一市场版权指令》大体上保留了第 3 条的规定,但增加了新的文本和数据挖掘例外(第 4 条),即对作品或其他客体享有合法接触权的人出于文本和数据挖掘目的实施复制和撷取行为不侵犯版权或数据库权,有学者将其称为"分析处理层面的文本和数据挖掘例外"。其中,两种例外都属于强制性权利例外条款。"科研目的下的文本和数据挖掘例外"与"分析处理层面的文本和数据挖掘例外"所适用的行为范围是不同的,前者主要针对实施文本和数据挖掘之前的复制行为,而后者仅针对实施文本和数据挖掘过程中的临时复制行为。文本和数据挖掘过程通常有三个步骤:步骤一是内容的接触,包括纸质复制件或数字化内容的获取;步骤二是撷取内容并形成可挖掘的复制件(将内容调整到适当的数字化格式并存入数据库);步骤三是数据挖掘本身,即对数据进行分析处理,该步骤存在内容的临时复制行为。"科研目的下的文本和数据挖掘例外"针对以上过程中的所有复制行为,特别是步骤二中的复制行为;而"分析处理层面的文本和数据挖掘例外"仅针对步骤三中的复制行为,主要是指不符合《欧盟信息社会版权指令》第 5 条第 1 款例外条件的临时

---

① Intellectual Property Office. Data analysis for non-commercial research[EB/OL]. [2019-02-22]. http://www.ipo.gov.uk/hargreaves.

复制行为。这是因为符合《欧盟信息社会版权指令》第5条第1款例外条件的临时复制行为已经受到该指令的保护;而步骤三中不符合《欧盟信息社会版权指令》例外条件的临时复制行为存在很大的版权侵权风险。《欧盟数字单一市场版权指令》序言第18段第3句明确论述了规定"分析处理层面的文本和数据挖掘例外"的原因,并对其适用于步骤三的行为予以印证:出于文本和数据挖掘目的对合法获得的作品或其他客体实施复制和撷取,文本和数据挖掘的使用者面临法律上的不确定性,尤其是为了技术处理而实施的复制或撷取不符合《欧盟信息社会版权指令》第5条第1款规定的临时复制例外的所有条件。可见,"科研目的下的文本和数据挖掘例外"与"分析处理层面的文本和数据挖掘例外"是并行独立的关系。前者适用于科研目的下实施文本和数据挖掘过程中的所有行为,而后者适用于科研目的以外的文本和数据挖掘过程中分析处理数据的行为(临时复制的行为)。此外,权利人原则上不能通过合同条款来规避文本和数据挖掘例外。任何规避"科研目的下的文本和数据挖掘例外"的合同条款均是无效的,《欧盟数字单一市场版权指令》第7条第1款对此予以规定。然而,"分析处理层面的文本和数据挖掘例外"有所不同,《欧盟数字单一市场版权指令》第4条第3款允许权利人通过合适的方式予以明确保留,如在网上公开提供内容的情况下采取机器可读手段。①

3.2.2.4　调整视障者例外范围

数字技术为视障者使用版权作品提供了前所未有的机遇。然而,目前的版权法不仅未能充分激发数字技术在这方面的潜能,技术保护措施方面的规范甚至还阻碍了视障者对作品的使用②。鉴于此,近年来,加拿大、英国、世界知识产权组织等均在版权法中调整了视障者例外范围。

加拿大于2012年6月通过的《版权现代化法》第36、37条规定了非营利性组织为残疾人制作定制格式的作品复制件,并向其他国家的非营利性组织提供该复制件的侵权责任例外。该法规定,政府机构和非营利性质的机构可以复制版权作品以供阅读障碍人群使用,而不必向版权人付酬,但前提是不能利用该作品进行商业盈利。同时例外条款还允许阅读障碍人群以合理手段获取针对性的作品,允许基于此目的的任何合法合理行为。该法扩大了阅读障碍覆盖的范围,规定妨碍个人阅读作品原貌的障碍即为阅读障碍,但只对文学、音乐或戏剧作品等有效,对电影作品没有效力。印刷品阅读障碍包括:①视力损害或不能集中或

---

① 阮开欣.欧盟版权法下的文本与数据挖掘例外[J].图书馆论坛,2019,39(12):102-108.
② 王迁.论《马拉喀什条约》及对我国著作权立法的影响[J].法学,2013(10):51-63.

移动目光；②无法拿起或控制一本书；③与理解有关的损害。① 由于"受益人"范围广，因此可以允许不同类型的复制，包括有声作品、盲文作品复制品等，以适用于不同类型阅读障碍者。加拿大政府机构、慈善组织等非营利性组织目前也被许可通过国外的非营利性组织向更多印刷品阅读障碍者提供这些作品，但前提是通过合理努力后，在合理的价格和时间上无法以类似形式通过商业途径获得该作品。现在该法要求该法例外规定的非营利性组织向主管部门提交关于其复制活动的报告并支付版税。除此之外，如果非营利性组织出于慈善目的向阅读障碍者提供作品导致版权受到侵犯，此时版权方仅能通过申请禁令来维护自己的合法权益。

2013年7月31日，世界知识产权组织通过了《马拉喀什条约》，各缔约方为方便残疾人获取已发表作品规定了关于复制权、发行权、向公众提供权和公开表演权的限制或例外，以允许获得授权的实体不经许可制作并提供方便残疾人阅读的图书，并规定技术保护措施不得妨碍残疾人利用这些限制或例外。

欧盟及其成员国已签署此条约，并开展了修订版权法的相关讨论。爱尔兰版权评论委员会建议出于方便视觉障碍者使用作品的目的，某些技术保护措施是能够被规避的。其他非欧盟国家也在进行相关讨论，如澳大利亚法律改革委员会建议以"合理使用"或者新增例外的方式保障残疾人权益；以色列司法部也提议针对残疾人使用作品增设例外。另有一些非欧盟国家也相继签署此条约，加拿大于2016年6月22日通过了《修改版权法C-11法案（为感知障碍人士提供版权作品）》，将《马拉喀什条约》纳入加拿大法律，为印刷品阅读障碍人士使用作品提供了便利。英国于2018年9月11日制定了《2018年版权及有关权（马拉喀什条约等）（修订）条例》，将《马拉喀什条约》纳入英国法律。该条例于2018年10月11日生效，对《1988年版权、设计和专利法》中的向公众发行复制品的侵权行为、残疾人个人使用作品的复制或录音行为、有效技术措施阻止许可行为的救济措施等条款进行了修订，对《1997年数据库版权及相关权条例》中的数据库权利例外等条款进行了修订等。日本于2019年1月1日生效的《著作权法》修正案，在扩大部分豁免条款时就涉及帮助残障人士更便捷地获取和使用版权作品。

3.2.2.5　扩展图书馆例外范围

许多国家都决定赋予图书馆、档案馆等机构收藏与保存版权作品的更大自由。加拿大《版权现代化法》第28～30条规定了这些例外。英国政府已开始实

---

① 黄梦萦.国内外印刷品阅读障碍者著作权例外制度比较[J].图书馆论坛,2016,36(8):98-106.

施 Hargreaves 在《数字机遇：知识产权与增长的评论》中的建议，允许图书馆、档案馆和博物馆出于保存目的复制任何材料，甚至将《1988 年版权、设计和专利法》排除在外的艺术作品、录音制品和电影作品也涵盖在内。

与此类似，爱尔兰版权评论委员会于 2013 年 10 月 29 日公布《版权现代化》的报告进行版权法改革时，也建议新增例外，允许此类机构出于收藏和保存目的对作品进行格式转换。2019 年 12 月 2 日开始实施的《2019 年版权和其他知识产权法规定法》在《2000 年版权及有关权法》第 70 条的前面增加了第 69A 条"图书管理员和档案管理员合理使用"相关条款，该条一共有两款。第（1）款规定，在不损害第 50 条第（1）款的一般性原则下，由指定图书馆或档案馆的图书管理员或档案管理员，通过图书馆或档案馆馆内的专用终端，向公众传播该图书馆或档案馆永久收藏的作品副本，如果传播行为（a）仅出于教育、教学、研究或私人学习的目的且（b）附有充分的确认书，根据第 50 条第（1）款的规定应构成对作品的合理使用。第（2）款规定，在不损害第 50 条第（1）款的一般性原则下，作品副本的简短和有限展示，（a）Ⅰ在指定的图书馆或档案馆，或由指定图书馆或档案馆的图书管理员或档案管理员实施，Ⅱ在指定图书馆或档案馆举行的公开讲座期间，或在指定图书馆或档案馆的图书管理员或档案管理员举行的公开讲座期间；（b）仅出于教育、教学、研究或私人学习目的，且该目的既不是直接的也不是间接的商业目的，以及（c）附有充分的确认书，根据第 50 条第（1）款的规定应构成合理使用。［69A.（1）Without prejudice to the generality of section 50(1), the communication, by the librarian or archivist of a prescribed library or prescribed archive, to members of the public of copies of works in the permanent collection of the library or archive, by dedicated terminals on the premises of the library or archive, shall constitute fair dealing with the works for the purposes of that section where the communication is—(a) undertaken for the sole purpose of education, teaching, research or private study, and (b) accompanied by a sufficient acknowledgement.（2）Without prejudice to the generality of section 50(1), the brief and limited display of a copy of a work—(a) either—(i) in a prescribed library or prescribed archive or by the librarian or archivist of a prescribed library or prescribed archive, or (ii) during the course of a public lecture given in a prescribed library or prescribed archive or given by the librarian or archivist of a prescribed library or prescribed archive, (b) undertaken for the sole purpose of education, teaching, research or private study where such purpose is neither directly nor indirectly commercial, and (c) accompanied by a sufficient acknowledgement, shall constitute fair dealing with the work for the purposes of section 50(1).]①

　　澳大利亚法律改革委员会建议简化有关保存复制例外的条款,保障图书馆、档案馆充分利用已出版甚至未出版的作品,同时建议将此例外扩展至网页数据的捕获与存档、大批量的数字化项目以及孤儿作品的使用。此外,爱尔兰版权评论委员会和澳大利亚法律改革委员会甚至分别提议用"传承性机构"和"文化机构"统称"图书馆和档案馆",使此种例外扩展至其他能够保存和传播文化史料信息的公共机构,如博物馆、画廊等。

　　2019 年通过的《欧盟数字单一市场版权指令》第 6 条规定了"文化遗产的保存",指出"成员国应规定,出于保存作品或其他内容的目的,以及在此项保存的必要范围内,文化遗产机构以任何格式或媒介复制任何由其永久收藏的作品或其他内容,属于 96/9/EC 指令第 5 条(a)项和第 7 条第 1 款,2001/29/EC 指令第 2 条,2009/24/EC 指令第 4 条第 1 款(a)项和本指令第 15 条第 1 款所规定的权利的例外"。

　　日本于 2019 年 1 月 1 日生效的《著作权法》修正案,在进一步扩大的部分豁免条款中就涉及在特定版权作品的使用上,博物馆和图书馆等具有公共教育性质的机构相比其他机构拥有更多的自由。

3.2.3　审视网络服务提供者侵权责任

　　随着新型网络服务提供者的涌现,传统版权法的缺陷逐渐暴露,表现为施加在网络服务提供者身上的责任过于沉重,且无法有效应对新型版权侵权行为。鉴于此,许多国家都在积极讨论对此责任进行重新调整。

3.2.3.1　审视网络服务提供者的监控义务

　　近年来,一些国家开始重新审视网络服务提供者的监控义务,从构建合理的"成本-效益"机制的角度,减轻网络服务提供者的责任。在反盗版过程中,网络服务提供者往往花费巨大成本却无多大效果。英国《有关版权的成本共享规则》至今仍未执行,主要原因便是要求网络服务提供者承担的成本不合理。爱尔兰版权评论委员会也在考察"成本-效益"合理性后,提出修订有关网络服务提供者执行监控义务和"通知-行动"程序的条款。

　　2017 年 4 月 26 日生效的乌克兰《版权及相关权保护法》的修正案进一步审视了网络服务提供者的监控义务,采纳了第三方侵权责任。该修正案规定了知

---

① ISB. Copyright and other intellectual property law provisions act 2019[EB/OL].[2021-10-22]. https://www.irishstatutebook.ie/eli/2019/act/19/enacted/en/html.

识产权所有人可以直接向网络服务提供者发送通知,要求网络服务提供者删除侵犯版权的视听作品和计算机程序等受版权保护的内容。网络服务提供者如未能及时处理此类要求,一经查实将承担相应的责任。如果网络服务提供者未按照法律规定删除侵权内容,或者仅仅暂时遵守通知,但在 3 个月内再次或超过两次允许在其网站上发布相同的侵权内容,版权人可以对网络服务提供者提起诉讼,并要求赔偿相应的损失。网络服务提供者在收到侵权通知后不作为或者不履行上述信息义务的,应被处以罚款。如果网络服务提供者涉嫌非法复制、传播版权作品,并在其中直接或间接获利,那么其将视情节轻重承担刑事责任。当法院作出的清除或者停止访问侵权内容的判决生效时,缓存服务提供者必须立即清除内容或者停止用户访问。缓存服务提供者如未能及时终止用户访问侵权材料,应对其所提供的服务造成的损失承担相应责任。在要求网络服务提供者终止侵权行为的通知中,当事人提供虚假的版权或相关权利归属信息的,可处以罚款。

2019 年通过的《欧盟数字单一市场版权指令》也重新审视了网络服务提供者的监控义务,规定了在线内容共享服务提供者(online content sharing service provider)的特殊责任机制。该指令鼓励在线内容共享服务提供者以签订许可协议等形式在获得版权人许可的情形下传播作品,若没有获得授权则需要承担严格的监管义务,否则就要对向公众传播(包括向公众提供)的相关作品和内容承担责任。具体体现为该指令第 17 条第 4 款第(b)项和第(c)项中规定的豁免侵权责任的情形及第 17 条第 5 款规定的豁免情形需要考虑的因素。第 17 条第 4 款第(b)项规定,在线内容共享服务提供者未获得授权时,对于权利人已向服务提供者提供了相关且必要信息的作品和其他内容,要根据专业注意义务的较高行业标准,尽最大努力来确保特定作品或其他内容不被获得。第 17 条第 4 款第(c)项规定,在线内容共享服务提供者未获得授权时,要在收到权利人发出的充分实质通知后,迅速采取行动,从其网站上移除所通知的作品或其他内容,甚至断开访问,并根据(b)项的规定,尽最大努力防止它们再次被上传。此外,第 17 条第 5 款规定了前述豁免情形需要考虑的因素,包括应考虑比例原则,并考虑"(a)服务的类型、受众和规模,以及使用者上传的作品和其他内容的类型;(b)适当且有效的手段的可用性及其给服务提供者带来的成本"。

3.2.3.2 明确新型网络服务提供者的侵权责任

新技术的出现推动了新型网络服务提供者的兴起。世界各国要想推进版权制度改革,自然也离不开对这些新型网络服务提供者的关注。具体体现为寻求打击网络盗版的新模式,明确新型网络服务提供者的侵权责任。一方面,针对未存储侵权内容的网络服务提供者制定专门的反盗版程序,如针对 P2P 非法文件共享活动,采取"三振出局"政策,法国、新西兰、韩国、美国、西班牙、英国均在进行这一尝试;另一方面,针对仅仅作为"信息定位服务提供商"的搜索引擎的侵权,版权人仅能获得禁令救济,以加拿大《版权现代化法》第 47 条为代表。

此外,2019 年通过的《欧盟数字单一市场版权指令》在规定在线内容共享服务提供者的特殊责任机制中,也进一步明确了新型网络服务提供者的侵权责任。该指令第 17 条第 1 款第(1)项界定了在线内容共享服务提供者的范围,即通过与大众直接进行交流,或者是通过提供具体方式使公众获得由其用户上传的且受到版权保护的作品的,就可称为在线内容共享服务提供者。由此看来,该指令将在线内容共享服务定性为向公众传播行为而非宿主服务。该指令第 17 条第 1 款第(2)项规定所有在线内容共享服务提供者应当获得版权人的授权,例如通过签订许可协议的形式获得授权,从而进一步实施向公众传播或向公众提供行为。此外,该指令杜绝了托管服务提供者对托管内容不承担先验责任的做法,具体体现在指令第 17 条第 3 款规定中,不仅涉及托管服务提供者向公众传播作品或者其他受版权保护作品的行为,还涉及提供这些作品的行为。目前,在法国的法律中,类似的托管服务提供者仅被定义为技术中介,可适用"避风港"条款,只有被警告它正在托管不法内容并且未采取有效措施及时停止传播时,才会追究责任。在该指令获得通过之后,托管服务提供者将对其传播的未经授权的内容负责。易言之,如果托管服务提供者无法证明其尽力去获得版权作品的授权,或者未能拦截其未经授权的内容传播和防止今后上传未经授权的内容,那么该托管服务提供者则应该承担相应的法律责任。此外,该指令第 17 条第 4 款还规定,在未获得版权人授权的情形下,除非属于某些特殊情形,否则在线内容共享服务提供者应当对未经授权的向公众传播(包括向公众提供)受版权保护的作品和其他内容的行为承担责任。

3.2.4 规范技术保护措施

从规范技术保护措施来看,主要关注的是允许规避技术保护措施的行为范围。2012 年 6 月加拿大通过《版权现代化法》,其中第 47 条对原有版权法的第 41 条规定的"技术保护措施和权利管理信息"(technological protection measures and rights management information)相关内容进行了全面修订。具体体现在明确规定了为执法和保护国家安全而进行调查,为保证计算机程序的交互性获取并传递信息、加密技术研究、搜集并传递录音制品中的信息,为评价计算机、计算机系统或计算机网络的安全瑕疵,为残疾人提供合适格式的作品复制件、广播机构的短暂复制,以及为了通过音频接收设备获得电信服务等八种可以规避技术措施的行为,同时豁免了出于非商业目的规避技术措施行为的法定损害赔偿责任。爱尔兰版权评论委员会也从为规避技术保护措施提供例外出发,建议"不以法律条款明确规定规避技术措施的行为侵权"。

从规范权利管理信息的保护来看,加大保护力度仍是版权法改革的重点,不仅包括将新型权利管理信息纳入保护框架,还提倡利用尽可能多的方式强化保护。比如,爱尔兰版权评论委员会建议不仅要将"元数据"纳入权利管理信息的保护范畴,而且要将任何移除和干扰权利管理信息的行为认定为侵权行为。此外,加拿大《版权现代化法》第 47 条也对原有版权法的第 41 条规定进行了调整,规定任何故意移除权利管理信息的行为都应受到民事和刑事处罚。修改后的第 41.22 条第(1)款规定,未经作品、表演者表演或录音的版权人同意,任何人不得故意移除或更改任何电子形式的版权管理信息,若其知道或理应知道移除或更改会助长或隐藏任何侵犯版权人版权的行为,或对版权人根据第 19 条获得报酬的权利造成不利影响。(No person shall knowingly remove or alter any rights management information in electronic form without the consent of the owner of the copyright in the work, the performer's performance or the sound recording, if the person knows or should have known that the removal or alteration will facilitate or conceal any infringement of the owner's copyright or adversely affect the owner's right to remuneration under section 19.)第(2)款规定,根据本法规定,作品、录音或录音中固定的表演者的表演的版权人,有权针对因违反第(1)款规定而侵犯版权的行为,通过禁令、损害赔偿等方式获得所有形式的救济。[The owner of the copyright in a work, a performer's performance fixed in a sound recording or a sound recording is, subject to this Act, entitled to all remedies — by way of injunction, damages, accounts, delivery up and otherwise — that are or may be conferred by law for the infringement of copyright against a person who contravenes subsection (1).]

3.2.5 完善版权许可使用

在应对技术变革的过程中,世界各国均在进一步完善版权许可使用,主要体现在孤儿作品的管理、数字版权交易平台的建设以及版权集体管理制度的完善等方面。

3.2.5.1 完善对孤儿作品的管理

许多国家都提倡通过专门机构管理孤儿作品的使用。除加拿大、日本、韩国、印度等早已采取此类方式的国家外,英国于 2011 年 12 月启动公开征求版权改革建议的工作时,也在考察建立集中管理孤儿作品使用的机构,其职责包括处理孤儿作品的登记、设置和征收许可费以及确保满足"勤勉搜索"的条件等。2013 年 4 月英国议会通过的《2013 年企业与规制改革法》明确对《1988 年版权、设计和专利法》附表 2A 规定的"表演者财产权许可"进行了修订,在第 1 段后补充"孤儿作品权利许可的权力"(power to provide for licensing of orphan rights),以此完善对孤儿作品的管理。具体体现在第 1A(1)条规定,国务卿可通过条例规定授予许可证或授权实施第 182、182A、182B、182C、182CA、183 或 184 节适用于表演的行为,只要(a)根据该条的规定,表演者必须同意,但(b)根据条例,授权或禁止该行为的权利属于孤儿作品权利。第 1A(2)条规定,条例可(a)指定授予许可证的授权人员或人员类型,或(b)规定条例中指定的人员指定授予许可证的授权人员或人员类型。第 1A(3)条规定,条例必须规定,对于符合孤儿权利资格的权利,要求在根据条例进行认真搜查后,未找到权利所有人。第 1A(4)条规定,条例必须规定任何许可证(a)具有失踪的版权人授权的效力;(b)不给予专有权;(c)不得授予具有授权许可证的人员。第 1A(5)条规定,条例可适用于不知道表演者的权利是否存在的情况,提到的权利、失踪的版权人和失踪版权人权益应理解为包括假定权利、失踪的版权人和失踪版权人权益。① 此外,英国政府还通过次级立法,在《1988 年版权、设计和专利法》增加了孤儿作品管理相关规定。具体体现在 2014 年 10 月生效的《2014 年版权与表演权(孤儿作品许可)条例》中。该条例一共包括 14 部分,涉及相关作品及权利人和孤儿作品的解释,勤勉搜索的要件,孤儿作品的记录和登记,孤儿作品的许可,附带目的的使用行为,孤儿作品许可的续期、手续费,许可费,已确定权利持有人的权利,无人认领的孤儿作品许可费的管理、上诉流程等方面,对孤儿作品的管理进行了详细而全面的规定。②

爱尔兰版权评论委员会建议设立孤儿作品许可代理机构,任何人在使用孤儿作品之前都需要获得该机构的许可并向其支付费用。此外,有些国家则从设立登记制度的角度加强对孤儿作品的管理,比如,美国版权局已收到许多有关这方面的建议,澳大利亚法律改革委员会进行了此方面的讨论。

3.2.5.2 完善数字版权交易平台的建设

推动数字版权交易平台的建设是完善许可使用机制的另一举措。在 Har-

---

① legislation. gov. uk. Enterprise and regulatory reform act 2013[EB/OL]. [2021-10-22]. https://www. legislation. gov. uk/ukpga/2013/24/schedule/22.

② legislation. gov. uk. The copyright and rights in performances (licensing of orphan works) regulations 2014[EB/OL]. [2021-10-22]. https://www. legislation. gov. uk/uksi/2014/2863/contents.

greaves 以及 Richard Horpe 的倡议下,英国作为先行者建立了以行业主导投资的名为"版权枢纽"(copyright hub)的非营利性网站。此网站旨在帮助版权许可业务适应数字时代的发展速度,在注重版权保护的同时,克服版权许可使用的复杂性,帮助权利使用人(比如出版商或者新闻记者)获得版权作品的使用许可①。相较于传统版权交易平台,其创新趋势主要体现在四个方面。一是该平台是一站式集成平台,具有系统、开放的特点。针对当前版权交易组织中普遍存在的专业化、区域化特点,借助统一入口,集成现有版权交易组织及平台,比如英国版权授权代理公司、美国版权结算中心、欧洲相关内容同盟、欧洲全球曲目数据库等,该平台可对这些组织和平台的数据库和服务进行综合,为消费者提供"一站式购物"的便捷体验。二是该平台服务重点突出,聚焦于长尾资源和中小用户。区别于传统版权交易平台以出版商、发行商、版权经纪公司为主要服务对象,该平台的重点服务对象为个人用户与中小企业。三是该平台注重标准化建设,在平台规划初期就已经将版权数据标准化建设作为平台建设的重点。提出了一整套数据标准化方案,成立"数据模块专项组"负责技术研发及标准制定工作等。四是该平台不仅是市场主体,也是促进教育组织利用版权作品、增进公共利益福祉的公益平台。比如,该平台的设计中包含了专门的教育板块,为教育机构提供专属网页门户,并设计更简化的版权许可程序以及在网上提供全面的版权许可指南等。②

此外,2018 年 10 月 11 日由美国总统签署生效的美国《音乐现代化法》也体现了完善数字版权交易平台的举措。具体体现为了更好地服务于版权集体管理,该法要求重新整合版权信息,建立一个公开的词曲和录音制品的权利信息数据库。音乐作品法定许可制度之所以饱受诟病,主要原因之一是使用者需要为每一部需要使用的作品提交"使用请求书",但由于音乐作品权利归属的复杂性,大多数音乐作品的版权可能由多个主体共同拥有,这就增加了使用音乐作品的信息成本和侵权风险。因此,《音乐现代化法》积极推动整合处理零散的版权信息,为用户提供更加全面的版权信息。此外,建设向全社会开放版权信息的数据库也有利于音乐版权人进行信息纠错,降低侵权风险。

3.2.5.3 完善版权集体管理制度

完善版权集体管理制度也是世界各国完善版权许可机制的一大举措,表现

---

① 王清.英国"版权枢纽"门户网站:欧盟版权政策与法律改革的先行者[N].中国新闻出版报,2013-09-17(8).

② 季芳芳,于文.在线版权交易平台的创新趋势及评价——以英国"版权集成中心"(Copyright Hub)为例[J].编辑之友,2013(7):109-112.

为引入基于"选择退出"(opt-out)模式的"延伸性集体许可"(extended collective licensing)制度。实行该制度的集体管理组织根据法定授权能够代表所有版权人行使权利(版权人选择不加入其中的除外)。与"选择加入"(opt-in)模式相比,其优势在于简化了版权集体许可程序,特别表现在处理大批量的数字化项目和孤儿作品许可中。根据 Hargreaves 在《数字机遇:知识产权与增长的评论》中的建议,英国《2013 年企业与规制改革法》第 77 条规定了由国务大臣以规则形式批准"延伸性集体许可"业务。美国国会和版权局也在讨论该模式的优越性。此外,澳大利亚法律改革委员会也针对此项制度进行了讨论,尽管最终报告不支持其适用于大批量的数字化项目,但该委员会还是肯定了该制度在简化版权许可程序上优于直接许可,并认为"该制度能够被用于强力支持集体许可的领域"①。然而,欧盟于 2014 年 3 月 20 日公布的《欧盟集体权利管理指令》②却并未要求成员国必须实施延伸性集体许可管理制度,只是在"前言"12 中说明该指令并不会对成员国已经规定的延伸性集体许可管理方面的制度造成影响,换言之,与英国一样,成员国可以自由决定是否实施此类管理制度。2019 年 4 月 15 日通过的《欧盟数字单一市场版权指令》表明了同样的态度。除此之外,《欧盟集体权利管理指令》与许多国家的法规均对版权集体管理组织本身在透明度、会员权利与地位的提升、及时转付作品使用费等方面予以特别关注。

此外,美国《音乐现代化法》也对版权集体管理制度进行了完善。首先,该法在版权集体管理制度方面的一大亮点体现在对音乐作品版权许可模式的调整上。《音乐现代化法》将传统的音乐作品法定许可制度调整为"强制概括许可"制度。"强制概括许可"兼具法定和自由色彩,一方面该许可模式依然保留机械复制许可的特点,即版权作品使用者按照法定许可规定,使用前需要获得音乐作品作者的许可;另一方面由行业内各组织共同设立一个集体管理组织,使数字音乐供应方能够通过"一站式"许可制度,一次性获得音乐作品版权方的许可。③ 申请法定许可的流程涉及美国版权局,并且要求版权作品使用者必须为每一个作品单独申请许可。目前,这种低效的做法已被概括许可制度代替。由数字音乐

---

① Australian Law Reform Commission. Copyright and the digital economy:final report[EB/OL]. [2021-08-10]. https://www.alrc.gov.au/wp-content/uploads/2019/08/final_report_alrc_122_2nd_de-cember_2013_.pdf.

② Directive 2014/26/EU of the European parliament and of the council of 26 February 2014 on col-lective management of copyright and related rights and multi-territorial licensing of rights in musical works for online use in the internal market[EB/OL]. [2021-08-10]. http://eur-lex.europa.eu/LexUriServ/Lex-UriServ.do? uri=OJ:L:2014:084:0072:0098:EN:PDF.

③ 阮开欣.数字音乐出版版权许可制度探究——美国《音乐现代化法案》解读与启示[J].中国出版,2020(2):61-63.

服务提供者共同出资设立的新的集体管理组织 MLC,由音乐作品版权人的代表来管理具体运营事项,这也就意味着国家版权部门不再直接参与法定许可制度的运作,法定许可的"法定"安排开始让位于"意定"协商。① 其次,该法在版权集体管理制度方面的另一大亮点是对版税的定价和分配机制做了一些修正。一方面利用自由协商定价机制替换传统的法定许可定价制度,另一方面使录音作品制作者能够从 Sound Exchange(Sound Exchange 是美国关于录音制品非营利性的表演权管理机构,专门针对非交互式数字传输环境下的录音制品公开表演,代为权利人进行许可、收费)获得版税收益。② 该法采用了基于"双方自愿"的版税定价标准,放弃了传统的法定标准,由版税委员会(Copyright Royalty Board)综合考察版权市场的具体变化、词曲作品版权人和集体管理组织提供能够有效证明该作品在市场中的真实价值的证据来灵活定价。此外,该法也对版税收益的分配机制进行了调整,就录音作品而言,在原来的分配机制下,只有录音作品版权人能依法获取收益,而实际参与制作的制作人、混音师等则需要依靠与录音制品的版权人签订的合同来获得收入。《音乐现代化法》规定参与录音作品制作的各方将直接获取版税收益分成。从美国音乐版权变革历史来看,《音乐现代化法》依然延续了美国社会的共识,即淡化国家政府的强制性作用,更倾向于基于市场的自由协商。但上述的这种强制概括许可制度的适用范围仅限于数字化音乐作品,没有取代传统的法定许可制度,在非数字化环境下仍然采取法定许可制度。③

3.2.6 加强版权执法

世界各国加强版权执法的典型做法主要包括提高版权执法效率、清晰界定版权侵权行为的惩罚力度以及平衡版权保护与公民基本权利等。

3.2.6.1 提高版权执法效率

从提高版权执法效率来看,爱尔兰版权评论委员会建议建立专门机构——爱尔兰版权委员会来处理版权侵权事宜,该机构能够为解决版权纠纷提供自愿、独立、中立、公正和快速的替代性争端解决服务(alternative dispute resolution

---

① 熊琦.美国《音乐现代化法案》签署生效 音乐版权许可制度中"法定"色彩将淡化[N].中国新闻出版广电报,2018-11-08(7).

② 腾讯研究院."美国音乐现代化法案"制度创新评介[EB/OL].[2018-11-08].http://www.yidi-anzixun.com/m/article/0KT6eXSi.

③ 中音在线.美国音乐现代化法案升级了音乐作品法定许可制度[EB/OL].[2019-08-16].http://www.musiceol.com/news/html/2019-8/20198161623356 2558266.html.

service)。同时,提议赋予地区法院专门的知识产权管辖权,类似于小额索赔法院的功能,并建议扩大地区法院小额索赔程序范围,以纳入不超过区域法院管辖权标准限额(目前为 15000 欧元)价值的知识产权索赔;还提议在巡回法院设立一个专门的知识产权法院,更加高效、便捷地解决版权问题。2019 年 12 月 2 日生效的爱尔兰《2019 年版权和其他知识产权法规定法》允许知识产权所有人在地区法院和巡回法院提出小额知识产权侵权索赔要求。

欧盟委员会在进行版权法改革时也审查了有关版权民事执法系统的效率问题。2019 年 4 月 15 日最终通过的《欧盟数字单一市场版权指令》第 13 条和第 17 条第 9 款的相关规定,都有体现欧盟提高版权执法效率的内容。第 13 条规定了"在视频点播平台上提供、获取视听作品"有关的"协商机制",即"成员国应确保,为在视频点播服务上提供视听作品而寻求达成协议的各方当事人在面临与权利许可有关的困难时,可以寻求中立机构或调解人(mediator)的协助。该中立机构(成员国针对本条款设立或指定的机构)和调解人应协助各方当事人进行协商,并协助其达成协议,包括在适当情形下向各方提交建议书。""在本指令生效后 24 个月内,成员国应将第一段所述机构或调解人告知欧盟委员会。如果成员国选择协商,则应至少告知欧盟委员会,获得受委托调解人相关信息的途径(在可能的情况下)。"第 17 条第 9 款涉及在线内容分享服务版权执法相关内容,该款指出,"成员国应规定,在就移除或阻止访问用户上传的作品或其他内容发生争议时,在线内容分享服务提供者应向其服务的用户提供有效且迅速的投诉和救济机制。当权利人请求移除其特定作品及其他内容或断开访问时,权利人应当为其请求及时提供正当理由。根据本款第一段规定的机制对于权利人提交的投诉应毫不拖延地进行处理,删除或断开访问上传内容的决定应接受人工审查。成员国还应确保为解决争端提供法庭外救济机制。这些机制应使争议得到公正解决,不得剥夺成员国国内法为用户所提供的法律保护,同时不得损害用户诉诸有效司法救济的权利。特别是,成员国应确保用户可以诉诸法院或其他相关司法机构,来主张版权和相关权利的例外或限制。"①

美国版权局也建议国会创设简单的宣告程序处理小额版权诉请,于 2013 年 12 月 30 日将名为《版权小额诉请》的报告提交至美国众议院司法委员会,建议创设一个由美国版权局管理的自愿裁决制度。经过国会多次讨论之后,《2020

---

① EUR-Lex. Directive (EU) 2019/790 of the European Parliament and of the Council of 17 April 2019 on Copyright and Related Rights in the Digital Single Market and Amending Directives 96/9/EC and 2001/29/EC[EB/OL]. [2021-07-25]. https://eur-lex. europa. eu/legal-content/EN/TXT/PDF/? uri = CELEX:32019L0790&from=EN.

年小额诉请中的版权选择实施法》于 2020 年 12 月 27 日获得通过。该法包括了
美国版权局先前提出的一些建议。具体体现在:版权局设立了版权索赔委员会,
以审理版权侵权事宜,①将损害赔偿总额限制在 30000 美元(包括每件作品
15000 美元的法定损害赔偿金,以及未按照《2020 年小额诉请中的版权选择实施
法》第 412 节所规定的时限提交申请的每件作品 7500 美元的法定损害赔偿金);
②为被告提供选择退出选项;③包括限制发现和主要依赖书面材料的简化程序;
④允许版权人和用户分别就侵权、例外和限制提出索赔;⑤包括对恶意索赔者的
额外费用,并禁止对前述程序进行反复滥用的行为。①

3.2.6.2 清晰界定版权侵权行为的惩罚力度

清晰界定版权侵权行为的惩罚力度的做法体现在四个方面。其一,加大对
新型版权侵权行为的惩罚力度;其二,区分非商业性目的和商业性目的的侵权行
为,降低前者应承担的法定损害赔偿数额;其三,降低版权善意侵权人的损害赔
偿数额;其四,豁免图书馆、档案馆、博物馆或教育机构善意侵权行为的损害赔偿
责任,仅令其承担停止侵权责任。

在加大对新型版权侵权行为的惩罚力度方面,美国版权局建议更加严厉打
击非法复制和传播流媒体内容的行为;日本在版权修订法中增加了 P2P 非法文
件共享行为的刑事处罚条款。英国于 2017 年 4 月 27 日获得皇室批准的《2017
年数字经济法》中的第 32 条对《1988 年版权、设计和专利法》进行了修订,将针
对在线版权侵权的最长刑期由 2 年延长至 10 年。

在区分非商业性目的和商业性目的的侵权行为,降低前者应承担的法定损
害赔偿数额方面,加拿大于 2012 年 6 月通过的《版权现代化法》中的第 46 条对
原有版权法第 38.1 条第(1)款至第 38.1 条第(3)款内容进行了修订。其中,第
38.1 条第(1)款明确区分了对非商业性目的和商业性目的的侵权行为的惩罚力
度,具体体现在,根据本节规定,版权人可在作出最终判决前的任何时间,选择恢复
任何一名侵权人单独承担责任或任何两名以上(含两名)侵权人共同和分别承担责
任的法定损害赔偿,替代第 35(1)款所述的损害赔偿和利润,(a)就每件作品或其
他标的物的诉讼中涉及的所有侵权而言,如果侵权行为是出于商业目的,法院认
为公正的金额不少于 500 美元但不超过 20000 美元;(b)就所有作品或其他客体
的诉讼中涉及的所有侵权而言,如果侵权行为是出于非商业目的,法院认为公正

① U. S. Copyright Office. Copyright alternative in small-claims enforcement act of 2020[EB/OL].
[2021-10-22]. https://www.copyright.gov/legislation/copyright-small-claims.pdf.

的金额不少于 100 美元但不超过 5000 美元。①

在降低版权善意侵权人的损害赔偿数额方面,爱尔兰版权评论委员会于 2013 年 10 月 29 日公布的报告《版权现代化》建议针对侵犯版权、表演者权利和录音权的行为,采取一系列分级的、对应的民事补救措施。对那些非故意的违法行为惩罚较轻,而对最严重的违法行为则要通过赔偿、惩戒或惩罚性赔偿金进行适当处理。具体体现在该报告中起草的《2013 年版权与有关权(改革)(修正)案》第 8 条"救济方法"第(1)款规定,对爱尔兰原有版权法第 128 条补充以下内容,"在不损害任何其他补救措施的情况下,如果在侵犯作品版权的诉讼中,被告的侵权行为被证明是无意的或在其他方面是无辜的,原告通常无权向被告要求损害赔偿;但在裁定损害赔偿的特殊情况下,此类损害赔偿不得超过被投诉行为支付的合理金额。"(Without prejudice to any other remedy,where,in an action for infringement of the copyright in a work,it is shown that the infringement by the defendant was unintentional or otherwise innocent,the plaintiff shall not normally be entitled to damages against the defendant; provided that,in exceptional cases where damages are awarded,such damages shall not exceed a reasonable payment in respect of the act complained of.)此外,第 8 条第(2)款对爱尔兰原有版权法第 203 条进行修订的内容中,针对表演者侵权救济方法也体现了前述类似的态度。加拿大《版权现代化法》也在第 47 条对原有版权法进行修订中体现了这一态度。具体体现在第 41.19 条规定,在第 41.1 条第(1)款所述情况下,如果被告人使法院确信被告人不知道且没有合理理由相信被告人的行为违反该款规定,则法院可减少或免除其裁定的损害赔偿金。②

在豁免图书馆、档案馆、博物馆或教育机构善意侵权行为的损害赔偿责任仅令其承担停止侵权责任方面,加拿大《版权现代化法》第 47 条对原有版权法进行修订时体现了这一态度。具体体现在第 41.2 条规定,如果法院发现作为图书馆、档案馆、博物馆或教育机构的被告人违反了第 41.1 条第(1)款,且被告人使法院确信其不知道且没有合理理由相信其行为构成了违反该款的行为,除禁令外,原告无权获得任何补偿。③

3.2.6.3 平衡版权保护与公民基本权利

为了平衡版权保护与公民基本权利,欧盟委员会在推动版权法改革时对当

---

① WIPO LEX. Copyright modernization act[EB/OL]. [2021-10-11]. https://wipolex. wipo. int/en/text/279442.

② 同上.

③ 同上.

时的民事执法框架展开了咨询;美国版权局也建议将遵循版权保护与公民基本权利(尤其是表达自由)的平衡作为版权法改革的前提。此外,加拿大《版权现代化法》保留了"通知—通知"程序,也是考虑到"通知—移除"程序可能会侵犯互联网企业经营自由、表达自由以及订阅者隐私权等。韩国 2012 年的版权修订法草案之所以受到国际社会和国内组织的强烈反对,最主要的原因也是某些条款存在侵犯公民基本权利的风险。

　　需要强调的是,尽管国际社会的版权改革考虑了利益平衡的问题,但版权法在平衡版权保护与公民基本权利时仍然困难重重,《欧盟数字单一市场版权指令》中第 17 条为更有效地维护创作者利益对在线内容分享平台设定了"上传过滤"义务,将允许公众访问平台内容纳入"向公众传播"行为范畴,由此将平台责任从原本的次要责任提升到主要责任。过滤技术使得对于用户而言的个人数据保护及对于平台而言的经营自由等基本权利存在受到侵犯的风险。在 SABAM v. Netlog 案中,欧盟法院提出了对过滤系统影响个人数据保护的担忧,欧盟法院指出,禁令所要求的内容过滤系统将迫使 Netlog"积极监控与其所有服务用户相关的几乎所有数据"。欧盟法院认为强制过滤系统会影响用户保护个人数据的权利,它涉及识别、系统分析和处理社交网络中与个人资料相关的信息,并因系统可能无法区分非法内容和合法内容而危及用户发送和接收信息的自由。欧盟法院强调,仅仅因为文件包含受版权保护的内容而宣布文件交换非法这一理由并不充分。这一决定还取决于对版权的某些法定豁免的适用性,而这些豁免可能因国家而异。Scarlet v. SABAM 案中,欧盟法院也表达了对安装过滤系统的类似担忧:首先,安装有争议过滤系统的禁令将对所有内容进行系统分析,并收集和标识用户的 IP 地址以及从该 IP 地址发送到网络中的非法内容,而这些 IP 地址是受保护的个人数据,导致这一行为存在侵犯用户个人数据的可能;其次,该禁令可能会破坏信息自由,理由同样是该系统可能无法区分非法内容和合法内容,引入该禁令可能会导致对合法通信的封锁。[①]

3.3　国际组织推进版权制度改革的举措

　　长期以来,国际组织在应对新技术时,都主动探索版权制度改革策略,积极

---

① 曾俊.论《欧盟版权改革指令》第 17 条对中国在线内容分享平台责任的启示[J].德国研究,2020,35(3):139-140.

应对新技术环境。数字传播技术的出现与普及,更是突破了人们在信息传播过程中的时间和空间障碍,可以迅速且低成本地获取和更新全球范围内的信息,从而降低库存和物流成本。为了有效应对数字传播技术带来的机遇和挑战,国际组织也在与社会各界紧密合作,积极推进版权制度改革,以期促进世界经济和文化的繁荣与发展。

世界知识产权组织提供了一个全球政策论坛,让各国政府、政府间组织、工业团体和民间社会团体聚在一起,解决不断出现的知识产权问题。世界知识产权组织各委员会和决策机构会定期举行会议,对相关问题进行探讨,确保国际知识产权体系与不断变化的世界保持同步,并继续服务于知识产权鼓励创新和创造的根本目的,以适应变化,从而设立新规则。世界知识产权组织还为跨国保护知识产权和解决法庭以外的知识产权纠纷提供了一系列全球服务。

世界知识产权组织颁布了《世界知识产权组织版权条约》,由序言和25条正文组成,其目的是在信息技术和通信技术领域,特别是在互联网领域更充分地保护版权人的利益。世界知识产权组织还颁布了《世界知识产权组织表演和录音制品条约》,由序言和33条正文组成,目的是在数字领域特别是在互联网领域更好地保护表演者和录音制品制作者的权利。2011年6月,世界知识产权组织版权及相关权常设委员会讨论了《世界知识产权组织关于为残疾人、教育研究机构、图书馆和档案馆实行例外与限制的条约草案》(*Draft WIPO Treaty on Exceptions and Limitations for the Persons with Disabilities, Educational and Research Institutions, Libraries and Archives*)。在2017年11月13—17日举行的世界知识产权组织版权及相关权常设委员会第35次会议上,对分别制定的适用于图书馆、档案馆、博物馆、教育研究机构以及除视力障碍者之外的其他残疾人的行动计划草案进行了讨论,试图增强社会公众对与上述机构或人群有关的版权问题的理解[①]。2018年,在知识产权高层论坛会议上,世界知识产权组织总干事弗朗西斯·高锐强调了推动菲律宾等国家知识产权制度现代化的必要性。

此外,世界知识产权组织最具代表性的举措在于逐步完善、协调国际版权制度的国际公约,包括2012年6月24日正式通过的《视听表演北京条约》[②]和

---

① 中国保护知识产权网.WIPO发布有关版权限制和例外的新行动计划草案[EB/OL].[2021-08-10].http://ipr.mofcom.gov.cn/article/gjxw/gjzzh/sjzscqzz/201711/1913339.html.

② 中国人大网.视听表演北京条约(中文本)[EB/OL].[2021-08-10].http://www.npc.gov.cn/wx-zl/gongbao/2014-06/23/content_1879675.htm.

2013 年 6 月 27 日正式通过的《马拉喀什条约》①。2012 年 6 月 20—26 日,在中国北京举办的关于保护音像表演的外交会议上,世界知识产权组织通过了《视听表演北京条约》②。该条约旨在协调国际社会保护表演者对其视听表演享有的权利,全面提高了表演者保护水平,将利用"视听表演"的各种类型的行为纳入了版权法规制范围。2013 年 6 月 27 日,世界知识产权组织通过了《马拉喀什条约》③。该条约旨在保障视觉障碍者更加便利地获取已经发表的作品,规定了涉及复制权、发行权、向公众提供权以及公开表演权等方面的限制与例外,从而吸引更多出版者制作并传播方便视觉障碍者阅读的作品。此外,该条约还规定技术保护措施不能妨碍视觉障碍者利用前述限制与例外。④ 该条约于 2016 年 9 月 30 日生效。下文将针对《世界知识产权组织版权条约》《世界知识产权组织表演和录音制品条约》《视听表演北京条约》《马拉喀什条约》的重要部分进行介绍。

3.3.1 《世界知识产权组织版权条约》

《世界知识产权组织版权条约》英文全称为 *World Intellectual Property Organization Copyright Treaty*,该条约是《伯尔尼公约》下的一个特殊协议,旨在解决数字环境下作品版权的保护和作者的权利问题。任何缔约方(即使该缔约方不受《伯尔尼公约》的束缚)均必须遵守《伯尔尼公约》的实质性规定。此外,《世界知识产权组织版权条约》补充提到了两个受版权保护的客体:①计算机程序,无论它们的表达是通过何种模式或形式;②因其内容的选择或安排构成智力创作的数据或其他材料的汇编("数据库"),任何形式均可(如果一个数据库并不构成这样的创作,那么它就在该条约保护的范围之外)。

除了《伯尔尼公约》授予作者的权利之外,《世界知识产权组织版权条约》还授予作者以下三项权利:一是发行权;二是租赁权;三是更广泛的向公众传播权。发行权,即通过出售或其他所有权转让的形式向公众提供原作或者副本的权利。租赁权,即向公众授权对三种类型作品的原件和复制件进行商业性租赁的权利。

---

① World Intellectual Property Organization. Marrakesh treaty to facilitate access to published works for persons who are blind,visually impaired,or otherwise print disabled[EB/OL]. [2019-06-23]. http://www. wipo. int/meetings/en/doc_details. jsp? doc_id=245323.

② 中国人大网. 视听表演北京条约(中文本)[EB/OL]. [2021-08-10]. http://www. npc. gov. cn/wx-zl/gongbao/2014-06/23/content_1879675. htm.

③ World Intellectual Property Organization. Marrakesh treaty to facilitate access to published works for persons who are blind,visually impaired,or otherwise print disabled[EB/OL]. [2019-06-23]. http://www. wipo. int/meetings/en/doc_details. jsp? doc_id=245323.

④ 王清,唐伶俐. 国际版权法律改革动态概览[J]. 电子知识产权,2014(5):56-63.

享有租赁权的三种作品包括：①计算机程序（计算机程序本身不是租赁的基本对象的除外）；②电影作品（但只有在商业租赁的情况下才导致广泛复制的作品实质性损害排他性复制权）；③缔约方的国家法律所确定的录音制品中的作品（自1994年4月15日起已建立对租金予以公平补偿系统的国家除外）。向公众传播权，即通过有线或无线方式向公众传播的权利，包括"公众可以在其个人选择的地点和时间访问作品"，这里的向公众传播权包括了通过互联网点播、交互式传播行为。

关于版权限制和例外，《世界知识产权组织版权条约》第10条包含了基于"三步检验法"来确定限制和例外情形，正如《伯尔尼公约》第9条第2款规定的内容，并将其扩充至使用所有的权利类型。在此情形下，缔约方之前遵守《伯尔尼公约》而制定的版权限制和例外情形可能会扩充到数字传播环境。根据该条约的规定，在符合"三步检验法"的原则下，允许缔约方对现有版权限制与例外进行扩充，也可以通过创设新的限制和例外以应对数字传播环境。

关于版权保护期限，《世界知识产权组织版权条约》规定，所有作品的版权保护期限至少要达到50年。该条约还要求缔约方为反规避技术保护措施的行为（例如加密）提供法律救济，这些措施均是由作者行使他们的权利所使用的。此外，该条约要求缔约方为删除或更改"版权管理信息"的管理（例如许可、收集和分发版税）提供法律救济。

该条约要求各缔约方根据其法律制度采取必要措施，以确保条约的适用性。特别是，各缔约方必须确保执行程序有法可依，以便能够对任何侵犯条约所涵盖权利的行为采取有效行动。必要措施包括防止侵权的迅速补救措施以及对进一步侵权行为构成威慑的补救措施。

此外，该条约还设立了一个缔约方议会，其主要任务是处理与条约的维持和发展有关的事项，并将有关条约的行政工作委托给世界知识产权组织秘书处。该条约于1996年缔结，2002年生效，对世界知识产权组织成员国和欧洲共同体开放。该议会可决定是否接纳其他政府组织加入条约。批准书或加入书必须交存世界知识产权组织总干事。

3.3.2 《世界知识产权组织表演和录音制品条约》

《世界知识产权组织表演和录音制品条约》英文全称为 *World Intellectual Property Organization Performances and Phonograms Treaty*。该条约涉及两种受益人权利，尤其是其在数字环境中的权利：①表演者（演员、歌手、音乐家等）；②录制品的制作者（主动或负责录制声音的人或法人）。这些权利在同一条约中进行规范,因为条约赋予表演者的大多数权利都是与其固定的、纯粹的听觉表演(录音作品的客体)有关的权利。

就表演者而言,该条约赋予表演者对其固定在录音制品(这里不包括电影等视听形式的制品)中的表演享有经济权利:①复制权;②发行权;③出租权;④向公众提供权。其中,复制权是授权以任何方式或形式直接或间接复制录音制品的权利。发行权是授权通过出售或其他所有权转让的方式向公众提供录音制品原件和副本的权利。出租权是指根据缔约方的国内法,授权向公众商业出租录音制品的原件和副本的权利,自 1994 年 4 月 15 日起针对此种出租已经实行公平报酬制度的国家除外。向公众提供权是指通过有线或无线方式向公众提供固定在录音制品中的表演,使成员国的公众能够在个人选择的时间和地点获取这一固定表演的权利。尤其要强调的是,这项权利涉及通过互联网进行按需、交互式的提供行为。关于非固定(现场)表演,该条约授予表演者:①广播权(转播除外);②向公众传播权(表演是广播表演的除外);③固定权。除了赋予表演者经济权利之外,该条约还赋予表演者精神权利,即声称自己是表演者的权利,以及反对任何有损表演者名誉的歪曲、残害或修改的权利。

就录音制作者而言,该条约赋予他们对其制作的录音制品享有的经济权利与赋予表演者对其固定在录音制品(这里不包括电影等视听形式的制品)中的表演享有的经济权利相同。

该条约规定,表演者和录音制作者有权因直接或间接使用录音制品、出于商业目的的出版、向公众广播或传播的行为获得公平报酬。但是,在缔约方对条约提出保留意见的情形下,任何缔约方都可以限制或拒绝这一权利。在某一或某些缔约方持保留意见的情形下,允许其他缔约方拒绝向持保留意见的缔约方提供国民待遇("互惠")原则。

关于限制和例外,该条约第 16 条引入了《伯尔尼公约》第 9 条第 2 款规定的确定限制和例外的"三步检验法",并将其适用范围扩大到所有权利。随附的商定声明规定,国家法律根据《伯尔尼公约》规定的此类限制和例外可以扩展到数字传播环境。同时,缔约方可制定适用于数字传播环境的新型例外和限制条款。如果满足"三步检验法"的条件,则允许缔约方扩展现有限制或创设新的限制和例外。

该条约规定,相关权利的保护期至少为 50 年。该条约规定相关权利的享有和行使不受任何形式的限制。该条约规定缔约方有义务规定相关法律补救措施,防止他人规避表演者或录音制作者在行使其权利时所使用的技术保护措施(例如加密技术)的行为,并反对删除或更改管理(例如许可、收集和分发版税)信息(例如能够指明表演者、表演、录音制作者和录音制品本身的某些数据),这里的信息也被称为"权利管理信息"。

此外,同《世界知识产权组织版权条约》一样,该条约也规定了确保条约适用、设立缔约方议会的条款,相关规定与《世界知识产权组织版权条约》完全一致。

3.3.3 《视听表演北京条约》

《视听表演北京条约》英文全称为 *Beijing Treaty on Audiovisual Performances*。2012 年 6 月 20—26 日,在北京举行的保护视听表演外交会议上,《视听表演北京条约》予以通过,于 2020 年 4 月 28 日生效。该条约旨在解决视听表演中表演者的知识产权问题。根据该条约,表演者对"视听录制品"中的表演享有广泛权利,包括复制权、发行权、出租权、提供已录制表演与向公众传播权等经济权利,也包括"表明身份权、禁止歪曲权"[①]等精神权利。

该条约赋予表演者对其固定在视听录制品(如电影)中的表演享有四种经济权利:①复制权;②发行权;③出租权;④向公众提供权。其中,复制权是授权以任何方式或形式直接或间接复制固定在视听录制品中的表演的权利。发行权是授权通过出售或其他所有权转让的方式向公众提供固定在视听录制品中的表演的原件和副本的权利。出租权是授权向公众商业出租固定在视听录制品中的表演的原件和副本的权利。向公众提供权是指通过有线或无线方式向公众提供固定在视听录制品中的表演,使成员国的公众能够在个人选择的时间和地点获取这一固定表演的权利。尤其要强调的是,这项权利涉及通过互联网进行按需、交互式的提供行为。关于非固定(现场)表演,该条约赋予表演者三种经济权利:①广播权(转播除外);②向公众传播权(表演是广播表演的除外);③固定权。除了赋予表演者经济权利之外,该条约还赋予表演者精神权利,即声称自己是表演者的权利(表演的使用方式导致无法表明表演者身份的除外),以及反对任何有损表演者名誉的歪曲、残害或修改的权利。

该条约规定,表演者应该享有授权他人向公众广播和传播其固定在视听录制品中的表演的权利。但是,缔约方可以公布它们将为出于向公众广播或传播的目的直接或间接使用固定在视听录制品中的表演的行为确立一种获得公平报酬的权利,而不是授权的权利。在缔约方对条约提出保留意见的情形下,任何缔约方都可以限制或拒绝这一权利。在某一或某些缔约方持保留意见的情形下,允许其他缔约方拒绝向持保留意见的缔约方提供国民待遇("互惠")原则。

关于权利的转让,该条约规定,缔约方可以在其国内法中规定,一旦表演者

---

① 王迁.《视听表演北京条约》视野下著作权法的修订[J].法商研究,2012(6):26-34.

同意将表演录制为视听录制品,那么上述提到的专有权即转让给视听录制品的制作者(表演者和视听录制品制作者之间签订的合同另有规定的除外)。独立于这种权利转让之外,国家法律或个人、集体或其他协议可规定表演者有权根据条约的规定就任何传播该表演的行为收取版税或公平报酬。

关于限制和例外,该条约第 13 条引入了《伯尔尼公约》第 9 条第 2 款规定的确定限制和例外的"三步检验法",将其适用范围扩大到所有权利。随附的商定声明规定,《世界知识产权组织版权条约》第 10 条的商定声明同样适用于《视听表演北京条约》,易言之,按照《伯尔尼公约》在国内法中规定的此类限制和例外可以扩展到数字传播环境。缔约方可制定适用于数字传播环境的新型例外和限制条款。如果满足"三步检验法"的条件,则允许缔约方扩展现有限制或创建新的限制和例外。

该条约规定,相关权利的保护期至少为 50 年。该条约规定相关权利的享有和行使不受任何形式的限制。该条约规定缔约方有义务规定相关法律补救措施,防止他人规避表演者在行使其权利时所使用的技术保护措施(例如加密技术)的行为,并反对删除或更改管理(例如许可、收集和分发版税)信息(例如能够指明表演者、表演、视听录制品本身的某些数据),这里的信息也被称为"权利管理信息"。

关于技术保护措施与限制和例外之间相互作用的议定声明明确指出,如果技术保护措施已经应用于视听表演,而且受益人可合法获得该表演,那么在任何情况下都不能阻止缔约方采取有效和必要的措施,以确保受益人可享有限制和例外。只有在权利持有人就表演采取适当和有效措施以使受益人享受缔约方国内法规定的限制和例外情况时,才可能需要采取上述有效和必要的措施。在不影响那些将表演固定在其中的视听录制品受法律保护的情况下,有关技术保护措施的义务不适用于不受保护的表演或本条约规定的不再受国家法律保护的表演。

各缔约方应根据本条约对以下固定表演和表演予以保护:一是在条约生效时存在的固定表演;二是本条约在各缔约方生效后的所有表演。但是,缔约方可以声明不采用本条约在各缔约方生效时存在的以下条款:有关复制、发行、出租、固定表演的向公众提供、表演的向公众广播和传播权利中的部分或所有专有权。其他缔约方可反过来限制这些权利在该缔约方的适用。

此外,同《世界知识产权组织版权条约》一样,该条约也规定了确保条约适用、设立缔约方议会的条款,除了该条约在 30 个符合条件的缔约方交存批准书或加入书三个月后生效之外,其他相关规定与《世界知识产权组织版权条约》完全一致。

3.3.4 《马拉喀什条约》

《马拉喀什条约》英文全称为 *Marrakesh Treaty to Facilitate Access to Published Works for Persons Who Are Blind*，*Visually Impaired or Otherwise Print Disabled*，它是对世界知识产权组织管理的国际版权条约体系的最新补充。它在人道主义和社会发展层面具有明确的规定，其主要是为盲人、视障者和其他印刷品阅读残障者（下文统称"视障者"）制定的一套强制性限制和例外制度。

该条约要求缔约方对版权规则实行一套标准的限制和例外制度，一个重要因素是便于允许复制、发行和向公众提供以视障者无障碍访问的格式设计的已发表的作品，并允许为受益人服务的组织跨界交流这些作品。

该条约明确指出，受益人是指条约所惠益的对象人群，目前限定为存在视觉缺陷、直觉障碍或者阅读障碍且经过矫正和治疗仍然无法正常阅读印刷物的人群，以及因其他身体残疾不能集中或移动目光进行正常阅读的人群[①]。以"文字、符号和/或相关插图的形式"呈现的作品，无论以何种媒体出版或以其他方式公开提供的作品（包括有声读物），都属于该条约规定的范畴。

另一个重要因素是被授权实体所发挥的作用，这些实体是负责进行跨界交流的组织。该术语的定义相当宽泛，包括许多非营利性组织和政府实体。这些实体要么得到政府的具体授权，要么得到政府的"承认"，它们是具备为受益人提供教育和信息等多种功能的实体。被授权的实体有责任在几个方面确立并遵循自己的做法，包括确定其服务对象是受益人，只向这类人群提供服务，阻止未经授权使用复制品的行为，以及在处理作品复制品时保持"应有的谨慎"。

该条约具有清晰的结构，并规定了国内和跨国界限制和例外的具体规则。首先，该条约要求缔约方在国内版权法规定适用于视障者的限制或例外。这种限制或例外的权利包括复制权、发行权和向公众提供权。经授权的实体可以在非营利的基础上制作无障碍格式的复制品，可以通过非商业性的借阅或电子传播方式进行分发；开展该活动的条件包括：可以合法获取作品，只引入使作品可获取所需的改动，并且只提供复制品供受益人使用。视障者也可以在合法获取作品的无障碍格式副本的情况下制作供个人使用的副本。在国内，各国可以将限制或例外限定在那些"不能以合理条件为该市场的受益人以商业方式获得"的

---

① 张惠彬，吴柯苇.论《马拉喀什条约》在英国的实施及其启示[J].图书馆理论与实践，2019(4):78-83.

作品上。当然,各国在使用这种规则之前,需要通知世界知识产权组织总干事。

其次,该条约要求缔约方在某些条件下允许进口和出口无障碍格式版副本。关于进口,当根据国家法律可以制作无障碍格式版本时,也可以不经权利人授权而进口该副本。关于出口,根据限制或例外或其他法律制作的无障碍格式版,可由授权实体向另一缔约方的受益人或被授权实体分发或提供。这种具体的限制或例外要求受益人对作品专有使用,而且该条约明确规定,在进行这种分发或向公众提供之前,被授权实体不得知道或有合理理由知道该无障碍格式版将被他人使用。

该条约允许缔约方基于对其自身法律制度和实践的考虑,自由执行其规定,包括对"公平做法、交易或使用"的确定,但各缔约方必须遵守其他条约规定的三步检验法。"三步检验法"是一项基本原则,用于确定一项例外或限制是否为版权及相关权利的国际规范所允许。任何例外或限制包括三个要素:①应只涉及某些特殊情况;②不得与作品的正常利用相冲突;③不得不合理地损害权利人的合法权益。

加入该条约的成员不要求其之前已经加入任何其他国际版权条约,世界知识产权组织成员国和欧盟均可加入。但是,收到无障碍格式版本的缔约方,如果没有义务遵守《伯尔尼公约》第9条规定的"三步检验法",则必须确保无障碍格式版本不在其管辖范围外重新被分发。此外,授权实体不得进行跨境转让,除非制作复制品的缔约方是《世界知识产权组织版权条约》的缔约方,或以其他方式使实施该条约的限制和例外情况适用于三步检验法。

该条约要求世界知识产权组织建立一个"信息接入点",允许自愿共享信息,以方便确定授权实体,同时,邀请世界知识产权组织分享有关条约运作的信息。此外,缔约方承诺协助授权实体从事跨境转让工作。

该条约也设立了一个缔约方议会,其主要任务是处理与条约的维持和发展有关的事项,并将有关条约的行政工作委托给世界知识产权组织秘书处。该条约文本于2013年6月27日在马拉喀什通过,其中,条约生效所需的20份批准书或加入书已由符合条件的缔约方交存,该条约已于2016年9月30日生效。

无论是世界各国、各地区还是国际组织,新一轮的版权制度改革都注重增强版权制度应对当前与未来技术发展的能力,在确保继续为作者等版权人提供高水平保护的同时,消除作品使用的各种障碍,从而为创新活动与经济增长提供法律保障。

4 数字传播时代我国版权保护的路径选择

近年来,我国积极倡导创新文化建设,强化知识产权创造、保护与运用,推进版权制度现代化建设,为版权事业的发展指明了方向。尤其是党的十九大以来,我国版权环境日益改善,版权保护工作积极推进,版权产业蓬勃发展。然而,我国版权保护工作在取得重大进展的同时,也存在诸多问题和挑战。面对这些问题和挑战,我们有必要重新审视我国的版权制度,并探讨适合我国版权事业发展的路径。

本章试图通过分析数字传播时代我国版权保护存在的问题,结合第3章论述的国外版权制度改革的经验,提出我国版权制度应对数字传播技术的基本原则,找到完善我国版权制度的方略。

4.1 数字传播时代我国版权制度改革解读

新技术时代,数字经济已经成为我国经济增长的重要驱动力,助推核心版权产业迅猛发展;媒体深度融合进入关键阶段,优质作品成为内容产业的核心竞争力;共享经济促进内容产业新模式、新领域、新平台发展壮大,加速优质内容分发传播。为了推进版权产业的发展,我国不断加大版权保护力度,在立法保护、司法保护、社会保护、行政保护等多个方面有所改进,但是,也陷入了多重困境,基于数字传播技术的盗版问题亟待解决,版权制度改革之路步履维艰。

4.1.1 数字传播时代推进我国版权制度改革的必要性

在数字传播技术冲击下,传统版权制度确立的规则与利益平衡机制失灵。为了有效应对新技术革命带来的挑战,世界各国、各地区和国际组织均在借鉴经验、总结教训,积极探索版权制度改革的创新路径。具体体现在:一方面,各国不断修订本国版权法,近年来,甚至彻底"检修"版权制度;另一方面,国际组织推进国际公约的达成,包括《伯尔尼公约》《世界版权公约》《与贸易有关的知识产权协定》《世界知识产权组织版权条约》《世界知识产权组织表演和录音制品条约》《视听表演北京条约》《马拉喀什条约》等。紧跟国际步伐,我国也在积极推进版权法的修订,并颁布了一系列实施条例和司法解释。

推进我国版权制度改革,有助于应对新技术革命背景下的版权可能引发的新问题,预测数字经济环境下版权制度的发展趋势,掌握国内外版权制度改革的趋势,对于推进我国版权产业国际化进程,促进版权制度与技术的进步、科学研究的协调发展,协调版权人、内容传播者以及社会公众多方主体之间的利益关系,具有重要的价值和意义。

加之,我国版权法乃"舶来品"。改革开放之前,我国版权立法进程缓慢,改革开放之后,版权立法速度才逐步加快。目前,我国版权制度已经基本与国际接轨,有着较高水平的版权法律体系。然而,较短时间建立起的版权制度,其发展速度远远超过了我国经济和社会的发展速度,这种模式是否合理尚存疑。实质上,在应对新技术过程中,我国版权制度的弊端也更加明显。尽管我国版权法已经同国际水平基本一致,但是在执法力度、执法环境、专业法律素养以及法学理论成熟程度、市场经济发展水平等方面,均处于较低的发展水平,版权保护存在不少漏洞和盲点。基于新技术的盗版行为猖獗,版权保护面临严峻的挑战。因此,重新审视我国版权制度,推进版权制度与我国国情相适应实为必要。

4.1.2　数字传播时代我国版权制度改革的现状

目前,我国规制版权行为最有影响力的法律法规主要包括《著作权法》、《中华人民共和国著作权法实施条例》(以下简称《著作权法实施条例》)以及《信息网络传播权保护条例》。我国《著作权法》于 1990 年 9 月 7 日在第七届全国人民代表大会常务委员会第十五次会议上获得通过,第一次修正于 2001 年 10 月 27 日在第九届全国人民代表大会常务委员会第二十四次会议上获得通过,第二次修正于 2010 年 2 月 26 日在第十一届全国人民代表大会常务委员会第十三次会议上获得通过。2011 年 7 月,我国启动《著作权法》第三次修正工作。2012 年 3 月 31 日,基于中国人民大学知识产权学院、中国社会科学院法学所知识产权研究中心、中南财经政法大学知识产权研究中心三家国内具有影响力的科研机构分别起草的《著作权法》修订专家意见稿,国家版权局出具向社会公开征求意见的《著作权法(修改草案)》(以下简称《修改草案》)。在广泛征求并讨论来自社会各界的意见之后,国家版权局于 2012 年 7 月 6 日公布《著作权法(修改草案第二稿)》(以下简称《修改草案第二稿》),继续向社会各界广泛征求意见后形成了《著作权法(修改草案第三稿)》(以下简称《修改草案第三稿》),《修改草案第三稿》并未向社会各界公布。2012 年 12 月 18 日,《著作权法(修改草案送审稿)》(以下简称《送审稿》)呈报国务院法制办公室。2014 年 6 月,为了进一步广泛、深入听取各方面的意见,增强立法的公开性和透明度,提高立法质量,国务院法制办公室将《送审稿》及其修订说明全文公布,征求社会各界意见。2020 年 4 月 30 日,经第十三届全国人民代表大会常务委员会第十七次会议审议后的《中华人民共和国著作权法(修正案草案)》(以下简称《修正案草案》)向社会公众征求意见。2020 年 8 月 17 日,《中华人民共和国著作权法(修正案草案二次审议稿)》(以下简称《修正案草案二次审议稿》)向社会公众公开征求意见。2020 年 11 月 11 日,中华人民共和国第十三届全国人民代表大会常务委员会第二十三次会议通过《全国人民代表大会常务委员会关于修改〈中华人民共和国著作权法〉的决定》,我国《著作权法》第三次修订完成,并于 2021 年 6 月 1 日起施行。此外,《著作权法实施条例》于 2002 年 8 月 2 日以中华人民共和国国务院令第 359 号公布,根据 2011 年 1 月 8 日《国务院关于废止和修改部分行政法规的决定》第一次修订,根据 2013 年 1 月 30 日中华人民共和国国务院令第 633 号《国务院关于修改〈中华人民共和国著作权法实施条例〉的决定》第二次修订①。《信息网络传播权保护条例》于 2006 年 5 月 18 日以中华人民共和国国务院令第 468 号公布,根据 2013 年 1 月 30 日中华人民共和国国务院令第 634 号《国务院关于修改〈信息网络传播权保护条例〉的决定》修订②。

　　近年来,我国从立法、司法、社会和行政保护等多个方面推进版权制度现代化建设,取得了很大的成就。在立法层面,积极推进版权法的修订,颁布相关法律、法规和规章制度,版权法律体系逐步完善。国务院法制办公室公布《送审稿》并在相关领域征求意见,对推进版权法修订具有重要意义。《中华人民共和国电影产业促进法》全面实施,为我国电影产业的版权保护提供了强有力的法律支撑。《互联网新闻信息服务管理规定》《互联网用户公众账号信息服务管理规定》先后公布,对互联网信息服务提供者在内容安全、版权方面的主体责任予以规范。2017 年 6 月,《中华人民共和国网络安全法》得以实施,明确规定要对网络

---

① 中华人民共和国中央人民政府. 中华人民共和国国务院令第 633 号[EB/OL]. [2018-09-12]. http://www.gov.cn/zwgk/2013-02/08/content_2330132.htm.

② 中华人民共和国中央人民政府. 中华人民共和国国务院令第 634 号[EB/OL]. [2018-09-12]. http://www.gov.cn/zwgk/2013-02/08/content_2330133.htm.

技术知识产权进行保护。在司法层面,司法机关积极探索新举措,以有效遏制盗版侵权行为的蔓延,并不断加大网络版权侵权的赔偿力度。尤其是一些关注度较高的案件,其赔偿额度突破了法定的赔偿上限,对于后继案件来说,有一定的示范效应。在社会层面,版权集体管理组织积极探索新技术时代激发作者创造性、促进作品质量提升的有效方法,自媒体平台主动探索和推出加强版权保护的原创保护措施,原创内容交易平台积极采用区块链技术等。在行政保护方面,国家版权局进一步突出工作重点,对工作方法进行创新,持续扩大版权执法监管工作的影响力和覆盖面,包括进一步推进剑网行动,通过各种方式及时解决利用VR 技术、微信公众号平台、聚合盗链等引发的新型版权问题等。

此外,我国在推进版权制度国际化方面也做出了巨大的努力。1992 年 10 月,我国先后加入《伯尔尼公约》和《世界版权公约》。2007 年 6 月,加入《世界知识产权组织版权条约》和《世界知识产权组织表演和录音制品条约》。2012 年 6 月,签署《视听表演北京条约》。一直以来,我国都在积极寻求与国际组织和世界各国的交流与合作,借鉴国外先进的立法经验,吸取失败的教训,行使国际条约赋予的权利,履行国际条约规定的义务,试图进一步提高我国版权立法的国际化水平,从而应对全球范围内的新一轮技术变革的浪潮。

4.1.3 数字传播时代我国版权制度改革存在的主要问题

在充分肯定我国版权制度改革取得的成绩的同时,也必须意识到,如此快速推进的现代化进程难免存在一定的缺陷,包括体制机制、法制建设、机构队伍、执法水平和执法手段等多个方面。同版权强国相比,我国版权制度现代化还存在较大的差距。目前,面临的问题主要体现在法律制度、版权执法力度、版权保护技术、社会公众的版权保护意识等方面。

4.1.3.1 版权法律制度滞后于技术发展的步伐

随着社会的发展,法律制度通常会出现一种僵滞现象,原本适应社会发展且合理的制度无法适应现实环境,逐步背离制度原有的合理性。[①] 从法律制度发展的历程来看,僵滞现象的产生是必然的。随着技术环境的变化,版权法律制度也不可避免地出现了僵滞现象。

新技术的出现为版权保护和版权运营创造了前所未有的机遇,也带来了严峻的挑战。《著作权法》和《信息网络传播权保护条例》是我国保护版权的主要法

---

① Ruiter D. Structuring legal institutions[J]. Law and Philosophy,1998,17(3):215-232.

律法规。鉴于我国版权法的制定参照的是印刷术时代的传统版权保护模式,在应对数字技术和互联网技术的过程中,其滞后性日益凸显,具体体现为"复制"范围界定模糊、版权限制与例外问题、版权集体管理制度问题、网络服务提供者的侵权责任问题以及损害赔偿额度争议问题等。也正因为如此,2011 年 7 月 13 日,我国开始进行版权法第三次修正,2012 年 12 月 18 日,《送审稿》呈报国务院法制办公室。2020 年 11 月 10 日,十三届全国人大常委会第二十三次会议对著作权法修正案草案进行了第三次审议。《全国人民代表大会常务委员会关于修改〈中华人民共和国著作权法〉的决定》自 2021 年 6 月 1 日起施行。此外,《信息网络传播权保护条例》专门规制网络传播与使用中的版权侵权行为,但其中有关侵权范围的界定以及合理使用范围的划分不够清晰,避风港原则的相关规定也滞后于技术发展,有关条款在应对新型版权侵权行为时力不从心。

4.1.3.2 针对版权侵权行为的执法力度薄弱

关于我国版权侵权行为的执法现状,可以分别从行政监管层面和对侵权行为的惩罚力度层面来分析。首先,针对版权侵权行为,我国的行政监管手段相对滞后,仍然采用保护传统纸质出版物版权的监管模式,显然已经无法有效保障数字传播新业态的发展。其次,在惩罚版权侵权行为方面,相较于欧美国家的惩罚性赔偿机制,我国目前采用的是损害赔偿机制,对盗版行为的打击力度仍然不够。基于损害赔偿机制,当侵犯版权的行为被认定成立时,法院裁决侵权行为人的赔偿方式通常分为两种:一是要求侵权行为人赔偿其从盗版行为中所获得的利益;二是要求侵权行为人对版权人造成的损失做出相应的补偿。在此情形下,侵权行为人为盗版行为付出的代价或者成本较低,不足以威慑版权侵权行为。

4.1.3.3 数字版权保护技术的有效性不足

在法律制度无法有效保护版权的情形下,数字版权保护技术发挥了至关重要的作用。在媒体融合实践过程中,我国的数字版权保护技术得到了长足发展。目前的数字版权保护技术主要包括数字水印技术、数字加密技术、数字指纹技术、电子签名技术与认证技术以及数字版权管理技术等。其中,比较成熟且使用较为广泛的是数字版权管理技术。然而,随着大数据、云计算、人工智能、区块链等新一代信息技术的发展,以及媒体融合发展进程的推进,传媒产业对数字版权管理技术的有效性提出了更高的要求,不仅局限于简单地防止复制行为的发生,还要求对数字内容资源进行有效的版权识别、全面的版权监管和及时的版权追踪等。考察现状,目前的数字版权保护技术显然无法满足这些要求。

4.1.3.4 社会公众版权保护意识淡薄

从互联网产生至今,社会公众享受了大量的免费信息,逐步养成了免费获取和消费数字内容资源的习惯。长期以来,社会公众可以免费浏览新闻,免费观看影视剧,免费获取学习资料,等等,所以社会公众本能地抗拒那些需要付费才能获取的数字内容资源。因此,在可以免费获取数字内容资源的情形下,社会公众缺乏购买正版作品以保护出版单位和其他版权人合法权益的意识。鉴于我国免费需求数字内容资源的市场庞大,大量免费提供数字作品的网络平台蓬勃发展,网络侵权行为频发。

4.2 我国版权制度改革应对数字传播技术的基本原则

制度功能具有应然与实然两个层面的含义。制度的应然功能是指制度在理想层面上与理论意义上具有的功能,即制度应该具有的功能。从历史唯物主义的角度看,制度的应然功能是制度合目的性与合规律性的统一。从应然的角度来看,制度有三大功能:促进社会的发展,实现人与社会的协调发展,促进人的全面发展。制度的实然功能是指制度在特定的历史时期、现实社会中已经与正在发挥的功能,即制度实际发挥的功能。

本书着重关注制度的实然功能,主要原因在于版权法在应对技术变革时呈现出的功能都是实然层面的功能。根据版权法的实然功能的不同,制度通常呈现出两种不同的功能——正功能与负功能。所谓制度的正功能是指制度在运行与发挥作用过程中表现出来的对其目标起促进作用的功能。所谓制度的负功能是指制度对其自身的目的起破坏作用的功能,它削弱了制度的适应性和目的性。① 由此可见,在完善制度的过程中,应注重充分发挥制度的正功能、削弱制度的负功能,从而实现最终的应然功能——促进社会的发展、实现人与社会的协调发展以及促进人的全面发展。

在数字传播环境下,版权问题复杂多变且很难预测,综合考察世界各国应对新技术环境的版权制度改革方案,有些方面的改革推动了版权制度发挥正功能,也有些导致版权制度呈现出负功能状态。在此环境下,我们有必要基于对版权政策目标的深刻理解,制定能够适应版权环境变化的基本原则。确保在这些基本原则的指导下,版权政策目标可以随着时间的推移保持不变,版权规则的应用也可以更加灵活,从而充分发挥版权制度的正功能、削弱版权制度的负功能。当

---

① 辛鸣.制度论——哲学视野中的制度与制度研究[D].北京:中共中央党校,2004.

然,需要指出的是,这些基本原则不一定是版权改革中唯一要考虑的因素。

要想明确我国的版权政策目标,首先要了解我国版权制度的逻辑体系。世界各国保护作品的制度体系包括版权制度和作者权制度两种。前者起源于英国,主要以英美法系国家为代表;后者起源于法国与德国,主要以大陆法系国家为代表。受到法制发展的历史传统、整体民事法律制度的影响,我国在保护作品和作者权利的两种法律制度中选择了作者权制度。当然,需要指出的是,以美国为代表的版权制度的理念和规则,也在时刻影响着我国的学术研究和司法实践①。因此,我们在考虑版权制度修订与完善的过程中,首先需要明确我国版权法基于作者权制度的逻辑体系,厘清我国的版权政策目标,同时适当吸纳版权法体系中的一些要素和规则,解决新技术环境时面临的各种问题。

鉴于此,结合前文提到的数字传播与版权保护的关系理论,国际社会版权改革新趋势和新规律,同时综合考察新技术环境下我国版权制度改革的现状及问题,基于对作者权制度的逻辑体系、版权政策目标的考察,提出以下五种基本原则,以推进我国版权制度改革有效应对数字传播技术。

4.2.1 承认和尊重作者精神权利

版权政策目标具体体现在版权法立法目的中,本书1.2节综合考察了世界各国版权法的立法目的,主要包括以下三个方面:一是保护版权人的合法权利,鼓励作品创作与文化传播;二是促进社会公平公正,营造和谐的文化环境和氛围;三是形成良好的版权生态系统,促进文化和科学事业的创新和繁荣。

长期以来,我国的版权法遵循作者权体系相关规则,其立法目的也涉及这三个方面的内容。其一是"保护版权人的合法权利,鼓励作品创作与文化传播",它有两层含义:一是版权法保护版权人的合法权利;二是版权法鼓励作品创作与文化传播。本小节基于第一层含义提炼出我国版权制度改革应对数字传播技术的第一种基本原则,对第二层含义的分析将在下一节进行解释。

通过分析作者权体系框架发现,版权法保护版权人的合法权利具体体现在版权法以创作作品的作者为核心,突出作者创作作品且享有权利,进而规定了作者享有的精神权利和经济权利。而且,在规定两种权利的顺序上,通常是先规定精神权利,比如署名权、保护作品完整权等,再规定经济权利,例如复制权、发行权、表演权、演绎权、展览权等。德国《著作权及有关权法》第12条规定作者的发表权、第13条规定作者的署名权、第14条规定作者的保护作品完整权,均属于

---

① 李明德. 两大法系背景下的作品保护制度[J]. 知识产权,2020(7):3-13.

作者的精神权利;第15～27条,则以有形利用和无形利用作品的方式,规定作者享有的复制权、发行权、展览权、表演权、播放权、改编权、出租权等属于作者的经济权利。① 法国《知识产权法典》在第二编第一章规定了作者的精神权利,如署名权、发表权、收回权和保护作品完整权,在第二章规定了作者享有的经济权利,如复制权和表演权。② 日本《著作权法》第18～20条规定了作者享有的发表权、署名权和保护作品完整权,第21～28条规定了作者享有的复制权、表演权、展览权、发行权、出租权和改编权,等等。③ 显然,这种规定方式突出强调了作者创作作品以及作者将个人的精神、情感和人格外化到相关作品中的事实。此外,在权利归属和行使方面,作者权体系强调精神权利是作者的专属权利,不能继承和转让,经济权利则可以通过继承、赠与、转让或许可等方式归属他人所有。

由此可见,作者权体系首先承认作者享有的精神权利,而且精神权利独立于作者的经济权利,它是以版权材料作者或创作者为中心而产生的个人权利。鉴于此,我国版权制度的完善始终应该将全面保护原创作者精神权利作为首要原则。版权材料作者和创作者有权决定其作品如何被利用,有权决定用户以不损害创作者权利的方式利用版权内容。无论相关行为是否侵犯经济权利,创作者都应该始终能够维护自己的精神权利,而且有权要求侵权行为人从互联网上删除那些侵犯自己精神权利的衍生作品。目前,许多国家(尤其是英美法系国家)的版权法都喜欢用"权利持有人"一词,这种使用方式不应该模糊作者身份和版权材料创作的重要性,对"作者身份"的解释不应过于狭隘。

在数字传播时代,想要尊重和保护作品的原创性,首先要明确作者身份,保护作品作者的精神权利。精神权利不同于可交易的经济权利,它是激励作者进行内容创作的重要因素。因而基于时代背景,明确作者身份,保护作品作者的精神权利就显得尤为重要。随着新技术的发展,社会整体的文化传播氛围欠缺版权保护意识,对作者精神权利的认知程度远远不够,对原创作品及作者身份缺乏尊重。尊重作者的精神权利,特别是承认"作者身份"是任何版权讨论的首要考虑因素。因此,版权制度的修订与完善首先应该以承认和尊重作家、艺术家和其他创作者的精神权利为前提。

---

① Bundesministerium der Justiz und für Verbraucherschutz. Gesetz über urheberrecht und verwandte schutzrechte[EB/OL]. [2021-07-10]. https://www.gesetze-im-internet.de/urhg/index.html#BJNR012730965BJNE023502360.

② WIPO Lex. Code de la propriété intellectuelle (version consolidée au 1er janvier 2021)[EB/OL]. [2021-07-10]. https://wipolex.wipo.int/en/text/581981.

③ WIPO Lex. Copyright act (act No. 48 of May 6,1970,as amended 2020)[EB/OL]. [2021-07-10]. https://wipolex.wipo.int/en/text/578251.

4.2.2　激励作品的创作与传播

基于对版权法立法目的第一个方面的分析,"保护版权人的合法权利"除了涉及对精神权利的保护之外,还涉及对经济权利的保护,两者共同推动作品创作与文化传播。尤其是,相较于对精神权利的保护,承认作品作者的经济权利是激励后续持续创造性创作与传播的更为重要的部分。因此,本书结合版权法立法目的中的"保护版权人的合法权利"与"鼓励作品创作与文化传播",提出我国版权制度改革应对数字传播技术的第二种基本原则——激励作品创作与传播的原则。基于该原则,版权改革的措施和方案应确保能够进一步激励版权作品的创作、促进版权作品的传播。

基于作者权制度的逻辑体系,版权制度在承认和尊重作者精神权利的同时,也强调作者对经济权利的享有,认为经济权利可以通过继承、赠与、转让或许可等方式归属其他人所有,通过这种方式达到激励作者进行作品创作、鼓励传播者进行作品传播的目的,这是版权法的重要激励机制。普遍认可的观点是,激励理论(激发创造力和激励创新)是版权法的基础,并将继续推动版权法的发展。

从经济学层面来看,版权激励机制的基本观点是,只有对作品提供足够多的保护,创作者才可能有足够的动力进行作品的创作。在缺乏版权保护时,理想的作品生产与分配将无法进行。从功利方面来看,版权法为原创性作品创作提供了足够的激励,版权利益确保了作者(或其他版权人)投资的及时且有效的回报。此外,作者(或其他版权人)的经济收入通常来源于成功和可行的商业分销活动,因为他们的利益与那些投资作品进行商业化制作的公司密切相关,因此激励机制也需要考虑维护这些商业化公司的利益。当然,原创作者和其他版权人(如出版商、唱片公司等)的利益并非总是一致的,很多情况下也会存在冲突,所以我们也不能将原创作品创作者与其他版权人的立场混为一谈。

此外,需要强调的是,尽管版权制度在激励创作过程中扮演着重要角色,但过于强调激励机制也将耗费巨大的成本,最终导致版权保护系统效率低下,不利于国家经济的发展。如果版权保护范围过于宽泛,且没有设置适当的例外情形,国家的经济效率和消费者福利将受到严重影响。

因此,版权改革也不能过度依赖激励机制,版权法对作品保护范围的规定应该受到限制,过度保护也无法达到激励作品创作与传播的目的。比如,对作者权益的过度保护将不利于基于原始作品的后续商业开发、新作品的创作与生产,甚至过多的版权保护(如阻止将理应属于公有领域的材料纳入公有领域范围)有时候还会减少后续作品创作的数量。要认识到版权改革不应该干扰创新和创造力,其中一个方面就是要了解哪些改革会对版权所有者的激励机制造成实质性损害。大量使用版权材料的行为并不会打击版权人创作的积极性,因为版权平等对待和保护有经济价值的作品和无经济价值的作品。有些版权材料的使用不一定会带来额外的价值,甚至可能妨碍版权所有人或权利所有人从中获取收益,同时还会导致用户面临侵犯他人版权的风险,这种情形甚至可能会扰乱数字经济的发展。比如,版权材料的"附带使用"、私人使用、一些促进版权产品需求的未经授权的复制行为等。其实,市场竞争机制也是激励作品创作与传播的普遍手段。

4.2.3　促进内容的公平获取

版权法立法目的的第二个方面是"促进社会公平公正,营造和谐的文化环境和氛围",第三个方面是"形成良好的版权生态系统,促进文化和科学事业的创新和繁荣",这两个方面都是从社会公共利益的角度对版权政策目标的解读,而且版权法立法目的的第一个方面"保护版权人的合法权利,鼓励作品创作与文化传播",其最终目标也是实现公共利益。

从公共利益视角来看,版权法的存在是在创作和传播新的知识和文化作品方面为公共利益服务。其中,公共利益涉及的内容复杂多样,包括促进教育和科学研究事业的发展、推动文化和经济的繁荣、保障公众参与决策等。

为了实现这些目标,本书提出我国版权制度改革应对数字传播技术的第三种基本原则——促进内容的公平获取。"公平获取"是指在向版权人提供适当报酬的同时,考察提供适当报酬的原因以及其他需要遵守的"关键社会准则"。下面以档案馆对版权作品的使用为例,对这一概念进行详细解释。如果将存档在档案馆尤其是政府档案馆中的版权材料广泛传播,会对社会产生极大的好处,同时也不会真正损害版权人的商业利益。那么,在此种情形下,我们就可以认为档案馆广泛传播相关作品的行为促进了内容的公平获取。

实质上,为了创作丰富多样的版权作品,已有版权内容的可获取性也是至关重要的,主要原因在于版权作品的创作依赖于对现有的文化材料、教育资源的充分获取,也离不开法律赋予公众的创造性的表达自由。数字传播时代,各种各样的内容和发表内容的平台服务于多元社会,并允许公众通过媒体表达自己的想法,为保障公众言论自由提供了前所未有的平台。因此,为了促进内容的公平获取,实现版权政策的公共利益目标,版权法在维护版权人利益的同时,需要综合考虑其他因素,包括维护个人其他类型的权利,特别是言论自由权,在促进个人权利实现的同时,协调好与公共利益的关系,促进教育和科研事业发展,保障促进社会保存和公众获取知识与文化的公共机构(如图书馆、博物馆、美术馆、档案馆等)的运作等。

从版权利益相关人的分类来看,版权人之外的群体都可以统称为用户。因此,版权政策公共利益目标的实现离不开在促进内容公平获取时对"用户权利"的考察。从经济学角度来看,版权法赋予版权人专有权利,在激励创造性创作的同时,也会减少在用户获取及积累创造力方面产生的成本。鉴于此,版权法设置了版权限制和例外条款,尝试将这些成本包含在内并维持版权政策的总体平衡。尤其是版权法应该关注终端用户及其访问版权材料的能力,而不应被用来不合理地限制其查看或使用他们有权查看或使用的版权材料的能力。

此外,需要强调的是,版权法在促进内容公平获取的同时,也存在一个问题,即版权人是否能够从促进内容公平获取中获得适当的补偿,如果可以,那么应该为此买单的是用户还是内容创作者? 这一问题更加凸显出,在数字传播环境中,为了实现版权材料的公平获取,版权法需要综合考虑所有利益相关者的社会利益和经济利益,从而最终实现公共利益政策目标。

4.2.4 遵循技术中立原则

前面三种基本原则框架都直接来源于版权法的立法目的。在应对数字传播技术的过程中,版权制度的改革除了要考察版权法的立法目的之外,还需要考虑技术本身,需要详细分析与版权改革相关的"新型数字传播技术"。

普遍认可的观点是,版权法应当对新技术、新平台和新服务做出反应。版权法的实施从根本上来看受到了技术发展的影响,因为技术发展允许以新的方式使用版权材料。

因此,为了有效应对新型数字传播技术,版权法的修订需要遵循技术的本质特征及其发展规律,具体体现为版权法需要采用灵活、明确和适应性强的规则,而且这一规则的采用应当与其他目标相权衡,具体体现在遵循技术中立原则。虽然技术中立本身并不是立法的目的,但是其应当作为版权法制定时的一个相当重要的考虑因素。只要收益大于成本,而且中立的目标不会凌驾于版权材料的创作者和所有者的权利之上,"技术中立"就是"一项重要的原则"。

版权法要尽可能做到技术中立,并在适用时具有可预测性,以最大限度地减少和避免对有效市场的不必要阻碍,避免产生交易成本。版权制度改革需要追求经济效率,但经济效率只是其中的一个方面,还有其他更为广泛的政策目标和法律框架需要考虑。

目前的版权法由于过时,在适用过程中的成本越来越高,已经无法适应数字传播环境。例如,技术的快速变化以及消费者行为的巨大改变,导致相关法律条款无法有效解决网络平台上发生的版权侵权行为。尽管数字经济为社会发展提供了前所未有的机会,但是版权法对某种特定的技术针对性过强、缺乏灵活性的特点导致其很难促进当今和未来的创新。

在融媒体环境下,可用于创作和传播内容的技术多种多样。在此情形下,需要强调的是,法律规制不能限制或阻碍技术的革新和投资,版权法成功与否取决于其能否在融媒体环境下有效运作。

从国际层面上来看,技术中立原则是国际版权法改革的重要政策依据,在世界各国都引发了大量的讨论。然而,关于技术中立的法律的起草并不简单,在技术不断变化的情况下起草具有持久意义的法律是一个好的想法,但在具体实践操作中很难实现。即使是试图采用技术中立的法律,也可能会将目前特有的技术问题写入法律,从而扼杀版权所有人开发新型商业模式的积极性。

虽然版权法需要能够对技术、消费者需求和市场的变化做出反应,但它也需要有一定程度的可预测性,确保权利的存在和版权材料的许可使用有足够的确定性,从而使版权所有者和用户的交易成本降到最低,并避免由不确定性引起的诉讼。如果版权法不明确,或者对其范围存在广泛误解,那么肯定会给创新造成障碍。此外,预测是困难的。因此,版权法必须尽可能地保持技术中立。同样重要的是,版权法要能够适应或容易适应不可预见的技术创新。版权改革不应区分技术,而应关注开展活动的意图或目的。版权法也不应该左右技术创新的方向,不能阻碍更加有效的系统开发。这些正是判断现行版权法和版权修订的标准。

4.2.5　采用国际一致性原则

改革开放以来,为了与国际版权规则接轨,我国不断提升版权保护水平,推进国际版权市场开发与推广,加入了一系列版权保护国际公约和条约,包括《伯尔尼公约》《世界版权公约》《与贸易有关的知识产权协定》《世界知识产权组织版权条约》《世界知识产权组织表演和录音制品条约》《视听表演北京条约》等。

我国的版权法受国际版权规则的影响,要想参与国际市场竞争,促进版权作品的国际化,需要履行相应的国际义务。比如,版权法有关权利法定例外的允许范围,必须严格参照国际协定中允许的例外情况来确定。尤其是,版权例外的相关情形必须符合《伯尔尼公约》的"三步检验法"。鉴于此,本书提出版权制度改革的第五种基本原则——采用符合国际义务的规则,即国际一致性原则。

国际一致性原则是保障我国企业参与全球活动、进军全球市场的主要因素,同样也是推动我国消费者从这些全球活动和业务中获益的重要保障。只有遵循这一原则,才能确保我国的版权法与贸易伙伴的版权法相协调,从而促进版权作品的进出口贸易。

普遍认可的观点是,国际一致性原则的一个重要体现是从国际条约义务的角度特别是基于《伯尔尼公约》中的"三步检验法",来考察版权例外情形。当然,"三步检验法"本身并不是一个指导版权制度改革的框架性原则,但它是国际法规定版权例外的核心原则。

所谓"三步检验法"是指只能在特殊情况下做出、与作品的正常利益不冲突,以及没有无理由损害版权人合法利益的情况下,可以对版权进行另外的限制。"三步检验法"的要求包含以下三点内容:第一,对于作品的合理使用只能在某些特殊情况下,这些特殊情况应是非营利性的、对社会发展有益的,如新闻报道、适当引用等;第二,这种使用应当与作品的正常利益不冲突,应该将作品的利益放在首位,首先保证版权人的合法利益,再考虑他方利益;第三,不得损害版权人的合法利益,这一点侧重于保护版权人的精神利益,如使用其作品时应当带有版权人的署名等。

实质上,我国在现行《著作权法》通过之前,也对"三步检验法"在版权例外方面的适用问题进行了激烈的讨论。本书需要指出的是,"三步检验法"的适用不应该对有关人权、科学文化发展和言论自由的其他国际准则构成威胁。在此基础上,对《伯尔尼公约》中的"三步检验法"进行解释和适用,允许用户在促进教育、研究和文化知识相关的内容获取、使用和互动方面具有更强的灵活性。在现有版权框架内,采用更灵活的版权例外原则,为版权保护和版权产业发展提供更有力的保障。

4.3 数字传播时代我国版权制度的完善建议

2011 年 7 月 13 日,我国开始进行版权法第三次修正。与前两次修法不同,此次修法为公开立法,向相关权利人、权利人组织、产业界、法律界以及其他社会各界人士广泛征求意见与建议。2012 年 3 月 31 日,根据三家在国内版权法领域颇具影响力的科研机构分别起草的《著作权法》修订专家意见稿,国家版权局出具了一份向社会各界公开征求意见的《修改草案》。在向社会公众广泛征求意见并展开讨论之后,国家版权局先后形成了《修改草案第二稿》《修改草案第三稿》。其中,《修改草案第三稿》并未向社会公布。2012 年 12 月 18 日,《送审稿》

呈报国务院法制办公室并于 2014 年 6 月向社会公开征求意见。2020 年 4 月和 8 月《修正案草案》《修正案草案二次审议稿》先后公布,在向社会公开征求意见后,2020 年 11 月 10 日,十三届全国人大常委会第二十三次会议经过第三次审议,11 月 11 日,新《著作权法》获得通过,并于 2021 年 6 月 1 日起施行。

考察我国第三次版权法修订的具体内容,立法者调整版权法以应对新数字传播技术的努力不言而喻。具体体现在:①解释包括"作品""其他组织"在内的模糊概念,"作品"即"文学、艺术和科学领域内具有独创性并能以一定形式表现的智力成果";"其他组织"即"非法人组织"。②修订受版权保护的作品范围,将第三条第一款第六项的"电影作品和以类似摄制电影的方法创作的作品"修改为"视听作品";将第三条第一款第九项的"法律、行政法规规定的其他作品"修改为"符合作品特征的其他智力成果";将第五条第一款第二项的"时事新闻"改为"单纯事实消息",说明时事新闻只要能够构成版权意义上的"作品",就将受版权法保护;将第十六条改为第十八条,在第二款第一项的"工程设计图、产品设计图、地图、计算机软件等职务作品"的基础上增加了"示意图"。③调整权利类型,扩大第十条第一款第五项的复制权范围,将数字化方式的复制纳入版权法中的"复制"范围;对版权人享有的"出租权""放映权""广播权"以及"摄制权"范围进行了部分修改等。④修改版权限制制度,将第二十二条改为第二十四条,在第一款中的"姓名"后增加"或者名称";将"三步检验法"加入合理使用条款中作为判定要件,即将"应当指明作者姓名、作品名称,并且不得侵犯著作权人依照本法享有的其他权利"修改为"应当指明作者姓名或者名称、作品名称,并且不得影响该作品的正常使用,也不得不合理地损害著作权人的合法权益";删去第一款第三项中的"时事";在第一款第六项中的"翻译"后增加"改编、汇编、播放";在第一款第八项中的"美术馆"后增加"文化馆";在第一款第九项中的"也未向表演者支付报酬"后增加"且不以营利为目的";删去第一款第十项中的"室外";将第一款第十二项修改为"以阅读障碍者能够感知的无障碍方式向其提供已经发表的作品";第一款增加一项,作为第十三项,即"法律、行政法规规定的其他情形";第二十三条改为第二十五条,第一款删除了"九年制"以及"除作者事先声明不许使用的外",并在"摄影作品"后增加"图形作品"等。⑤调整版权侵权损害赔偿额度,引入版权侵权惩罚性赔偿制度,对于故意侵权且情节严重的情形,可以适用赔偿数额一倍以上、五倍以下的惩罚性赔偿,将法定赔偿额的上限从原来的 50 万元提高至 500 万元,并设定 500 元的下限等。

尽管立法者积极修法以应对技术变革的努力值得称赞,此次修法能否实现立法者预期目标却有待商榷。实质上,社会各界对此次修法迄今褒贬不一:有学者高度赞扬此次修法是"一次主动、全面的修法"①,是"应对时代的挑战和国情的巨变"②的必然要求,"对由于技术发展而衍生出的利用作品的新方式、新商业模式等带来的挑战做出了回应……是合乎现实要求与世界潮流的"③,"客观上有利于在推动作品广泛传播的同时保护版权人的权益"④,认为"《著作权法》第三次修订是我国著作权法律制度走向成熟的重要一步,也是我国知识产权法律体系完善的当务之急。"⑤也有学者指出了此次修法存在的明显缺陷与不足:"'修改草案'第46条设立的'报备'制度并不能起到利益平衡的有效作用"⑥;"由于种种原因,版权法第三次修改草案(第二稿)的问题依旧多于成绩"⑦;"仍有必要进一步修改和完善草案的相关规定,以实现促进作品传播并保护版权人报酬利益的立法本意"⑧。

下文通过对前面归纳总结的版权改革制度应对技术变革的基本原则进行适用性检验,指出我国版权法修订中的合理之处以及存在的不足,提出完善我国版权制度改革的方略。

4.3.1 全面保护原创作者身份权

我国版权法循大陆法系之成例,一直将版权分为精神权利与经济权利,对原创作者精神权利的保护有着悠久的历史。例如,我国2010年第二次修订的《著作权法》规定了四项人身权为精神权利,即发表权、署名权、修改权、保护作品完整权,2020年通过的第三次修订的《著作权法》第十条第一至第四项中仍然保留这四项权利,未作修订,表明了我国版权法对作者精神权利的承认和尊重。

然而,需要强调的是,目前的这种表述并不能全面保护原创作者的精神权利,主要体现在以"署名权"的表述来保护作者身份。然而,"保护作者身份权"的

---

① 徐炎.《著作权法》第三次修改草案第二稿评析[J].知识产权,2013(7):65-70.
② 刘春田.《著作权法》第三次修改是国情巨变的要求[J].知识产权,2012(5):7-12.
③ 张艳冰."孤儿作品"著作权保护研究——以《著作权法》第三次修改为视角[J].邵阳学院学报(社会科学版),2013(5):44-50.
④ 马明飞,周华伟.报刊转载法定许可的困境与出路——以著作权法第三次修改为视角[J].编辑之友,2014(2):88-91.
⑤ 吴汉东,刘鑫.我国《著作权法》第三次修订之评析[J].东岳论丛,2020,41(1):164-171,192.
⑥ 张春艳.反思与重构:制作录音制品的法定许可——兼评《著作权法》《修正草案》第46条[J].当代法学,2013(2):98-104.
⑦ 徐炎.《著作权法》第三次修改草案第二稿评析[J].知识产权,2013(7):65-70.
⑧ 马明飞,周华伟.报刊转载法定许可的困境与出路——以著作权法第三次修改为视角[J].编辑之友,2014(2):88-91.

范围远远大于"署名权",这种表述以偏概全,未能对"保护作者身份权"进行明确界定和精准体现,更不可能全面保护原创作者身份权。而且,"署名权"与"发表权""修改权""保护作品完整权"并不处于同一权利层次,"署名权"只是保护作者身份权的一小部分,属于保护作者身份权的下位再下位层次的权利①。本书建议,在我国《著作权法》的未来修订中,应当将"署名权"修改为"保护作者身份权",用精准的定义和明确的法律概念来全面保护原创作者的身份权。此外,"修改权"和"保护作品完整权"两项权利应该合并成"保护作品完整权",因为"修改权"实质上也属于"保护作品完整权"的一部分,尽管《送审稿》认识到了这一问题,也对两者进行了合并,然而最终通过的现行《著作权法》却仍然保留了这两项权利,并没有做任何修订,这不利于全面保护原创作者的身份权利。建议未来的版权法修订将人身权表述为:"著作权中的人身权包括:(一)发表权,即决定作品是否公之于众与如何公之于众的权利;(二)保护作者身份权,即主张作者身份与反对损害作者身份的权利;(三)保护作品完整权,即自行或授权他人修改作品和反对歪曲、篡改作品的权利。"

4.3.2　提升版权人创作积极性

人们普遍认为激励理论是版权法发展的基础,完善我国的版权法所遵循的最重要的原则之一就是提升版权人的创造力和创新力,也就是提升版权人创作的积极性。我国版权制度主要依靠赋予版权人合法权利,尤其是经济权利来激励版权人进行内容产品的创作。

相较于2010年修正版《著作权法》,现行《著作权法》许多条款注重进一步明确版权人的经济权利,说明我国版权制度改革遵循了这一原则。第一章总则第三条对可受版权保护的作品进行了界定,版权人只有创作出符合条件的作品才能从中获取经济收益,以此激励版权人进行创作。该条将2010年修正版《著作权法》中"本法所称的作品,包括以下列形式创作的文学、艺术和自然科学、社会科学、工程技术等作品"修改为"本法所称的作品,是指文学、艺术和科学领域内具有独创性并能以一定形式表现的智力成果",同时将2010年修正版《著作权法》中的第三条第一款第六项"电影作品和以类似摄制电影的方法创作的作品"修改为"视听作品",将第三条第一款第九项"法律、行政法规规定的其他作品"修改为"符合作品特征的其他智力成果"。

第一章总则部分第五条对2010年修正版《著作权法》不适用的范围进行了

---

① 陶鑫良. 论"署名权"应改为"保护作者身份权"[J]. 知识产权,2020(5):15-21.

规范,将"时事新闻"修改为"单纯事实消息",这一修订表明我国版权法认可具有独创性的"时事新闻"可受版权保护,只有属于"单纯事实消息"的"时事新闻"才不受版权法控制,使得某些类型"时事新闻"的创作者可以从其创作的独创性"时事新闻"中获取经济收益,从而达到激励新闻作品创作的目的。

第二章第一节第十条对版权财产权中的"复制权""出租权""放映权""广播权""信息网络传播权""摄制权"进行了修订,明确了新技术环境下一些新型经济权利也属于现有的财产权范围,可受版权人控制。比如,第一款第五项对"复制权"进行了修订,补充了复制的方式,明确将"数字化"复制的方式纳入版权人控制范围;第一款第七项对"出租权"进行了修订,明确了新技术环境下一些新型作品也属于出租权的客体范围,将"电影作品和以类似摄制电影的方法创作的作品、计算机软件"修改为"视听作品、计算机软件的原件或者复制件";第一款第十项对"放映权"进行了修订,将"电影和以类似摄制电影的方法创作的作品"修改为"视听作品";第一款第十一项对"广播权"进行了修订,将"以无线方式公开广播或者传播作品,以有线传播或者转播的方式向公众传播广播的作品,以及通过扩音器或者其他传送符号、声音、图像的类似工具向公众传播广播的作品的权利"修改为"以有线或者无线方式公开传播或者转播作品,以及通过扩音器或者其他传送符号、声音、图像的类似工具向公众传播广播的作品的权利,但不包括本款第十二项规定的权利";第一款第十二项对"信息网络传播权"进行了修订,将"以有线或者无线方式向公众提供作品,使公众可以在其个人选定的时间和地点获得作品的权利"修改为"以有线或者无线方式向公众提供,使公众可以在其选定的时间和地点获得作品的权利";第一款第十三项对"摄制权"进行了修订,将"以摄制电影或者以类似摄制电影的方法将作品固定在载体上的权利"修改为"以摄制视听作品的方法将作品固定在载体上的权利"。

此外,现行《著作权法》通过进一步规范版权归属明确多个利益相关人之间的关系,确保版权法能够综合协调多方利益主体的关系,避免过度保护作者或者版权人的利益,在一定程度上缓解过度激励对版权作品创作造成的不利影响。比如,第二章第二节第十七条对视听作品利益相关人的权利归属进行了界定,明确并非所有类型的视听作品版权都归属于制作者,只有视听作品中的电影作品、电视剧作品的版权由制作者享有,同时规定其他视听作品的版权归属由当事人约定;没有约定或者约定不明确的,由制作者享有,但作者享有署名权和获得报酬的权利。

由此可见,现行《著作权法》相关条款内容的修订在一定程度上有助于提升作者和版权人创作作品的积极性,然而,其中仍然有很大的完善空间。尤其是在"视听作品"的版权保护方式上,现行《著作权法》对视听作品的相关版权制度的规定只是遵循一般作品的版权制度,但在数字传播时代,视听作品的创作激励与其他作品的激励有着明显区别,因而在版权制度的建构中也应当有其特殊性。此外,在数字传播技术环境下,网络空间中的版权激励方式同传统的版权激励方式存在较大差异,相关条款的制定也应该采取有针对性的方案,从而提高网络环境中的版权作品创作的积极性。

4.3.3　促进版权作品广泛传播

版权作品的传播涉及多方利益主体,包括原创作品作者、出版者、表演者、录音录像制作者、广播电台、电视台、版权集体管理组织等。为了更好地促进版权作品的传播,版权制度的完善需要平衡前述利益主体之间的关系。

现行《著作权法》相应条款的修订体现了我国版权制度改革对这一原则的尊重。第一章总则第八条对版权集体管理组织的权利和义务进行了修订,尤其是对其根据版权人授权向使用者收取使用费的行为进行了详细规范,包括使用费收取标准的制定、使用费总体情况的信息公开等,为版权人通过版权集体管理组织行使权利提供了更便捷、可信的制度,一定程度上也有助于激励作品的创作,促进作品的传播。

第二章第二节第十六条增加了"使用改编、翻译、注释、整理、汇编已有作品而产生的作品进行出版、演出和制作录音录像制品,应当取得该作品的著作权人和原作品的著作权人许可,并支付报酬",进一步明确了演绎作品传播过程中的版权授权许可情况,有助于保障原创作者和其他版权人的利益。

第四章"与著作权有关的权利"对版权作品传播中涉及的多方利益主体的权利进行了规范。第二节补充了第四十条,对表演活动中的"职务表演"行为的权利归属进行了界定,指出"演员为完成本演出单位的演出任务进行的表演为职务表演,演员享有表明身份和保护表演形象不受歪曲的权利,其他权利归属由当事人约定。当事人没有约定或者约定不明确的,职务表演的权利由演出单位享有。职务表演的权利由演员享有的,演出单位可以在其业务范围内免费使用该表演。"第三节补充了第四十五条,赋予录音制作者从新型传播活动中获取经济收益的权利,规定"将录音制品用于有线或者无线公开传播,或者通过传送声音的技术设备向公众公开播送的,应当向录音制作者支付报酬"。第四节第四十七条对广播电台、电视台有权禁止未经其许可的行为进行了修订,将基于广播、电视的新型传播行为纳入广播电台、电视台的版权控制范围,将相关条款修改为"广播电台、电视台有权禁止未经其许可的下列行为:(一)将其播放的广播、电视以有线或者无线方式转播;(二)将其播放的广播、电视录制以及复制;(三)将其播放的广播、电视通过信息网络向公众传播"。同时,也对广播电台、电视台的权利进行了限制,以避免损害其他版权人的权利,规定"广播电台、电视台行使前款规定的权利,不得影响、限制或者侵害他人行使著作权或者与著作权有关的权利"。

由此可见,现行《著作权法》通过对相关条款进行修订和完善,在一定程度上有助于促进版权作品的传播。然而,需要指出的是,受多种因素的制约,此次版权法修订并没有充分挖掘推动版权作品广泛传播的潜力,以缺乏对"孤儿作品"的规范为典型。孤儿作品引发的版权保护问题源于网络技术的发展,出于推动版权产业开发与利用孤儿作品的目的,有必要将其纳入版权法规范范围。实质上,我国此次版权法修订时的《送审稿》第五十一条规定了可以使用孤儿作品的情形,使用者必须满足的条件是履行勤勉查找义务、向指定机构提出申请并提存使用费、以数字化形式使用。《送审稿》中有关孤儿作品的规定有利于社会公众以数字化形式利用孤儿作品,是一种鼓励利用网络技术充分开发孤儿作品版权价值的体现,有助于优秀文化作品的广泛传播与利用。然而,现行《著作权法》却删除了相关规定,并没有将孤儿作品纳入版权法保护的范围,有待未来进一步完善。

4.3.4　进一步放开内容的公平获取

为了实现版权法的公共利益政策目标,本书提出了我国版权制度改革应对数字传播技术的基本原则之一在于"促进内容的公平获取"。优秀作品所产生的社会效益一定程度上取决于作品获取的难易程度,过度地放开内容获取会损害版权人的权益,但是不放开内容获取又会限制作品所产生的影响力,在一定程度上会影响社会的发展。所以,为了促进内容的公平获取,就必须一定程度上放开内容获取权限,具体体现为版权限制与例外制度。

在第三次版权法修订过程中对版权限制与例外制度进行了审查,具体体现在对合理使用、法定许可的相关条款进行了微调整,在一定程度上为社会公众自由获取作品提供了可能。

现行《著作权法》第二章第四节第二十四条对版权合理使用的情形进行了微调整,比如,第二十四条第一款在总述部分,将"三步检验法"纳入合理使用规则认定的前提,指出合理使用"应当指明作者姓名或者名称、作品名称,并且不得影响该作品的正常使用,也不得不合理地损害著作权人的合法权益"。同时,第二十四条第一款对合理使用的具体情形进行了修订,补充了第十三项"法律、行政法规规定的其他情形",除了十二种具体情形之外,法律、行政法规规定的其他情形也可以属于合理使用。在第二十四条第一款第六项规定的出于教育或科研目的的例外中增加了"改编、汇编、播放已经发表的作品"行为。在第二十四条第一款第八项规定的图书馆、档案馆等公共文化机构版权例外中补充了"文化馆"满足相关条件也可以合理使用作品。在第二十四条第一款第十项规定的公共场所的艺术作品使用例外中,将 2010 年修正版《著作权法》中规定的"室外公共场所"扩充为包括室内的公共场所在内的所有公共场所。将第二十四条第一款第十二项规定的视障者例外范围进行了扩充,将 2010 年修正版《著作权法》规定的"将已经发表的作品改成盲文出版"修改为"以阅读障碍者能够感知的无障碍方式向其提供已经发表的作品",以确保视障者可以利用新技术获取更多的版权作品。

第二章第四节第二十五条对版权法定许可的情形进行了调整,首先删除了"除作者事先声明不许使用的外",因为如果保留这句话,实质上会导致这项规定形同虚设,一般情形下作者为了维护自身权益都会选择声明他人不许使用,所以,删除这句话有助于出于教育教学目的的使用,更好地鼓励教科书的创作与传播。另外,增加了可法定许可使用的作品范围包括"已经发表的单幅的图形作品",不仅仅局限于"已经发表的作品片段或者短小的文字作品、音乐作品或者单幅的美术作品、摄影作品"。第四章第三节补充了"录音录像"的法定许可,增加了第四十五条,"将录音制品用于有线或者无线公开传播,或者通过传送声音的技术设备向公众公开播送的,应当向录音制作者支付报酬"。

第五章第五十条规定了出于某些特定目的,比如为学校课堂教学或者科学研究、为阅读障碍者提供版权作品、国家机关执行公务、对计算机及其系统或者网络的安全性能进行测试、进行加密研究或者计算机软件反向工程研究等,在某些特定情形下可以避开技术保护措施,获取或使用版权作品。

然而,现行《著作权法》中仍然有些条款不能真正促进内容的公平获取,具体条款的设置仍然更加侧重版权人权利保护,试图为版权人权利扩张提供充足空间。考察我国第三次版权法修订,版权法确保的社会公众自由使用作品的权利范围逐步缩小,具体体现在相关条款的限制性语言表述中。比如,在第二十四条第一款第九项中,现行《著作权法》缩小免费表演已经发表的作品的合理使用范围至包括同时"不以营利为目的"的行为。此外,现行《著作权法》仍然保留"制作录音制品的法定许可"中"著作权人声明不许使用的不得使用"的规定,这项规定导致了法定许可形同虚设。实质上,《修改草案》删除了 2010 年修正版《著作权法》规定的"著作权人声明不许使用的不得使用",这有助于扩大社会公众自由使用作品的权利。然而,鉴于版权利益集团对此项条款的强烈反对,最终通过的版权法仍然保留了这项内容。尽管保护作者版权是否有助于激励创新尚存疑,但毫无疑问的是,过度保护版权人控制作品的权利肯定不利于作品传播,导致版权法促进文化繁荣与发展的最终目的难以实现。因此,我国未来版权法修订应重视扩展著作权限制制度范围,充分利用新技术为作品传播创造新机遇。

此外,技术保护措施相关规定也不利于内容的公平获取。从某种意义上来说,版权人肯定希望施加在作品上的技术保护措施越难规避越好,这就导致第五章第五十条规定的出于某些特定目的规避技术保护措施的例外形同虚设,尤其是当个人出于学习科研等目的想要使用相关作品时,往往没有能力规避技术保护措施。因此,关于技术保护措施的相关条款如何平衡版权人和用户关系的问题,有待未来版权法进一步解决。

4.3.5　进一步明确新型技术的"中立性"本质

版权法要对不断发展的技术、不断变化的消费者需求和市场做出反应,就要有一定的可预测性,即预测未来的技术发展趋势以及未来可能出现的版权问题。如果版权法过于针对技术,缺乏灵活性,就会难以适应不断发展的社会环境,阻碍技术的进步和艺术的创新。

为了遵循技术发展的这些规律和特征,前文提到我国版权制度改革应对数字传播技术的第四种基本原则是遵循技术中立原则。技术中立性的本质是指技术发展具有自身的内在逻辑与规律,在某种程度上不受人类意识的控制,甚至是技术发明者可能都无法预料到该技术未来的用途与对社会经济的影响。具体到版权法领域,技术中立性的本质表明某种情形下由技术引发的侵权并不受人类干预。该原则的作用在于,在法律环境中,为技术的发展留下一定的空间,也给版权交易人更多的自由,避免增加不必要的交易成本。

立法者对版权法的完善理应建立在技术中立性的本质基础上。如果版权侵权行为涉及具体技术中立性本质,立法者就有必要创设较为宽松的制度环境鼓励技术发展。我国第三次版权法修订考虑到了技术中立性的本质,《送审稿》将《信息网络传播权保护条例》中关于网络服务提供者责任的部分内容上升至法律层面,确保规范网络服务提供者行为的效力。《送审稿》在第七章第七十三条第一款不要求网络服务提供者承担事先审查的义务,基于技术中立性本质为网络服务提供者自由经营创设了一定的自由空间。由此可见,《送审稿》在规范网络服务提供者行为时,考虑到了具体技术中立性的本质,想要为技术的发展提供一定的空间,从而降低交易成本。

然而,现行《著作权法》并没有将相关条约写入法律,关于网络服务提供者责任的内容仍然留待法律效力较弱的《信息网络传播权保护条例》解决。为了进一步明确新型技术的"中立性"本质,未来版权法的修订有必要将《送审稿》中的相关内容纳入其中,同时将豁免网络服务提供者侵权责任的重要规则——"避风港"规则纳入版权法。

此外,我国第三次版权法修订对新型复制技术存在的不足的关注也相当明显,尤其是针对特定类型的成熟复制技术缺乏明确的态度,没能体现"技术中立性"原则。以由用户浏览网页导致的电脑屏幕与计算机缓存对作品的临时复制为例,这种类型的临时复制行为源于搜索引擎技术、网络信息聚合技术、云计算技术等新型数字传播技术的兴起,用户在使用这些新技术的过程中会在电脑屏幕或者计算机缓存中产生临时复制。[①] 我国第三次版权法修订将临时复制纳入了版权控制范围,却没能为临时复制创设例外,导致此种特定类型的临时复制明显属于侵权行为。然而,欧盟法院已经认定此种临时复制不构成侵权,最重要的原因在于此种临时复制属于一种网络传播的必要过程,因而被认定为社会影响明确的行为,应该属于例外范畴。[②] 因此,我国未来版权法修订至少应该为此种类型的临时复制创设例外。

4.3.6 采用符合国情的国际一致性原则

版权制度的改革应当具有一定的国际一致性,参考国际统一标准,遵循符合国际义务的规则,减少在文化交流过程中因版权标准不一致带来的冲突。随着经济全球化的不断发展以及"一带一路"倡议的不断推进,我国与其他国家的文化交流也越来越频繁,版权法改革的国际一致性愈发重要。

事实上,在进行第三次版权法修订时,立法者也采用了一些基于国外立法经验的政策制定方法。比如,现行《著作权法》采用了国际社会较普遍的法律规定,第一章第三条第一款第六项将"电影作品和以类似摄制电影的方法创作的作品""录像制品"统一规定为国际社会普遍采用的"视听作品"。参考《伯尔尼公约》第十一条之二,现行《著作权法》第二章第一节第十条第一款第十一项在广播权的定义中区分了广播与转播。为了与《世界知识产权组织表演和录音制品条约》第九条保持一致,现行《著作权法》第四章第二节第三十九条第一款第五项增加了表演者出租权的规定。借鉴欧洲和德国等版权法,第五章第五十条第一款增加了与计算机程序反向工程相关的规定。

更为重要的是,在第三次版权法的修订过程中,立法者也有考虑《伯尔尼公约》的"三步检验法"在我国版权法中的适用问题。例如,现行《著作权法》将第二十二条改为第二十四条,将第一款中"并且不得侵犯著作权人依照本法享有的其

① 王清,唐伶俐.国际版权法律改革动态概览[J].电子知识产权,2014(5):56-63.

② Case C-360/13, Public Relations Consultants Association Limited v. The Newspaper Licensing Agency Limited and Others.

他权利"修改为"并且不得影响该作品的正常使用,也不得不合理地损害著作权人的合法权益"。修改前的相关规定只符合"三步检验法"中的第三步,而修改后的规定兼顾了"三步检验法"中的第二步和第三步。此次修订还在第二十四条第一款第九项中增加了"且不以营利为目的",这也与"三步检验法"中的第一步相对应。总体来说,此次版权法的修订更完整地将"三步检验法"运用到了我国的法律中,对合理使用制度的范围有了更明确的规定。现行《著作权法》所构建的合理使用制度,有利于促进文化智慧成果在社会中的流动,从而提升社会整体的文化知识水平,符合现代经济发展的立法趋势与方向。

然而,此次版权法在适用"三步检验法"时,仍然有一些典型的版权使用行为的合理使用属性尚未明确。比如,目前市面上存在的大量的影视作品二次创作的现象。许多短视频博主通过对影视作品进行原画面剪辑,再运用概括性语言和解析进行配音的方式,对影视作品进行二次创作。在此类案例中,很难基于现行《著作权法》规定的合理使用的 13 种具体情形认定此种行为是否属于合理使用,也很难基于"三步检验法"判断二次创作是否阻碍了原作品的传播,是否损害了原作品的利益,也很难判断二次创作的作者在主观上是否有减损原作品利益的目的。因此,立法者需要在法律中更加明确类似情况是否属于合理使用,并给出更加明确的合理使用范围,更好地保护版权人的合法权益,也让作品更好地发挥其社会效益。

此外,现行《著作权法》仍然存在一些与国际规则不一致的地方。比如,人身权类别中的"修改权"和"保护作品完整权",这两类权利在日本、德国等国版权法中普遍只规定了"保护作品完整权",而没有规定"修改权",实质上两者可以统称为"保护作品完整权"。

需要强调的是,我国在进行版权法修订的过程中,既要考虑国际一致性原则,避免在进行版权交易和文化交流时产生国际冲突,也要考虑国际法规与我国国情相适应的问题,只有同时考虑这两个方面,才能制定出符合我国经济和文化产业发展的版权法。由于版权法在我国的发展不同于其他国家,我国有着特殊的历史、文化和制度环境,因此,版权法的修订更应该结合我国国情,借鉴先进国家的经验,遵循国际统一标准,加强国际接轨,提高国际市场的参与度。未来,我国版权法治建设应顺应国际贸易发展,积极推进《著作权法》国际化,增强在国际版权规则制定过程中的话语权,积极参与版权国际竞争,在国际版权市场中传播中国作品,以版权制度创新促进知识经济不断发展,为世界版权理论和实践体系贡献中国方案、中国智慧。

5　研究总结与展望

5.1　研究总结

　　大数据、云计算、人工智能等新型数字传播技术的发展使得作品的创作、获取、存储、传播和消费均发生了翻天覆地的变化。一方面,新技术为作品创作者、生产者和消费者创造了新的机遇,作品的创作与传播更加便捷和迅速,而且更能满足消费者的个性化需求,作品种类更加丰富多样,推动了文化多样性发展。另一方面,在为版权产业创造机遇的同时,新技术带来的挑战更是史无前例。基于新技术的版权侵权行为呈现出隐蔽性强、侵权主体众多、侵权范围广的特点,传统版权产业的维权难度加大,传统版权制度在应对新技术时的弊端日益明显。不仅如此,为了解决版权侵权问题,传统版权产业不仅要积极游说政府,对消费者和盗版内容的提供者采取强有力的执法措施,还要借助技术保护措施弥补版权制度无法规范的漏洞。然而,这些反盗版措施并没有达到预期效果,不仅在某些方面阻碍了新技术的发展,甚至还违背了版权法的立法目的,使得版权的正当性广受质疑。因此,厘清数字传播技术与版权保护的关系,推进我国版权制度现代化建设实为必要。

　　本书基于考察数字传播技术与版权保护的关系,透析了新一轮技术变革时代版权制度改革面临的新挑战,归纳了国际社会、世界主要国家和地区的典型应对策略,并针对我国版权制度现状,提出我国版权制度改革应对数字传播技术的基本原则:承认和尊重作者精神权利,激励作品的创作与传播,促进内容的公平获取,遵循技术中立原则,采用国际一致性原则。

　　最后,基于五大框架性原则,分别从全面保护原创作者身份权、提升版权人创作积极性、促进版权作品广泛传播、进一步放开内容的公平获取、进一步明确新型技术的"中立性"本质、采用符合国情的国际一致性原则六个层面,提出了完善我国版权制度的路径。

在全面保护原创作者身份权层面,提出在我国《著作权法》未来修订中应当删除"署名权"的概念和表述,以精准的定义和明确的法律概念来全面保护原创作者身份权,应该直接使用"保护作品身份权"的法律表述。

在提升版权人创作积极性方面,提出在我国《著作权法》未来修订中要区别对待网络空间中的版权激励方式与传统的版权激励方式,相关条款的制定也应该采取有针对性的方案,从而提高网络环境中的版权作品创作与传播的积极性。

在促进版权作品广泛传播层面,指出第三次版权法修订并没有充分挖掘推动版权作品广泛传播的潜力,以缺乏对孤儿作品的规范为典型,需要出于推动版权产业开发与利用孤儿作品的目的,将孤儿作品纳入版权法规范范围。

在进一步放开内容的公平获取层面,提出重视扩展版权限制制度范围,充分利用新技术为作品传播创造新机遇,指出关于技术保护措施的相关条款如何平衡版权人和用户关系的问题,有待未来版权法进一步规范,从而进一步推进版权法的公共利益政策目标的实现。

在进一步明确新型技术的"中立性"本质方面,未来版权法的修订有必要将《信息网络传播权保护条例》中关于网络服务提供者责任的相关内容纳入其中,尤其是将豁免网络服务提供者侵权责任的重要规则——"避风港"规则纳入版权法。同时,建议为由用户浏览网页导致的电脑屏幕与计算机缓存对作品的临时复制创设例外,进一步明确新型技术的"中立性"本质,确保有关技术的条款更加灵活,更具有可适应性和可预测性。

在采用符合国情的国际一致性原则方面,指出版权法在适用"三步检验法"时,仍然有一些典型的版权使用行为的合理使用属性尚未明确,比如对影视作品进行二次创作的合理使用范围界定需要进一步明确,更好地保护版权人的合法权益,也让作品更好地发挥其社会效益。还建议遵循国际规则,将"修改权"和"保护作品完整权"合并为"保护作品完整权"。同时指出我国在进行版权法修订的过程中,既要考虑国际一致性原则,避免在进行版权交易和文化交流时产生国际冲突,也要考虑国际法规与我国国情相适应的问题,只有同时考虑这两个方面,才能制定出符合我国经济和文化产业发展的版权法。

5.2 研究展望

受研究条件和个人能力等多方因素的制约,本书仍然存在一些不足之处。受到个人语言能力的限制,笔者有关国外文献的调研以英文文献为主,对德语、法语、日语等文献的查阅不够,在检索德语、法语、日语文献和案例时,笔者都没能够进行深入研究,相关研究欠缺,导致本书的分析不够全面。从本书第三章有关国外版权保护创新方略的考察中就可以看出,分析最为全面的还是英语语系国家和地区,比如美国、加拿大、英国以及欧盟等,而有关韩国、日本等非英语语系国家的研究相对较少,而且相关资料主要参考的是二手文献,对于这些国家的版权制度改革有待以后进一步深入研究。

此外,新技术总会不断发展变化,本书涉及的大数据、云计算等新技术,在未来的发展过程中也会呈现出不同的阶段特征,新技术背景下引发的版权侵权问题也会有所不同。本书尽管从多个方面考察了数字传播技术与版权保护之间的关系,并分析了数字传播技术的本质和发展阶段特征,但数字传播技术本身有其特殊性,由此引发的侵权问题本书也不可能一一探讨。因此,在未来的研究中,笔者将紧跟数字传播技术发展步伐,继续关注新技术带来的新型版权问题,抓住该领域新兴的学术前沿和热点问题,展开更为详细、全面、系统和深入的研究,从而为我国版权制度改革提供更多的完善建议。

参 考 文 献

[1]　郑成思.版权法[M].北京:中国人民大学出版社,1990.

[2]　李明德,管育鹰,唐广良.《版权法》专家建议稿说明[M].北京:法律出版社,2012.

[3]　丛立先.国际著作权制度发展趋向与我国著作权法的修改[M].北京:知识产权出版社,2012.

[4]　冯晓青,胡梦云.动态平衡中的著作权法——"私人复制"及其著作权问题研究[M].北京:中国政法大学出版社,2011.

[5]　王迁.中欧网络版权保护比较研究[M].北京:法律出版社,2008.

[6]　吴伟光.数字技术环境下的版权法——危机与对策[M].北京:知识产权出版社,2008.

[7]　吴伟光.著作权法研究——国际条约、中国立法与司法实践[M].北京:清华大学出版社,2013.

[8]　王清.著作权限制制度比较研究[M].北京:人民出版社,2007.

[9]　吴汉东.著作权合理使用制度研究[M].北京:中国政法大学出版社,1996.

[10]　王迁.网络环境中的著作权保护研究[M].北京:法律出版社,2011.

[11]　熊琦.著作权激励机制的法律构造[M].北京:中国人民大学出版社,2011.

[12]　吕炳斌.网络时代版权制度的变革与创新[M].北京:中国民主法制出版社,2012.

[13]　唐伶俐.技术进步与版权制度变迁[M].北京:国家图书馆出版社,2019.

[14]　迈克尔·A.艾因霍恩.媒体、技术和版权:经济与法律的融合[M].赵启杉,译.北京:北京大学出版社,2012.

[15]　约斯特·斯密尔斯,玛马丽克·范·斯海恩尔德.抛弃版权:文化产业的未来[M].刘金海,译.北京:知识产权出版社,2010.

[16] 保罗·戈斯汀.著作权之道:从谷登堡到数字点播机[M].金海军,译.北京:北京大学出版社,2008.

[17] 约翰·冈次,杰克·罗切斯特.数字时代盗版无罪?[M].周晓琪,译.北京:法律出版社,2008.

[18] PARTY W. How to fix copyright[M]. New York:Oxford University Press,2011.

[19] GOLDSTEIN P. International copyright:principles,law,and practice[M]. New York:Oxford University Press,2001.

[20] GOLDSTEIN P. Copyright's highway:from Gutenberg to the celestial jukebox[M]. California:Stanford University Press,2003.

[21] LITMAN J. Digital copyright[M]. New York:Prometheus Books,2006.

[22] TYLER T. Why people obey the law[M]. New Jersey:Princeton University Press,2006.

[23] SIMONE D. Kogan v Martin:a new framework for joint authorship in copyright law[J]. The modern law review,2020,83(4):877-892.

[24] 丛立先.我国著作权法总体趋向与优化进路[J].中国出版,2020(21):12-16.

[25] 冯晓青.著作权扩张及其缘由透视[J].政法论坛,2006,24(6):74-87.

[26] 李雨峰.版权制度的困境[J].比较法研究,2006(3):99-106.

[27] 刘春田.《民法典》与著作权法的修改[J].知识产权,2020(8):3-7.

[28] 熊琦.版权间接责任制度的扩张与限制——美国判例的启示[J].知识产权,2009,19(6):66-73.

[29] GINSBURG J. Copyright and control over new technologies of dissemination[J]. Columbia law review,2001,101:1613-1647.

[30] LITMAN J. Copyright legislation and technological change[J]. Oregon law review,1989,68(2):275-361.

[31] 王迁.发达国家网络版权司法保护的现状与趋势[J].法律适用,2009(12):58-62.

[32] 曹新明.著作权法上作品定义探讨[J].中国出版,2020(19):10-16.

[33] 刘铁光.著作权正当性的危机与出路[J].法制与社会发展,2010(2):25-35.

［34］ 龚文超.著作权合理使用中转换性使用规则研究［D］.武汉：华中师范大学,2020.

［35］ 李雨峰.版权制度的反思与改组［J］.法学论坛,2008(2):79-83.

［36］ 刘银良.著作权法中的公众使用权［J］.中国社会科学,2020(10):183-203,208.

［37］ 张今.版权法上技术中立的反思与评析［J］.知识产权,2008,18(1):72-76.

［38］ 李祖明.互联网上的版权保护与限制［D］.北京：中国社会科学院,2002.

［39］ 曹世华.论数字时代技术创新与版权集体管理制度的互动［J］.法学评论,2006,24(1):38-46.

［40］ 邓彪.论著作权法上的公共领域保护［J］.社会科学动态,2020(8):57-61.

［41］ 张今.网络上第三人版权责任的构成要件［J］.华东政法大学学报,2007(4):115-121.

［42］ 马菊萍.网络服务提供者著作权侵权认定分析［D］.兰州：兰州理工大学,2020.

［43］ 张春艳.反思与重构：制作录音制品的法定许可——兼评《著作权法》(修正草案)第46条［J］.当代法学,2013,27(2):98-104.

［44］ 贾丽萍.影视作品二次获酬合理性及可行性分析——兼评《著作权法(修订草案送审稿)》第19、37条［J］.中国出版,2015(2):50-53.

［45］ 张平.网络环境下著作权许可模式的变革［J］.华东政法大学学报,2007,10(4):121-127.

［46］ 刘银良.论版权法中的功能原则：以美国的立法和司法实践为视角［J］.电子知识产权,2010(12):68-73.

［47］ 乔生.网络版权保护的趋势与发展——兼论合理使用的抗争［J］.法学杂志,2009(2):46-49.

［48］ 芮松艳.网络著作权案件综述［J］.电子知识产权,2010(1):15-22.

［49］ 王爱霞,白苏红,王慧莹.数字信息资源长期保存法定许可使用制度的设计与构建［J］.国家图书馆学刊,2020,29(5):3-10.

［50］ 徐炎.《著作权法》第三次修改草案第二稿评析［J］.知识产权,2013(7):65-70.

［51］ 王忠诚.版权客体制度的现实反思与未来变革［J］.电子知识产权,

2009(5):51-53.

[52]　苌文玲.论著作权法中的"广播权"与"信息网络传播权"——以版权法第三次修改为背景[J].知识经济,2014(3):21-22.

[53]　来小鹏,高雅文.完善我国《著作权法》"出版"相关规定的思考[J].中国出版,2020(19):5-9.

[54]　FAVALE M,KRESTCHMER M,TORREMANS P L C. Who is steering the jurisprudence of the European Court of Justice? The influence of Member State submissions on copyright law[J]. The modern law review, 2020,83(4):831-860.

[55]　SMITH B. Technology and intellectual property:out of sync or hope for the future? [J]. Fordham intellectual property media & entertainment law journal,2013,23(2):619-643.

[56]　BEITER K D. Extraterritorial human rights obligations to "civilize" intellectual property law:access to textbooks in Africa,copyright and the right to education[J]. The journal of world intellectual property,2020,23(3/4):232-266.

[57]　刘豆豆,王伟臣.中国工艺美术作品版权保护的历史之维[J].金陵法律评论,2020(1):133-148.

[58]　李凤莲.试析数字技术给中国版权制度带来的挑战[J].中国出版,2010(20):74-76.

[59]　牛巍.网络环境下信息共享与版权保护的利益平衡机制研究[D].北京:中国科学技术大学,2013.

[60]　张今.数字环境下的版权补偿金制度[J].政法论坛,2010,28(1):80-87.

[61]　廖小梅.论实用艺术作品的版权保护[J].闽西职业技术学院学报,2020,22(3):35-39.

[62]　申远.体育赛事节目独创性研究[D].武汉:华中师范大学,2020.

[63]　蒋灵通.我国电视节目模式的知识产权保护问题研究[D].长春:长春理工大学,2020.

[64]　熊文聪.后现代主义视角下的著作权的正当性及其边界——从个体权利到基于商谈的共识[J].政治与法律,2010(6):70-79.

[65]　唐宁.数字音乐版权研究——以中国数字音乐版权为例[D].北京:中国音乐学院,2020.

［66］　刘洋.“合理使用”问题的法律经济学分析［D］.北京:外交学院,2020.

［67］　高富平.寻求数字时代的版权法生存法则［J］.知识产权,2011(2):10-16.

［68］　徐小奔.论视力障碍者的作品获取权——兼论《马拉喀什条约》在我国著作权法中的适用［J］.知识产权,2014(3):61-66.

［69］　张林晗.论我国著作权侵权惩罚性赔偿制度的构建［D］.蚌埠:安徽财经大学,2020.

［70］　朱开鑫.网络服务提供者注意义务研究［D］.北京:对外经济贸易大学,2019.

［71］　赵庆菊.论数据库的版权法保护及合理使用［J］.情报杂志,2004,23(11):76-77.

［72］　田辉.计算机游戏著作权保护问题研究［D］.重庆:重庆大学,2018.

［73］　熊文聪.数字技术与版权制度的未来［J］.东方法学,2010(1):81-90.

［74］　华鹰.著作权法定许可制度的反思与重构——以著作权法第三次修改为视角［J］.中国版权,2014(6):42-45,88.

［75］　郭雨洒.新技术时代广播组织权制度变革与重塑［D］.武汉:中南财经政法大学,2018.

［76］　肖志远.版权制度的政策蕴含及其启示［J］.法学,2009(10):51-60.

［77］　张平.网络环境下版权许可模式的变革［J］.华东政法大学学报,2007(4):121-127.

［78］　潘凤焕,明黎.网上版权法律保护探讨［J］.电子知识产权,2005(12):25-28.

［79］　赵锐.论孤儿作品的版权利用——兼论《著作权法》(修改草案)第25条［J］.知识产权,2012(6):58-62.

［80］　郭虹.网络环境下著作权合理使用问题研究［D］.北京:中国人民大学,2009.

［81］　许光耀.著作权拒绝许可行为的竞争法分析——欧洲法院IMS案判决研究［J］.环球法律评论,2007,29(6):110-118.

［82］　李明德.网络环境中的版权保护［J］.环球法律评论,2001(1):9-13.

［83］　王文敏.向公众传播权的立法构想［J］.时代法学,2016,14(1):61-72.

［84］　BELLIDO J. Experimenting with law: Brecht on copyright［J］.

Law and critique,2020,31(1):127-143.

[85]　DEPOORTER B. Technology and uncertainty: the shaping effect on copyright law[J]. University of pennsylvania law review,2009,157(6): 1831-1868.

[86]　叶姗.著作权保护的现代发展:从侵权限止到交易励进[J].河北法学,2009(4):141-145.

[87]　黄汇.著作权法上公共领域理论的误读及其批判[J].知识产权,2014(8):37-40.

[88]　马忠法,孟爱华.论我国《著作权法》立法宗旨的修改——以促进文化产业发展为视角[J].同济大学学报(社会科学版),2013(3):103-109.

[89]　袁博.论《著作权法(修改草案)》对"时事新闻"的新定义[J].中国出版,2015(8):49-52.

[90]　朱理.著作权的边界——信息社会著作权的限制与例外研究[M].北京:北京大学出版社,2006.

[91]　吴汉东.论网络服务提供者的著作权侵权责任[J].中国法学,2011(2):38-47.

[92]　罗娇,冯晓青.《著作权法》第三次修改中的相关权评析[J].法学杂志,2014,35(10):131-140.

[93]　韩景峰.我国著作权集体管理制度及其完善研究[D].北京:中国人民大学,2012.

[94]　马明飞,周华伟.报刊转载法定许可的困境与出路——以著作权法第三次修改为视角[J].编辑之友,2014(2):88-91.

[95]　刘劭君.数字技术下版权权利限制制度之重构——以合理使用制度的变革为视角[D].北京:中国人民大学,2012.

[96]　阎晓宏.《著作权法》第三次修改的几个问题[J].知识产权,2012(5):3-6.

[97]　王迁.视频分享网站著作权侵权问题再研究[J].法商研究,2011(1):85-94.

[98]　李国泉,凌宗亮.著作权法时事新闻条款的审视、适用与追问——兼谈《著作权法》的第三次修改[J].科技与法律,2012(1):24-27.

[99]　王素玉.版权法的经济分析[D].长春:吉林大学,2009.

[100]　湛茜.技术措施保护的国际条约义务研究——兼论我国《版权法》第三次修改[J].暨南学报(哲学社会科学版),2014(9):23-26.

[101] 黄汇.版权法上的公共领域研究[D].重庆:西南政法大学,2009.

[102] 宋廷徽,郭禾.对版权保护扩张趋势的反思[J].法学家,2010(6):164-173,178.

[103] 王迁.论《马拉喀什条约》及对我国版权立法的影响[J].法学,2013(10):51-63.

[104] 刘春田.《著作权法》第三次修改是国情巨变的要求[J].知识产权,2012(5):7-12.

[105] 张维胜.延伸著作权集体管理的规定应当取消——音乐人对著作权法修改草案的若干意见[J].编辑之友,2012(10):107-108,113.

[106] 陈嘉敏.论孤儿作品的利用与保护[J].法制与社会,2018(20):244-246.

[107] 何蓉.数字图书馆利用作品的著作权限制研究[D].武汉:中南财经政法大学,2018.

[108] 何莹.视听表演者权利保护研究[D].重庆:西南政法大学,2018.

[109] 杨新绿.论网络服务提供者的刑事责任[D].武汉:中南财经政法大学,2018.

[110] 赵玥.网络环境下著作权保护的法经济学分析[D].长春:吉林大学,2017.

[111] 陈杰.美国版权法图书馆例外条款的借鉴[J].图书馆,2017(9):55-60.

[112] 朱磊.我国著作权刑法保护国际化研究[D].大连:大连海事大学,2018.

[113] 李振杰.新中国成立70周年以来我国版权的立法回顾与制度展望[J].编辑之友,2019(8):86-93.

[114] 张春艳.视听作品版权研究——以参与利益分配的主体为视角[D].重庆:西南政法大学,2014.

[115] 任诗雨.从"走出去"视角观照出版国际化经营的一部力作——评《中国出版业"走出去"研究》[J].西部学刊,2019(6):126-128.

[116] 郝婷.论中亚五国版权制度的国际化及版权保护的地域性[J].出版科学,2017,25(6):97-101.

[117] 蒋林森.浅议著作权法第三次修订视野下的网络版权保护[J].法制博览,2015(9):79-80.

[118] 李菊丹.论"一带一路"国家版权制度的国际化与版权保护的地域性

[J].科技与出版,2016(10):11-15.

[119] 田冰雅.追续权制度在我国的构建——对《著作权法(修订草案送审稿)》第 14 条的评析[J].西南知识产权评论,2020(1):175-199.

[120] 吴汉东,刘鑫.我国《著作权法》第三次修订之评析[J].东岳论丛,2020,41(1):164-171,192.

[121] 管育鹰.实用艺术品法律保护路径探析——兼论《著作权法》的修改[J].知识产权,2012(7):55-63.

[122] 宫士友.我国著作权法律制度面临的困惑——写在著作权法修订之际[J].知识产权,2012(2):69-73.

[123] 李明德. 两大法系背景下的作品保护制度[J]. 知识产权,2020(7): 3-13.

[124] 姜昕. 网络服务提供者间接侵权责任研究[D]. 长春:吉林大学,2016.

[125] 陶鑫良. 论"署名权"应改为"保护作者身份权"[J].知识产权,2020(5):15-21.

[126] 阮开欣.欧盟报刊出版者邻接权的成因及启示——以《数字化单一市场版权指令》为背景[J].出版科学,2020,28(4):32-38.

[127] 谢新洲,朱垚颖. 信息资源管理视角下的欧盟数字版权保护研究[J].信息资源管理学报,2020,10(6):60-70.

[128] 张立,张凤杰,王瑶,等. 全球数字版权保护技术跨世纪追踪与分析(1994—2017)(上、下册)[M].北京:社会科学文献出版社,2019.

[129] 阮开欣.欧盟版权法下的文本与数据挖掘例外[J].图书馆论坛,2019,39(12):102-108.

[130] 曾俊.论《欧盟版权改革指令》第 17 条对中国在线内容分享平台责任的启示[J].德国研究,2020,35(3):125-141,163-164.